Peter Unruh

Reformation – Staat – Religion

Peter Unruh

Reformation – Staat – Religion

Zur Grundlegung und Aktualität
der reformatorischen Unterscheidung
von Geistlichem und Weltlichem

Mohr Verlag

Peter Unruh, geboren 1965; Promotion 1993; Habilitation 2001; Präsident des Landeskirchenamtes der Evangelisch-Lutherischen Kirche in Norddeutschland und apl. Professor für Öffentliches Recht, Europarecht und Rechtsphilosophie an der Georg-August-Universität Göttingen.

ISBN 978-3-16-155217-5

Die Deutsche Nationalbibliothek verzeichnet diese Publikation in der Deutschen Nationalbibliographie; detaillierte bibliographische Daten sind im Internet über *http://dnb.dnb.de* abrufbar.

© 2017 Mohr Siebeck Tübingen.

Das Werk einschließlich aller seiner Teile ist urheberrechtlich geschützt. Jede Verwertung außerhalb der engen Grenzen des Urheberrechtsgesetzes ist ohne Zustimmung des Verlags unzulässig und strafbar. Das gilt insbesondere für Vervielfältigungen, Übersetzungen, Mikroverfilmungen und die Einspeicherung und Verarbeitung in elektronischen Systemen.

Das Buch wurde von Gulde Druck in Tübingen aus der Stempel Garamond gesetzt und auf alterungsbeständiges Werkdruckpapier gedruckt und gebunden.

Vorwort

Zur Rechtfertigung einer Untersuchung mit dem Titel „Reformation – Staat – Religion" dürfte ein Hinweis auf das Erscheinungs- und Reformationsjubiläumsjahr 2017 an sich genügen. Daneben und konkret beruhen die nachfolgenden Überlegungen auf einem Vortrag im Rahmen der Veranstaltungsreihe „Reformation im Diskurs", die von der Akademie der Wissenschaften zu Hamburg im Winter 2016/17 durchgeführt wurde. Eine gedankliche Schärfung haben sie zudem im Seminar „Reformation und Recht" erfahren, das ich gemeinsam mit Prof. Dr. Hans-Michael Heinig im WS 2016/17 an der Georg-August Universität Göttingen abhalten konnte. Den Diskutanten in der Vortragsveranstaltung und den Seminarteilnehmerinnen und -teilnehmern sei für kritische Rückfragen und zahlreiche Anregungen herzlich gedankt.

In gleicher Weise zu danken habe ich Dr. Winfried C. J. Eberstein, Prof. Dr. Bernd-Michael Haese und Dr. Annette Rieck, die das Manuskript durchgesehen und mustergültig-hilfreiche Rückmeldungen gegeben haben. Für Fehler und Unzulänglichkeiten bin ich jedoch allein verantwortlich.

Schließlich und jenseits der üblichen Floskeln möchte ich mich bei meiner Frau Anke Dominik-Unruh, unserer Tochter Meret und unserem Sohn Bendix bedanken für ihre entsagungs- und zugleich liebevolle Unterstützung, ihre Geduld und Rücksichtnahme, wenn ich mich – gerade an den Wochenenden – mit und in meinen Büchern verkrochen habe.

Peter Unruh

Inhaltsverzeichnis

A. Einleitung 1

B. Die Zwei-Reiche-Lehre in der Reformation
   des 16. Jahrhunderts 7

   I. Martin Luther 7
      1. Vorbemerkungen 7
         a) Kontext und Systematik 7
         b) Interpretationsprobleme 9
         c) Ausgangs-, Kontra- und
            Anknüpfungspunkte 10
            aa) Ausgangspunkt: Das corpus
                christianum 10
            bb) Kontrapunkt: Die mittelalterliche
                Lehre von den Zwei Schwertern . . 11
            cc) Anknüpfungspunkt: Die Civitates-
                Lehre des Augustinus 17
         d) Der Status der lutherischen Zwei-
            Reiche-Lehre 21
            aa) Rechts- und Staats*theologie*! 21
            bb) Doppelte Differenzierung 23
      2. Zwei Reiche und zwei Regimente 24
         a) Die Bedeutung der Obrigkeitsschrift . . 24
         b) Das Reich Gottes 26
         c) Das Reich der Welt 28
         d) Das geistliche Regiment 30
         e) Das weltliche Regiment 32
         f) Die Christen und das weltliche Schwert 37
            aa) Die Christen als Bürger beider
                Reiche? 37

		bb) Die Christen als Teil der weltlichen Obrigkeit	40
		g) Die Abgrenzung der beiden Regimente	43
		aa) Die Begrenzung der geistlichen Gewalt	43
		bb) Die Begrenzung der weltlichen Gewalt	44
		cc) Unzulässige Vermischung	50
		h) Die Zuordnung der beiden Reiche und Regimente	55
		aa) Allgemeines	55
		bb) Einwirkung auf das geistliche Reich und Regiment	56
		cc) Einwirkung auf das weltliche Regiment	58
	3.	Die Bewährung der Unterscheidung von Geistlichem und Weltlichem	60
		a) Vorbemerkungen	60
		b) Der Umgang mit Abweichlern	60
		aa) Die Frühphase bis ca. 1525	61
		bb) Akzentverschiebung nach 1525	65
		cc) Exkurs: Georg Frölichs Plädoyer für Toleranz	71
		c) Kirchenorganisation und landesherrliches Kirchenregiment	76
		aa) Die Rolle der Obrigkeit in der Reformation	76
		bb) Der Appell der „Adelsschrift"	78
		cc) Die Vorrede zum „Unterricht der Visitatoren..."	83
		dd) Zwischenfazit	85
	4.	Zusammenfassung	85
II.	Philipp Melanchthon		86
	1.	Vorbemerkungen	86
	2.	Die Zwei-Reiche-Lehre	88
		a) Allgemeines	88
		b) Geistliches Reich und Regiment	89
		c) Das weltliche Reich und Regiment	90

Inhaltsverzeichnis IX

      d) Abgrenzung und Zuordnung von
          Geistlichem und Weltlichem   91
         aa) Abgrenzung   91
         bb) Ausdehnung der staatlichen
             Befugnisse   92
    3. Die Anwendung der Zwei-Reiche-Lehre . .   99
      a) Der Umgang mit Abweichlern 100
      b) Kirchenorganisation und
          landesherrliches Kirchenregiment 100
    4. Zusammenfassung 102
III. Ulrich Zwingli 103
    1. Vorbemerkungen 103
    2. Göttliche und menschliche Gerechtigkeit 107
      a) Allgemeines 107
      b) Göttliche Gerechtigkeit 108
         aa) Das Reich Gottes 108
         bb) Das geistliche Regiment 109
      c) Menschliche Gerechtigkeit 109
         aa) Das weltliche Reich 109
         bb) Das weltliche Regiment 110
      d) Abgrenzung und Zuordnung der
         beiden Gerechtigkeiten bis ca. 1525 . . . 112
         aa) Beschränkung der geistlichen
             Gewalt 112
         bb) Die Beschränkung der weltlichen
             Gewalt 114
         cc) Einwirkungen auf die weltliche
             Gewalt 118
         dd) Einwirkungen auf die geistliche
             Gewalt 119
      f) Der Weg in die Theokratie 120
      g) Theokratie und Prophetie 123
    4. Zusammenfassung 124
IV. Johannes Calvin (1509–1564) 125
    1. Vorbemerkungen 125
    2. Die Zwei-Reiche-/Zwei-Regimenten-
       Lehre 128
      a) Das Reich Gottes 128

	b) Das Reich der Welt	129
	c) Das geistliche Regiment	129
	d) Das weltliche Regiment	130
	e) Die Christen und das weltliche Regiment	132
	f) Abgrenzung und Zuordnung der beiden Reiche/Regimente	133
	aa) Abgrenzung	133
	bb) Zuordnung	134
	cc) Insbesondere: Das Widerstandsrecht	135
	3. Die Auswirkungen der verbindenden Zuordnung von Geistlichem und Weltlichem	137
	a) Vorbemerkung	137
	b) Der Umgang mit Abweichlern	137
	aa) Vorbemerkung	137
	bb) Calvin und Michael Servet	139
	cc) Calvin und Sebastian Castellio . . .	144
	c) Kirchenorganisation und landesherrliches Kirchenregiment	157
	aa) Landesherrliches Kirchenregiment?	157
	bb) Insbesondere: Die Ordonnances ecclésiastiques	158
	4. Zusammenfassung	161
V.	Fazit	162

C. Staat und Religion vom 16. bis zum 21. Jahrhundert 165

I.	Vorbemerkung	165
II.	Auswirkungen der Reformation im 16. Jahrhundert	166
	1. Der Augsburger Religionsfriede (1555) . .	167
	2. Der Westfälische Friede (1648)	175
III.	Staat und (evangelische) Kirche im 17. und 18. Jahrhundert	181
	1. Das landesherrliche Kirchenregiment . . .	181

		a) Episkopaltheorie	182
		b) Territorialtheorie	183
		c) Kollegialtheorie	183
	IV.	Staat und (evangelische) Kirche im 19. Jahrhundert	185
	V.	Staat und Religion im 20. Jahrhundert	187
		1. Staat und Religion in der Weimarer Reichsverfassung	187
		2. Staat und Religion in totalitären Systemen	190
		a) Staat und Religion im Nationalsozialismus	190
		b) Staat und Religion in der DDR	193

D. Reformation und Grundgesetz 195

	I.	Vorbemerkungen	195
		1. Zur Kontinuität der Zwei-Reiche-Lehre . .	195
		2. Zum Religionsverfassungsrecht des Grundgesetzes	200
	II.	Das Grundrecht der Religionsfreiheit (Art. 4 GG)	201
		1. Status und Schutzaspekte	201
		2. Schranken	204
		3. Kontinuität und Differenz	204
	III.	Das Verbot der Staatskirche (Art. 140 GG i. V. m. Art. 137 Abs. 1 WRV) . .	206
		1. Der Gewährleistungsgehalt	206
		2. Kontinuität und Differenz	207
	IV.	Das Selbstbestimmungsrecht der Religionsgemeinschaften (Art. 140 GG i. V. m. Art. 137 Abs. 3 WRV)	209
		1. Ordnen und Verwalten der eigenen Angelegenheiten	209
		2. Kontinuität und Differenz	210
	V.	(Re-) Sakralisierung, Distanzierung und Freiheitsorientierung	210
		1. Religionsverfassungsrecht im Wandel? . . .	210
		2. (Re-) Sakralisierung der Verfassung?	213

		3. Demokratietheoretische Relativierung der Neutralität?	220
		4. Distanzierung von Staat und Religion?	222
		5. Die Freiheitsorientierung des Religionsverfassungsrechts	228
	VI.	Religion im Diskurs des demokratischen Verfassungsstaates	233
		1. Zur Frage nach der „Ermahnungsfunktion"	233
		2. Standpunkte der politischen Theorie	234
		a) Vollständige Exklusion bzw. Inklusion: John Rawls und Paul J. Weithman	234
		b) Inklusion mit Vorbehalten: Jürgen Habermas	235
		aa) Die Inklusion religiös imprägnierter Argumente	235
		bb) Der Übersetzungsvorbehalt	238
		cc) Der Solange-Vorbehalt	240
		dd) Einwände gegen Einwände	242
		3. Die reformatorische „Ermahnungsfunktion" im demokratischen Verfassungsstaat	244
	VII.	Fazit	247

E. Abschließende Bemerkungen … 249

Literaturverzeichnis … 253

Abkürzungsverzeichnis

A. A.	Anderer Ansicht
Abs.	Absatz
Abt.	Abteilung
Apg	Apostelgeschichte
Anm.	Anmerkung
Art.	Artikel
Aufl.	Auflage
Bd.	Band
Bde.	Bände
BVerfG	Bundesverfassungsgericht
BVerfGE	Entscheidungen des Bundesverfassungsgerichts
bzw.	beziehungsweise
ca.	circa
CR	Corpus Reformatorum, Halle/Saale 1834 ff.
DDR	Deutsche Demokratische Republik
DDStA	Martin Luther: Deutsch-Deutsche Studienausgabe; Bd. 1 hsrg. von Dietrich Korsch; Bd. 2 hrsg. von Dieter Korsch und Johannes Schilling; Bd. 3 hrsg. von Hellmut Zschoch, Leipzig 2012–2016.
DEK	Deutsche Evangelische Kirche
ders.	derselbe
dies.	dieselbe/dieselben
d. Gr.	der Große
d. h.	das heißt
DVBl.	Deutsches Verwaltungsblatt
ebd.	ebenda
EKD	Evangelische Kirche in Deutschland

EssGespr.	Burkhard Kämper/Klaus Pfeffer (Hrsg.): Essener Gespräche zum Thema Staat und Kirche, Münster
etc.	und so weiter
EvStL	Evangelisches Staatslexikon
f.	folgende
ff.	fortfolgende
GG	Grundgesetz
i.E.	im Ergebnis
Hrsg.	Herausgeber
Hrsg.	herausgegeben
HZ	Historische Zeitschrift
i.E.	im Ergebnis
IPM	Instrumentum Pacis Monasteriense
IPO	Instrumentum Pacis Osnabrugense
i.S.d.	im Sinne der/des
i.Ü.	im Übrigen
i.V.m.	in Verbindung mit
JZ	Juristenzeitung
LD	Luther Deutsch, hrsg. von Kurt Aland, 8 Bde., Göttingen 1991
Lk	Lukasevangelium
Mt	Matthäusevangelium
m.w.N.	mit weiteren Nachweisen
n.Chr.	nach Christus
NVwZ	Neue Zeitschrift für Verwaltungsrecht
Nw.	Nachweis(e)
Petr	Brief des Petrus
RGG	Religion in Geschichte und Gegenwart, 4. Aufl., 8 Bde., Tübingen 1998 ff.
Röm	Der Brief des Paulus an die Römer
Rn.	Randnummer
S.	Seite/Satz
s.o.	siehe oben
sog.	sogenannte
Sp.	Spalte
s.u.	siehe unten

TRE	Theologische Realenzyklopädie, 36 Bde, Berlin/New York 1993 ff.
u. a.	unter anderem/anderen
Verf.	Verfasser
Vgl.	Vergleiche
VVDStRL	Vorträge der Vereinigung der Deutschen Staatsrechtslehrer
WA	D. Martin Luthers Werke. Kritische Gesamtausgabe, Weimar 1883 ff.; Abteilung Schriften
WA Br.	D. Martin Luthers Werke. Kritische Gesamtausgabe, Weimar 1883 ff., Abteilung Briefwechsel
WRV	Weimarer Reichsverfassung
ZevKR	Zeitschrift für Evangelisches Kirchenrecht
ZRG	Zeitschrift für Rechtsgeschichte
z. T.	zum Teil
ZThK	Zeitschrift für Theologie und Kirche

A. Einleitung

„Die Reformation... stellt in der neuzeitlichen Entwicklung hin zu einer Verselbständigung religiöser Individualität gegenüber kirchlich-doktrinärer Autorität und hin zu der Herausbildung einer säkularen Staatsauffassung, genauer der Trennung von weltlicher und geistlicher bzw. kirchlicher Autorität, einen entscheidenden Schritt dar."[1] Die Botschaft dieser Erkenntnis des aus der Habermas-Schule stammenden Sozialphilosophen Rainer Forst kann in geringfügig abweichender Terminologie auch wie folgt formuliert werden: Die Unterscheidung von Geistlichem und Weltlichem in der Reformation ist ein Meilenstein auf dem Weg in den demokratischen Verfassungsstaat der Moderne.

Die Zuschreibung dieser wirkmächtigen Unterscheidung an „die Reformation" könnte insofern problematisch sein als diese Bezeichnung eines (geistes-)geschichtlichen Vorgangs neben einigen theologischen Kernelementen durchaus eine Vielzahl von Deutungsvarianten aufweist.[2] Aber anders als etwa in der Lehre vom Abendmahl konnten sich die Reformatoren des 16. Jahrhun-

---

[1] *Forst*, S. 153.
[2] Zum Begriff der Reformation siehe *Kaufmann*: Geschichte der Reformation, S. 17 ff. Gegen einen einheitlichen Reformationsbegriff auch *Schorn-Schütte*: Die Reformation, S. 7 f., 91 ff. Umfassende Darstellung der Reformation bei *MacCulloch*, passim; Überblick auch bei *Leppin*: Die Reformation, passim.

derts auf die Unterscheidung von Geistlichem und Weltlichem verständigen; sie ist „gemeinreformatorisches Gedankengut".[3] Dieser Konsens im Grundsatz hat allerdings nicht verhindern können, dass sich die vielbeschworene protestantische Vielfalt auch in der jeweiligen Verhältnisbestimmung der beiden Sphären niederschlägt.

Zum wichtigen Thema wurde die Unterscheidung von Geistlichem und Weltlichem – d. h. in moderner Begrifflichkeit: das Verhältnis von Staat und Religion[4] –, weil die Abgrenzungsfrage für die Reformatoren in tatsächlicher Hinsicht von zentraler Bedeutung war.[5] Denn die Schlüsselrolle bei der Durchsetzung der Reformation sollte, wie bald nach ihrem Beginn immer deutlicher wurde, bei den weltlichen Gewalten liegen. Jenseits aller theologischen Disputationen wurde über die Zukunft der Reformation nicht in den Kirchen und Universitäten, sondern auf dem

---

[3] *Lau*: Die lutherische Lehre von den beiden Reichen, S. 371. Ebenso *Anselm*: Zweireichelehre, S. 779.

[4] Zum Anachronismus der Verwendung des Staatsbegriffs im Kontext der Lehre Luthers siehe *Kohnle*: Luthers „Staatsverständnis", S. 51, und *ders.*: Weltliche Ordnung, S. 94. Der Begriff des Staates wird im Folgenden ganz im Sinne von *Kohnle*: Luthers „Staatsverständnis", S. 51, verwendet „im Sinne eines Vereinbarungsbegriffs, der der Tatsache Rechnung trägt, dass es auch zu Luthers Lebzeiten politische Organisationsformen gegeben hat, die das rechtliche, wirtschaftliche, soziale und religiöse Zusammenleben der Menschen nach innen geregelt und nach außen verteidigt haben." Ähnlich auch *Kohnle*: Luther und das Reich, S. 231, und *Stümke*, S. 216, der zu Recht darauf hinweist, dass die von Luther erörterten Probleme („Wie sollte ein Herrscher die (Staats-) Gewalt über sein (Staats-) Volk innerhalb seines (Staats-) Territoriums ausüben?") auch für den modernen Staat relevant sind, obwohl Luther sie terminologisch im Spannungsfeld von „Obrigkeit" und „Untertanen" verortet.

[5] Dazu *Martin Heckel*: Martin Luthers Reformation und das Recht, S. 557, und *Anselm*: Politische Ethik, S. 199.

Forum des Reichs und in den Formen des Staatsrechts sowie in der Konfrontation zwischen dem Kaiser und den (evangelischen) Reichsständen entschieden.[6] Daher war – neben dem Lösen der kirchlichen Verstrickung in weltlich-politische Angelegenheiten – eine Klärung des Verhältnisses von geistlicher und weltlicher Gewalt, von Staat und Religion für die Reformatoren vordringlich.[7] So ist es nicht verwunderlich, dass die Auswirkungen der Reformation nicht nur theologischer Art waren. Die Motive der Reformatoren waren zweifellos religiöser Natur und gerichtet auf die Anerkennung der Rechtfertigung allein aus dem Glauben auf der exklusiven Grundlage der Bibel; in ihrer tatsächlichen Wirkung aber „war die Botschaft der Reformation eminent politisch".[8] Diese politische Dimension war nicht nur den Zeitgenossen bewusst und für einen Teil der Landesfürsten attraktiv, sondern sie ist auch im und für das 21. Jahrhundert aktuell.

Die reformatorische Unterscheidung von Geistlichem und Weltlichem firmiert erst seit dem 20. Jahrhundert unter dem Begriff der „Zwei-Reiche-Lehre".[9] Als solche

---

[6] Ebenso *Martin Heckel*: Martin Luthers Reformation und das Recht, S. 557: „Das Ringen um die Reformation in Deutschland wurde in den Formen des Staatsrechts, nicht des Kirchenrechts entschieden." Zum Dualismus im Reich als Grundvoraussetzung einer (erfolgreichen) Reformation siehe auch *Schorn-Schütte*: Die Reformation, S. 19.

[7] Vgl. *Martin Heckel*: Martin Luthers Reformation und das Recht, S. 559: „Die politische Selbstbehauptung der Reformation konnte nur gelingen, wenn sich ihre Anhänger über Recht und Reichweite der Obrigkeit in den Fragen der Lehre und des Glaubens vergewisserten." Ebenso *Anselm*: Politische Ethik, S. 200.

[8] *Anselm*: Politische Ethik, S. 199f.

[9] Der Begriff wurde von Karl Barth in polemischer Absicht, d.h. in Anprangerung der vermeintlichen Obrigkeitshörigkeit Luthers, geprägt und von Harald Diem aufgenommen. Dazu *Martin Heckel*:

ist sie Gegenstand reichhaltiger gelehrter Interpretation und einschlägiger literarischer Produktion; beides hat im Verlaufe der letzten Jahrzehnte mehrere Phasen durchschritten[10] und reicht bereits an das auch anderweitig verwandte Attribut der Unüberschaubarkeit heran.[11] Vor diesem Hintergrund hat Johannes Heckel schon 1957 die Zwei-Reiche-Lehre und ihre bisherigen Deutungen als „Irrgarten" bezeichnet.[12]

Im Folgenden soll versucht werden, eine erhellende Schneise in diesen Irrgarten zu schneiden und den Weg in das 21. Jahrhundert freizulegen. Zu diesem Zweck wird

---

Martin Luthers Reformation und das Recht, S. 584; *de Wall*: Grundfragen des evangelischen Kirchenrechts, Rn. 21, *Anselm*: Zweireichelehre, S. 780, *Herms*: Leben in der Welt, S. 474, und *von Scheliha*: Die „Zwei-Reiche-Lehre" im deutschen Protestantismus des 20. Jahrhunderts, S. 183. Zum Status des Begriffs „Zwei-Reiche--Lehre" als „Reflexionsbegriff zur nachträglichen Bezeichnung komplexer theologischer Lehre" siehe *Herms*, Sp. 1936. Zur begriffs- und kirchengeschichtlichen Bedeutung des Begriffs siehe auch *Härle*: Art. „Zeireichelehre, II. Systematisch-theologisch", S. 784, und *Anselm*: Zweireichelehre, S. 776 ff., der den Begriff der „Zweireichelehre" dem Luthertum zuordnet und dem reformierten Konzept der „Königsherrschaft Christi" gegenüberstellt.

[10] *Lohse*: Zwei-Reiche-Lehre und Königsherrschaft, S. 155, unterscheidet fünf Phasen.

[11] Systematisierung der Deutungen im 20. Jahrhundert bei *Anselm*: Zweireichelehre, S. 781 f. Zum praktisch-theologischen Gebrauch der Zwei-Reiche-Lehre siehe *Kroeger*, S. 790 ff.

[12] *Johannes Heckel*: Im Irrgarten der Zwei-Reiche-Lehre, S. 1; zustimmend u.a. *Duchrow*, S. 439. Affirmativ auch *Härle*, S. 785, der darauf hinweist, dass „wohl schon bei Luther fünf oder sechs verschiedene – wenn auch untereinander zusammenhängende – ‚Formen' der Zweireichelehre nachgewiesen werden" können. Skeptisch gegenüber der Bezeichnung als „Irrgarten" *Ebeling*: Die Notwendigkeit der Lehre von den zwei Reichen, S. 408: „Als ‚Irrgarten' von raffinierter Systematik besäße sie [die Zwei-Reiche-Lehre] keine Notwendigkeit."

in einem ersten großen Schritt das Verständnis der Zwei-Reiche-Lehre in der Reformation beleuchtet (B.). Im Zentrum dieser Betrachtung steht Martin Luther (B.,I.), der nicht nur – und ungeachtet der Leistungen der Mitreformatoren – in der und für die Reformation eine „einzigartige Stellung"[13], sondern auch hinsichtlich der Unterscheidung von Geistlichem und Weltlichem eine Vorreiterrolle einnimmt. Anschließend werden die einschlägigen Auffassungen von Philipp Melanchthon sowie der Schweizer Reformatoren in Gestalt von Ulrich Zwingli und Johannes Calvin analysiert (B., II.–IV.).[14] In einem politisch-historischen Intermezzo und in der gebotenen Kürze wird sodann ein Abriss der tatsächlichen (Fort-)Wirkung der Unterscheidung von Geistlichem und Weltlichen vom 16. bis in das 21. Jahrhundert geliefert (C.). Danach kann eine Verbindungslinie von der reformatorischen Unterscheidung von Staat und Religion zum Religionsverfassungsrecht des Grundgesetzes gezogen werden (D.). Auf dieser Verbindungslinie befinden sich u. a. die drei Punkte des Grundrechts auf Religions-

---

[13] *Martin Heckel*: Martin Luthers Reformation und das Recht, S. 47. Zur Bedeutung Luthers für die Reformation auch *Beutel*, S. 154. Siehe auch den Ausruf von *Heinrich Heine*, S. 73: „Ruhm dem Luther! Ewiger Ruhm dem teuren Manne, dem wir die Rettung unserer edelsten Güter verdanken, und von dessen Wohltaten wir noch heute leben! …Von dem Reichstage an, wo Luther die Autorität des Papstes leugnet und öffentlich erklärt: ‚daß man seine Lehre durch die Aussprüche der Bibel selbst oder durch vernünftige Gründe widerlegen müsse!' da beginnt ein neues Zeitalter in Deutschland."

[14] *Schmoeckel*, S. 12, hält Luther, Melanchthon und Calvin für „ausreichend repräsentativ" für die Reformation des 16. Jahrhunderts. Bezüglich der Lehre von den Zwei Reichen wird bei *Lau*: Die lutherische Lehre von den beiden Reichen, S. 371, zusätzlich Zwingli genannt.

freiheit aus Art. 4 Abs. 1 und 2 GG, das Verbot der Staatskirchen aus Art. 140 GG i. V. m. Art. 137 Abs. 1 WRV und das Selbstbestimmungsrecht der Religionsgemeinschaften aus Art. 140 GG i.V.m Art. 137 Abs. 3 WRV (C., II.–IV.). In allen drei Punkten sind Kontinuitäten und Differenzen zur originär reformatorischen Unterscheidung von Geistlichem und Weltlichem auszumachen und darzustellen. Vor diesem Hintergrund werden aktuelle Strömungen zum Verhältnis von Staat und Religion unter dem Grundgesetz sowie die Rolle von Religion und Religionsgemeinschaften im politischen Diskurs des demokratischen Verfassungsstaates betrachtet (C., V.–VI.). In abschließenden Bemerkungen wird dann ein – naturgemäß subjektiv geprägtes – Fazit gezogen (E.).

B. Die Zwei-Reiche-Lehre in der Reformation des 16. Jahrhunderts

I. Martin Luther

1. Vorbemerkungen

Bevor die Zwei-Reiche-Lehre Luthers skizziert werden kann, sind einige Vorbemerkungen notwendig. Sie betreffen Kontext und Systematik (a), Grund und Ausmaß der Interpretationsprobleme (b), Ausgangs-, Kontra- und Anknüpfungspunkte (c) sowie den Status der Lehre (d).

a) Kontext und Systematik

Martin Luther war „eine(r) der produktivsten Schriftsteller seines Jahrhunderts".[1] Er hat aber – anders als etwa Melanchthon oder Calvin – keine konzentrierte, systematisch aufbereitete und lehrbuchartige Gesamtdarstellung seines Denkens hinterlassen.[2] Dies gilt im Übrigen auch für Teilbereiche seines Gedankengebäudes und damit auch für die Zwei-Reiche-Lehre.[3] Seine maßgeblichen

---

[1] *Beutel*, S. 158.

[2] Vgl. *Martin Heckel*: Martin Luthers Reformation und das Recht, S. 51. Nach verbreiteter Auffassung können die beiden Katechismen als einzige systematische Hauptwerke Luthers gelten; vgl. *Thompson*, S. 9. Luthers Wunsch, ein systematisches Werk über den christlichen Glauben abzufassen, „blieb zeitlebens unerfüllt", *Beutel*, S. 159.

[3] Vgl. *Roth*, Sp. 2794.

reformatorischen Schriften verdanken ihre Entstehung regelmäßig besonderen Situationen, die spezifische Fragen in einem konkreten Kontext aufwerfen, die ihrerseits eine den Umständen angepasste, nicht selten seelsorgerliche Antwort an einen exklusiven Adressatenkreis erfahren.[4]

Gleichwohl und quasi durch die Situationsgebundenheit der meisten Publikationen Luthers hindurch ist ein systematischer und konsistenter Zusammenhang seiner Positionen erkennbar.[5] Sie sind getragen von Grundgedanken, die sich wie ein roter Faden durch seine Schriften vom sog. „Turmerlebnis" bis zu seinem Tod ziehen.[6] Me-

---

[4] Vgl. *Gänssler*, S. 125: Jede Einzeläußerung Luthers ist „grundsätzlich zuerst nach ihrer antwortenden, antithetischen oder apologetischen Natur zu verstehen…, bevor sie abstrahiert und formal berücksichtigt werden darf." Als paradigmatisch dürfte hier die sog. Adelsschrift gelten; vgl. *Luther*: An den christlichen Adel deutscher Nation, passim. Zur Situationsgebundenheit der lutherischen Schriften siehe auch *Böckenförde*: Geschichte der Rechts- und Sozialphilosophie, S. 404: „Seine zahlreichen Äußerungen sind jeweils vom Anlass her motiviert, geben Rat und Auskunft im Sinne einer auf den Glauben gegründeten Verhaltenslehre für Christen, folgen indes nicht einer systematisch-eigenständigen philosophischen, juristischen oder gar staatstheoretischen Fragestellung." Ebenso *Martin Heckel*: Martin Luthers Reformation und das Recht, S. 52, 59. Siehe auch *Ebeling*: Luther, S. 52, der Luthers Motiv für seine publizistische Tätigkeit verankert sieht in der „Verantwortung des Seelsorgers für eine reine, klare verständliche, gewiss machende, befreiende Verkündigung des Evangeliums."

[5] Vgl. *Beutel*, S. 159, für den sich Luthers Gesamtwerk „sachlich wie strukturell …in eindrücklicher Konsistenz" darstellt. Zu den Gattungen der Publikationen Luthers (Bibelübersetzung, Programmschriften, Streitschriften, Erbauungsschriften etc.) siehe die Beiträge in *Albrecht Beutel* (Hrsg.): Luther Handbuch, S. 298 ff.

[6] Vgl. *Thompson*, S. 10: „Luther's writings, however disconnected they may appear at first sight, are a constantly evolving whole.

thodisch ist sein Denken – triadisch – geprägt von der Schriftauslegung, dem Denken in Gegensätzen und der Erfahrungsorientierung.[7] Die theologische Grundlage liefert die Rechtfertigungslehre[8]; für Luthers Auffassung vom Verhältnis von Staat und Religion ist daneben die Zwei-Reiche-/Zwei-Regimenten-Lehre maßgeblich.[9]

b) Interpretationsprobleme

Die von Johannes Heckel auf den Begriff gebrachten Probleme einer Interpretation der Zwei-Reiche-Lehre Luthers werden aus zumindest drei Quellen gespeist.

Zunächst handelt es sich inhaltlich um eine komplexe Lehre, in der theologische und politische Gedanken zusammengeführt werden. Die Komplexität wird – formal – noch dadurch gesteigert, dass Luther bei unterschiedlichen Gelegenheiten und in unterschiedlichen Schriften jeweils nur einzelne Aspekte der Zwei-Reiche-Lehre fokussiert.[10] Eine Gesamtwürdigung dieser Lehre kann im

---

…His writings are …in a sense a complex web of interconnecting strands of thought which cannot be treated in isolation. …For all his undoubted lack of system as a writer …as a thinker his ideas are closely connected." Gegen die Auffassung, bei Luther sei eine „Lehre" von den beiden Reichen zu entdecken u.a. *Lohse*: Luthers Theologie, S. 334; *Bayer*: Martin Luthers Theologie, S. 280.

[7] Vgl. *Beutel*, S. 159.

[8] Zur theologischen Leitidee Luthers und zu der Problematik, diese Leitidee mit dem Etikett „Rechtfertigungslehre" zu versehen, siehe *Korsch*, S. 115 ff., S. 121.

[9] Zur grundlegenden Funktion der Rechtfertigungslehre auch für die Zwei-Reiche-Lehre siehe u.a. *Lohse*: Luthers Theologie, S. 335; *Böckenförde*: Geschichte der Rechts- und Sozialphilosophie, S. 405 f.; *Duchrow*, S. 506 ff.; *Lau*: Die lutherische Lehre von den beiden Reichen, S. 378 f.

[10] *Thompson*, S. 37. Dazu auch *Bornkamm*, S. 165, und *Joergensen*, S. 133.

Grunde nur durch eine Gesamtschau der einschlägigen Äußerungen Luthers unter Berücksichtigung des jeweiligen Kontextes gelingen.

Zudem ist die Begriffsverwendung bei Luther nicht immer einheitlich. So verschwimmen gelegentlich die Konturen der zentralen Begriffe der beiden Reiche und der beiden Regimente.[11]

Schließlich hat Luther angesichts der zeitgenössischen Rahmenbedingungen für das Fortschreiten der Reformation zwischen den 1520'er und den 1540'er Jahren zumindest Verschiebungen in seinem begrifflichen Koordinatensystem vorgenommen.[12]

c) Ausgangs-, Kontra- und Anknüpfungspunkte

Zum Verständnis der lutherischen Lehre ist ein Blick auf die Ausgangs-, Kontra- und Anknüpfungspunkte hilfreich.

aa) Ausgangspunkt: Das corpus christianum

Zu den *Ausgangspunkten* gehört die spätantike und in Mittel- und Westeuropa bis in das 16. Jahrhundert fortwirkende politische Vorstellung vom corpus christianum.[13] Sie basiert auf der sogenannten Konstantinischen Wende, in deren Zuge das Christentum im Jahre 380 durch ein Edikt des römischen Kaisers Theodosius zur

---

[11] Vgl. *Johannes Heckel*: Im Irrgarten der Zwei-Reiche-Lehre, S. 10; *Bornkamm*, S. 178; *Thompson*, S. 40.

[12] Vgl. *Thompson*, S. 135: Luther befand sich in einem „continuous process of stretching and adjusting his system in order to make it fit the realities of the world around him..."

[13] Zum Begriff des corpus christianum siehe *de Wall*: Art. „Corpus Christianum", Sp. 465 ff., und *Wendebourg*, S. 120.

Staatsreligion erhoben wurde.[14] Damit wurde die Einheit von weltlicher Herrschaft und Religion – d. h. das Bündnis von Thron und Altar – für Jahrhunderte zementiert.[15] Im Kontext dieser Idee des corpus christianum waren künftig Art und Umfang von Herrschaft zwischen Kaiser und Papst auszutarieren.

bb) Kontrapunkt: Die mittelalterliche Lehre von den Zwei Schwertern

Zu den *Kontrapunkten* gehört die mittelalterliche Lehre von den beiden Schwertern. Sie geht zurück auf ein Schreiben des Papstes Gelasius I. an Kaiser Atanasius I. aus dem Jahre 494.[16] In diesem Schreiben wird festgestellt, dass die geistliche Gewalt bzw. das geistliche Schwert dem Papst und die weltliche Gewalt bzw. das weltliche Schwert dem Kaiser zukomme. Hier ist noch nicht von einer Konkurrenz zwischen sacerdotium und imperium, sondern zunächst nur von ihrer Zuordnung im Weltganzen die Rede.[17] Die politische Geschichte des Mittelalters ist im Folgenden aber geprägt von den antagonistischen Herrschaftsansprüchen der päpstlichen und der kaiserlichen Seite im Kontext und im Rahmen der Zwei-Schwerter-Lehre.[18] Als Instrument in der Ausein-

---

[14] Überblick bei *Unruh*: Religionsverfassungsrecht, Rn. 16.

[15] Vgl. *Schorn-Schütte*: Die Reformation, S. 8: „Die Einheit der Christenheit war das für das vorreformatorische Europa selbstverständliche Merkmal; in ihr verbanden sich Kirche und Welt, Religion und Politik miteinander."

[16] Dazu *Ensslin*, S. 661 ff., und *Schieffer*, Sp. 720. Zu Leben und Werk Gelasius' I. siehe *Ullmann*, passim, und *Brennecke*, Sp. 595.

[17] *Duchrow*, S. 328 ff.

[18] Zu dieser Auseinandersetzung zwischen der kurialen und der kaiserlichen Partei durch die Jahrhunderte siehe die Studie von *Mantey*, S. 14 ff., und *Miethke*, passim.

andersetzung zwischen imperium und sacerdotium gewann diese Lehre im Investiturstreit (1075–1122)[19] eine maßgebliche Bedeutung.[20]

Als besonderer Kontrapunkt für Luther erwies sich die Bulle Unam Sanctam des Papstes Bonifaz VIII. aus dem Jahre 1302, die im Streit mit Philipp IV. den Suprematie-Anspruch des Papsttums untermauerte.[21] Sie ist in ihrer Geltung vom Fünften Laterankonzil (1512–1517) unter Papst Leo X. im Jahre 1516 ausdrücklich bestätigt worden.[22] Danach befinden sich beide Schwerter in der Macht der Kirche. Allerdings führt die Kirche nur das geistliche Schwert selbst, während das weltliche für die Kirche und nur mit ihrer „Zustimmung und Duldung" von den weltlichen Herrschern geführt wird.[23] Damit ist der päpstlich-kirchliche Anspruch auf Unterordnung der weltlichen unter die geistliche Gewalt klar formuliert.

---

[19] Zum Investiturstreit siehe einführend *Hartmann*: Art. „Investiturstreit", Sp. 212ff., und ausführlich *ders.*: Der Investiturstreit, passim; *Goez*, passim.

[20] *Mikat*, Sp. 1853, meint, dass erst seit Petrus Damiani (1007–1072) und Heinrich IV. (1050–1106) von einer Zwei-Schwerter-Lehre gesprochen werden kann.

[21] Zur Person des Bonifaz VIII. siehe *Thier*, Sp. 646f. Zur Bulle Unam sanctam siehe u. a. *Tilmann Schmidt*, Sp. 1214f.; *Ubl*, S. 129ff.

[22] Vgl. *Gänssler*, S. 11ff.; *Martin Heckel*: Martin Luthers Reformation und das Recht, S. 106, 146, 152; und *Mantey*, S. 140f.

[23] Text in: *Denzinger/Hünermann* (Hrsg.), S. 385–387; Nr. 870–875, hier Nr. 873: Die Existenz von zwei Schwertern wird zunächst aus Lk 22, 38 und Mt 26, 52 abgeleitet und anschließend ihr Verhältnis zueinander bestimmt. „Beide also sind in der Gewalt der Kirche, nämlich das geistliche Schwert und das materielle. Jedoch ist dieses in der Hand der Könige und Soldaten, aber auf die Zustimmung und Duldung des Priesters hin. Es gehört sich aber, dass ein Schwert unter dem anderen ist und die zeitliche Autorität sich der geistlichen unterwirft…"

Dieser absolute Suprematie-Anspruch des Papstes findet sein theoretisches Fundament in dem Traktat „De ecclesiastica potestate" des Aegidius Romanus, der aufgrund seiner Gelehrsamkeit auch doctor fundatissimus genannt wurde.[24] Sein Traktat über die geistliche und weltliche Gewalt ist kurz vor der Bulle Unam sanctam im Jahre 1302 entstanden.[25] In der einschlägigen Forschung ist umstritten, ob Aegidius die Bulle Unam sanctam für Bonifaz VIII. verfasst, oder der Papst die Bulle unter Zugrundelegung des Traktates von Aegidius Romanus selbst geschrieben hat.[26] Die geistige Urheberschaft an der Bulle wird aber einhellig dem Aegidius und seinem Traktat zugeschrieben.[27] In diesem Traktat bestimmt Aegidius im Rahmen der allumfassenden ecclesia als corpus christianum die Relation von potestas spiritualis bzw. von potestas ecclesiastica i. e. S. einerseits und potestas terrena andererseits.[28] Ausgangspunkt der Überlegungen ist das biblisch und kosmologisch begründete, allgemeine Prinzip der Über- und Unterordnung.[29] Auf dieser Grundlage nimmt Aegidius u. a. an, das Universale sei dem Partikularen und das Vollkommene dem Unvollkommenen übergeordnet. So nehme der Mensch im Schöpfungsgefüge aufgrund seiner Gottebenbildlichkeit

---

[24] Zur Leben und Werk des Aegidius siehe u. a. *Zumkeller*: Ägidius von Rom, Sp. 462 ff; *ders.*: Aegidius Romanus, Sp. 178; *Burger*, Sp. 131. Zum Traktat „De ecclesiastica potestate" siehe u. a. *Mantey*, S. 22 ff., *Miethke*, S. 94 ff., und *Krüger*, passim.

[25] Zur Entstehungsgeschichte des Traktats siehe *Miethke*, S. 95 f.

[26] Nachweise bei *Krüger*, S. 16, Anm. 71. Für eine Mitwirkung des Aegidius an der Abfassung der Bulle *Mantey*, S. 22.

[27] *Krüger*, S. 16 f.

[28] Der Begriff der potestas bezeichnet bei Aegidius die Macht im Sinne der Herrschaft; vgl. *Krüger*, S. 141.

[29] Dazu *Krüger*, S. 50 ff.

den höchsten Rang ein. Bezogen auf den gesellschaftlich-politischen Bereich ist die Prämisse von der Dichotomie des Menschen wichtig. Danach ist der Mensch aus Körper und Seele zusammengesetzt. Da die Seele der für das Heil des Menschen entscheidende Teil ist, kommt ihr gegenüber dem Körper und den sonstigen Äußerlichkeiten der Vorrang zu.[30] Diese Vorrangrelation überträgt Aegidius auf das Verhältnis zwischen der potestas spiritualis/ecclesiastica i.e.S. und der potestas terrena. Die potestas spiritualis ist der potestas terrena übergeordnet, weil sie sich auf das Vollkommene (die Seel, das Heil) und nicht nur das Unvollkommene (den Leib, das Äußerliche) bezieht. Die potestas spiritualis ist zudem universal, weil auch in der Verbindung zwischen Seele und Körper letztlich die Seele der bestimmende Teil ist; damit steht die Seele dem Körper und die potestas spiritualis der potestas terrena vor. Dieser Vorrang manifestiert sich zudem in einer existentiellen Abhängigkeit der postestas terrena von der potestas spiritualis.[31] Da der summus pontifex die Spitze der ecclesia bildet, gebührt dem Papst zwangsläufig auch gegenüber der potestas terrena der Vorrang.[32]

In diese potestas-Lehre integriert Aegidius die Lehre von den beiden Schwertern.[33] Während der Begriff der

---

[30] Dazu *Krüger*, S. 147f.
[31] Vgl. Dazu *Krüger*, S. 151: „In Übertragung dieser zwischen anima und corpus bestehenden Relation auf die Relation zwischen potestas spiritualis und der potestas terrena ergibt sich die existentielle Abhängigkeit der …potestas terrena von der potestas spiritualis."
[32] Dazu *Krüger*, S. 148. Zur plenitudo potestatis des Papstes im Traktat des Aegidius siehe auch *Miethke*, S. 97.
[33] Zur Problematik des Dualismus und impliziten Antagonismus der beiden Schwerter für die Konzeption des Aegidius, die von

„postestas" die abstrakte Größe mit ihrem jeweiligen Zuständigkeitsbereich bezeichnet, meint der Begriff des „gladius" das jeweils ausführende Herrschaftsmittel. Das geistliche Schwert ist die Exekutive der potestas spiritualis und das weltliche Schwert ist die Exekutive der potestas terrena.[34] Aegidius unterscheidet nun zwischen Begriff und Funktion der Schwerter einerseits und ihrer Handhabung bzw. der funktionalen Ausübung der Herrschaft andererseits. Aufgrund der beschriebenen Vorrangrelation stehen beide Schwerter an sich der potestas spiritualis zu. In Korrespondenz zu der dichotomen Struktur des Menschen (Seele und Leib) bedarf es einer dichotomen Leitungsstruktur, also zweier Schwerter. Aufgrund des Vorrangs der potestas spiritualis und damit sie sich auf die geistlichen Angelegenheiten konzentrieren kann, kommt es zu einer sinnvollen „Arbeitsteilung" zwischen dem geistlichen und dem weltlichen Schwert.[35] Letzterem kommt (nur) eine Hilfsfunktion für das geistliche Schwert zu, von dem sie vollständig abhängig ist: Die weltliche Macht ist „Medium und Werkzeug" der geistlichen.[36]

---

einer einheitlichen Quelle der Gewalten ausgeht, siehe *Krüger*, S. 245 ff.
[34] Vgl. *Krüger*, S. 239: „Der *gladius spiritualis* ist das *exsequens* der *potestas spiritualis*, der *gladius materialis* das *exsequens* der *potestas terrena*." (Hervorhebungen im Original.)
[35] *Krüger*, S. 255; ebenso *Mantey*, S. 30.
[36] *Krüger*, S. 269. Vgl. ebd., S. 284: „Der *gladius materialis* ist nach Aegidius' Konzeption für das Werk der ecclesia, zum Wohle des Glaubens und zur Mehrung der geistlichen Güter zu gebrauchen. Die weltlichen Fürsten haben eine bloße Sachwalterstellung inne. Sie dürfen nicht eigene Interessen mit dem *gladius materialis* verfolgen, sondern allein im Interesse der ecclesia und des Glaubens

Das weltliche Schwert bzw. die weltliche Gewalt ist demnach keine eigenständige Größe, sondern ein funktionales (und historisches) Derivat der geistlichen Gewalt.[37] Sie erhält die Bedingungen der Möglichkeit einer wirksamen potestas spiritualis, die sich dem Seelenheil der Menschen widmet. Die potestas terrena und ihr gladius haben (nur) den äußeren, d. h. den gesellschaftlichen und politischen Frieden zu sichern, die körperliche Unversehrtheit und das Eigentum. Diese Friedenssicherung ist erforderlich, weil nicht alle Menschen derart vollkommen sind, dass sie von sich aus den Frieden halten, der für die Kirche notwendig ist.[38] Aus dem exklusiven Bezug auf die potestas spiritualis folgt, dass das weltliche Schwert von den weltlichen Machthabern nicht kraft eigenständiger Legitimation, sondern „per ecclesiam und sub ecclesia" geführt wird.[39]

---

von dem *gladius materialis* Gebrauch machen." (Hervorhebungen im Original.)
[37] Vgl. *Krüger*, S. 323. Die potestas terrena ist nach Aegidius' Auffassung nicht nur ein funktionales, sondern auch ein historisches Derivat der geistlichen Gewalt, wie sich anhand biblischer Zeugnisse zeigen lasse; dazu *Krüger*, S. 328 ff.
[38] Vgl. *Krüger*, S. 333: „Da aber nicht alle derartig vollkommen sind, und weil es nicht nur gut ist, Ungerechtigkeiten repressiv zu bekämpfen..., sondern bereits präventiv für Rechtsfrieden und -sicherheit zu sorgen..., war es nötig, die *potestas terrena* einzusetzen wegen der Erhaltung der Gerechtigkeit in den *corpora* und *res temporales* zur Bewahrung der *tranquilitas* der *anima* und der *pax* der *mens*, letztlich aber gerichtet auf die Bewahrung der *tranquilitas* in den *res spirituales*." (Hervorhebungen im Original.)
[39] *Krüger*, S. 333. Siehe auch die Zusammenfassung ebd., S. 335: „Allein mittelbar in ihrer ordnungspolitischen Funktion kommt der *potestas terrena* Bedeutung als untergeordnete Macht zu, die durch Aufrechterhaltung der öffentlichen Sicherheit und Ordnung für die Ungestörtheit des *princeps ecclesiasticus* Sorge trägt, der sich

Auch wenn der kurialistische Suprematie-Anspruch aus der Bulle Unam Sanctam – fundiert im Traktat des Aegidius Romanus – nicht die im frühen 16. Jahrhundert allgemeingültige, d.h. unbestrittene Formel für die Verhältnisbestimmung von geistlicher und weltlicher Gewalt darstellt[40], so liefert sie doch – als offizielle Doktrin der römischen Kirche – die Kontrastfolie für die lutherische und gemeinreformatorische Unterscheidung von Geistlichem und Weltlichem.[41]

cc) *Anknüpfungspunkt: Die Civitates-Lehre des Augustinus*

Einen zentralen *Anknüpfungspunkt* für diese Unterscheidung bei Luther liefert – neben den Ansichten etwa von William von Ockham[42] und Gabriel Biel[43] sowie John Wyclif und Jan Hus[44] – die civitas-Lehre des Augustinus.[45] In seinem monumentalen und epochalen Werk

---

so um die *spiritualia* kümmern kann." (Hervorhebungen im Original.)

[40] Zu den unterschiedlichen Konzeptionen der kurialistischen und der Kaiserpartei siehe nochmals *Mantey*, S. 14 ff., und *Miethke*, passim.

[41] Ebenso *Witte Jr.*, S. 147 f.; *Schmoeckel*, S. 3; *Gänssler*, S. 16.

[42] Dazu etwa *Ebeling*: Luther, S. 30, 90; *Duchrow*, S. 420 ff.; *Mantey*, S. 87 ff. m. w. N.

[43] Überblick bei *Martin Heckel*: Martin Luthers Reformation und das Recht, S. 125 ff.

[44] Zur Vorwirkung der Unterscheidung von Staat und Religion bei John Wyclif und Jan Hus sowie zur Parallelität mit der Auffassung Luthers siehe u.a. *Schnabel-Schüle*, S. 48 ff., und *Claussen*, S. 18 f.

[45] Zur Bedeutung der civitas-Lehre des Augustinus für Luther siehe u.a. *Johannes Heckel*: Lex Charitatis, S. 33; *Lau*: Luthers Lehre von den beiden Reichen, S. 26 f., und *Junghans*, S. 24. Zur Bedeutung des Augustinus für Luther überhaupt siehe u.a. *Beutel*, S. 155.

über den „Gottesstaat" unterscheidet Augustinus zwischen der civitas Dei und der civitas terrena.[46] Der Begriff der civitas ist nicht identisch mit dem modernen Begriff des Staates, sondern beschreibt vordringlich eine ideelle Personengemeinschaft, eine Bürgerschaft oder auch das „wandernde Gottesvolk".[47]

Die Zuordnung zu den civitates erfolgt über das inwendige Abgrenzungskriterium der „Liebe", nämlich der Gottesliebe (amor Dei) auf der einen und der Selbstliebe (amor sui) auf der anderen Seite.[48] Der civitas Dei gehören die Christen an, d.h. diejenigen, die – als Erwählte Gottes – ihr Leben auf die Gottesliebe ausrichten; Kennzeichen dieser Gemeinschaft sind: Gottesliebe, Demut, Gehorsam. Der civitas terrena gehören diejenigen an, die ihr Leben und Streben auf die Güter der Welt ausrichten; Kennzeichen sind hier: Selbstliebe, Stolz und Herrschsucht.[49] Nach und mit dieser Beschreibung ist es nicht verwunderlich, dass die beiden civitates in der Bewertung des Augustinus in einem hierarchischen Verhältnis stehen – mit einem eindeutigen Vorrang der civitas Dei.

Zur Bedeutung des Augustinus für die Reformation insgesamt siehe *MacCulloch*, S. 155 ff.

[46] Das zwischen 413 und 426 entstandene Werk ist einerseits eine Apologie des Christentums gegenüber der zeitgenössischen These, dass die Konstantinische Wende zum Christentum die Eroberung Roms durch die Westgoten (mit) ermöglicht habe, und andererseits eine theologische Deutung der Menschheitsgeschichte in heilsgeschichtlicher Perspektive; vgl. *Böckenförde*, S. 210.

[47] *Ottmann*, S. 23; *Flasch*, S. 385.

[48] *Augustinus*: Vom Gottesstaat, Bd. 2, XVI, 28, 1, S. 210. Dazu u. a. *Klein*, S. 613 f.

[49] Zu dieser Differenzierung *Klein*, S. 613 f.; *Ottmann*, S. 27; *Böckenförde*: Geschichte der Rechts- und Sozialphilosophie, S. 211; *Hans Maier*, S. 73.

Die Mitgliedschaft in den civitates ist jeweils exklusiv, d.h. jeder Mensch ist Bürger entweder in der einen oder anderen civitas. Das Problem liegt nun darin, dass es menschlicher Erkenntnis entzogen ist, wer zu welcher civitas gehört. Folglich handelt es sich nicht um soziologisch fassbare Körperschaften, die sich real gegenüberstünden. Vielmehr sind die beiden civitates im Gang der irdischen Geschichte unkenntlich vermischt und werden erst am Ende der Geschichte im Weltgericht offenbar.[50] Damit verbietet sich eine Gleichsetzung von civitas Dei mit der Kirche einerseits und der civitas terrena mit dem Staat andererseits.[51] Die Kirche ist nicht mit der civitas Dei identisch, weil ihr de facto auch „Böse" angehören.[52]

Das irdische Leben der civitas Dei ist eine dauerhafte Prüfung und Pilgerschaft. Die weltliche Herrschaft erlangt vor diesem Hintergrund ihre Legitimation allein aus ihrer naturrechtlich untermauerten Friedensfunktion. Augustinus beschreibt den irdischen Frieden als Naturgesetz und als höchstes irdisches Gut, denn „es gibt niemanden, der keinen Frieden will".[53] Die weltliche Herrschaftsgewalt hat demnach – orientiert an Vernunft und Pragmatik – für den weltlichen Frieden zu sorgen. Mit der Reduktion auf diese Funktion wird die weltliche Gewalt „theologisch entmächtigt, in radikaler Weise ‚entdivinisiert'".[54] Der weltliche Frieden kommt aber

---

[50] Vgl. *Ottmann*, S. 27; *Böckenförde*: Geschichte der Rechts- und Sozialphilosophie, S. 212; *Hans Maier*, S. 7 f.
[51] A. A. *Ottmann*, S. 106.
[52] Vgl. *Klein*, S. 615.
[53] *Augustinus*: Vom Gottesstaat, XIX, 12, Bd. 2, S. 547.
[54] *Böckenförde*: Geschichte der Rechts- und Sozialphilosophie, S. 214. I. E. ebenso *Ottmann*, S. 30: Die Politik wird zu einem „vorletzten Ziel" herabgestuft.

auch und gerade der civitas Dei auf ihrer irdischen Pilgerschaft zugute, denn nur unter dieser Bedingung kann sich auch die Kirche unter den Völkern ausbreiten."[55] Die konkrete Herrschaftsform ist dabei grundsätzlich unerheblich.[56] Die Grenze der weltlichen Gewalt liegt bei den Religionsangelegenheiten. Sie darf die Religion, die den einen höchsten und wahren Gott zu verehren lehrt, nicht hindern. So benutzt auch der himmlische Staat während seiner Erdenpilgerschaft den irdischen Frieden, sichert und befördert in allen Angelegenheiten, die die sterbliche Natur der Menschen betreffen, die menschliche Willensübereinstimmung, soweit es unbeschadet der Frömmigkeit und Religion möglich ist, und stellt diesen irdischen Frieden in den Dienst des himmlischen Friedens."[57] Der spätere Ruf nach staatlicher Intervention gegen abweichlerische Lehren wird allgemein als Inkonsistenz gewertet.[58] Insgesamt liefert die civitas-Lehre des Augustinus bereits die Blaupause künftiger Überlegungen zur Unterscheidung von Geistlichem und Weltlichem[59]; und dies gilt für den Augustinermönch Luther in besonderer Weise.

---

[55] Vgl. Klein, S. 615.
[56] Augustinus: Vom Gottesstaat, V, 17, Bd.1, S. 256: „Was nun das Leben sterblicher Menschen anlangt, das wenige Tage währt und dann zu Ende ist, was liegt viel daran, unter wessen Herrschaft der dem Tode entgegengehende Mensch lebt, wenn ihn nur die Herrscher nicht zu gottlosen und ungerechten Taten zwingen?"
[57] Augustinus: Vom Gottesstaat, IXX, Bd. 2, S. 562.
[58] Vgl. Böckenförde: Geschichte der Rechts- und Sozialphilosophie, S. 216.
[59] Nach Duchrow, S. 59, ist Augustinus „der eigentliche Vater einer ausgebauten Zweireichelehre".

d) Der Status der lutherischen Zwei-Reiche-Lehre

Eine letzte Vorbemerkung gilt dem Status der Zwei-Reiche-Lehre bei Luther. In diesem Zusammenhang sind zwei Aspekte bedeutsam, die sich in die Form von zwei Thesen gießen lassen.

aa) Rechts- und Staatstheologie!

Luthers Zwei-Reiche-Lehre liefert ausschließlich eine theologische Sicht auf die Unterscheidung von Staat und Religion. Seine Rechts- und Staatstheorie ist im Grunde eine Rechts- und Staats*theologie*[60]; sie entspricht den Begriffsmerkmalen der *Politischen Theologie*.[61] Luther argumentiert nicht als Staatsphilosoph oder als Politiker, sondern als Theologe und Seelsorger.[62] Er „gehört nicht zu den Staatsdenkern mit klassischem Rang."[63] Er zeigte kein Interesse an originär staatsphilosophischen Themen wie der Entstehung, der Entwicklung und dem Verfall von Staaten.[64] Er rekurriert nicht auf die Klassiker der

---

[60] Zutreffend *Böckenförde*: Geschichte der Rechts- und Sozialphilosophie, S. 412. Ebenso etwa *Kurt-Dietrich Schmidt*, S. 182; *Günter*, S. 8. Gegen die vermeintliche Reduktion der Zwei-Reiche-Lehre auf den Status einer politischen Theorie aber *Ebeling*: Die Notwendigkeit der Lehre von den zwei Reichen, S. 414f.

[61] Vgl. die Definition bei *H. Meier*, S. 13: Politische Theologie ist „eine politische Theorie, politische Doktrin oder politische Positionsbestimmung, für die nach dem Selbstverständnis des politischen Theologen die göttliche Offenbarung die höchste Autorität und letzte Grundlage ist."

[62] Vgl. *Kohnle*: Luthers „Staatsverständnis", S. 57: „Luther war …kein Politikberater, sondern eher ein Seelenberater."

[63] *Leonhardt/von Scheliha*, S. 9. Ebenso *Kohnle*: Weltliche Ordnung, S. 93: „Über eine von seinem theologischen Grundverständnis unabhängige politische Theorie verfügte Luther nicht."

[64] Vgl. *Martin Heckel*: Martin Luthers Reformation und das Recht, S. 561, und *Kohnle*: Luthers „Staatsverständnis", S. 52.

politischen Theorie wie Platon und Aristoteles[65], und er scheint sich auch nicht mit den nüchtern säkularen Gedanken seines partiellen Zeitgenossen Niccoló Machiavelli (1469–1527) beschäftigt zu haben.[66] Dieses Desinteresse erstreckte sich weitgehend auch auf die realen politischen Machtverhältnisse.[67] Sein Fokus lag ausschließlich auf der theologischen Begründung der Unterscheidung zwischen Geistlichem und Weltlichem, die für ihn letztlich in der göttlichen Offenbarung (sola scriptura) gründet.[68] Dies gilt naturgemäß auch für seine Zwei-Reiche-Lehre, die zugleich der Schlüssel zu seinem politischen Denken ist.[69]

---

[65] Vgl. *Thompson*, S. 3. Dies gilt ungeachtet der Tatsache, dass Luther mit den Schriften des Aristoteles in Berührung gekommen ist; vgl. u. a. *von Schulthess-Rechberg*, S. 4 f. Zu Luthers Aversion gegen Aristoteles siehe u. a. *Ebeling*: Luther, S. 90 ff.

[66] „Il Principe" wurde 1513 verfasst und erschien 1532. Zum Verhältnis von Luthers und Machiavellis Denken siehe grundlegend *Reinhardt*: Machiavelli und Luther, S. 117 ff.

[67] Vgl. *Kohnle*: Luthers „Staatsverständnis", S. 54: „Das austarierte Reichssystem durchschaute er nicht, es interessierte ihn auch nicht. Sein Staatsverständnis wurzelte in der Welt der Bibel." Zur Struktur des Heiligen Römischen Reiches Deutscher Nation zur Zeit Luthers siehe *Kohnle*: Weltliche Ordnung, S. 94 ff., der ebd., S. 105, aber auch anmerkt, dass sich Luther „der Bedeutung des Reiches und seiner Institutionen für den Erfolg oder Misserfolg der Reformation bewusst" war. Dazu auch *Kohnle*: Luther und das Reich, S. 230 ff.

[68] Anschaulich auch *Kohnle*: Luthers „Staatsverständnis", S. 53: Luthers politische Theorie ist ein „Derivat seiner Theologie"; ebenso *ders.*: Luther und das Reich, S. 230.

[69] *Martin Heckel*: Martin Luthers Reformation und das Recht, S. 559; *Thompson*, S. 10 ff.; *Böckenförde*: Geschichte der Rechts- und Sozialphilosophie, S. 407.

bb) Doppelte Differenzierung

Luthers Zwei-Reiche-Lehre ist in doppelter Weise in sich differenziert. Zum einen und genau genommen ist die Unterscheidung von Geistlichem und Weltlichem bei Luther mit dem Begriff der Zwei-Reiche-Lehre nur unzureichend beschrieben. Denn zu der Unterscheidung der beiden Reiche treten – abweichend von Augustinus' civitas-Lehre[70] – die Unterscheidung von zwei Regimenten sowie ihre Zuordnung zu den beiden Reichen hinzu. Der personalen bzw. funktionalen Unterscheidung zwischen dem Reich Gottes und dem Reich der Welt wird die Unterscheidung der Regimente als bereichsspezifischer Regierungsweisen Gottes an die Seite gestellt.[71] Der lutherische Begriff des Regiments ist demnach nicht militärisch konnotiert, sondern mit „ausgeübte Herrschaft" zu übersetzen.[72]

Zum anderen führt die Unterscheidung von Geistlichem und Weltlichem bei Luther nicht zu einer Tren-

---

[70] Zur diesbezüglichen Differenz zwischen der Lehre Luthers und Augustinus' civitas-Lehre siehe u.a. *Heinrich Bornkamm*, S. 179 ff., der die Lehre des Augustinus insofern als „eindimensional" (ebd., S. 179) bezeichnet.
[71] Zur Unterscheidung der personalen und funktionalen Deutung des Reichsbegriffs s.u. b). Zum Status der Reiche als Personengemeinschaften siehe *Böckenförde*: Geschichte der Rechts- und Sozialphilosophie, S. 409; *Martin Heckel*: Martin Luthers Reformation und das Recht, S. 585 m.w.N. Zur institutionellen Deutung des Reiche-Begriffs bei Luther siehe u.a. *Duchrow*, S. 523. Zum Begriff des Regiments als Herrschafts- oder Regierungsweise Gottes siehe u.a. *Thompson*, S. 48. Ein Teil der schwedischen Luther-Rezeption stellt allein auf den Regimente-Begriff ab, vgl. *Törnvall*, S. 9. Ein Überlappen der Begriffe Reich und Regiment wird angenommen von *Thompson*, S. 42.
[72] Vgl. *Stümke*, S. 219.

nung, sondern (nur) zu einer analytischen Differenzierung der beiden Sphären. Diese begriffliche Präzisierung ermöglicht die Erkenntnis, dass Luther die geistliche und die weltliche Gewalt nicht nur separiert, sondern auch in ihrem notwendigen Zusammenwirken beschrieben hat.

2. Zwei Reiche und zwei Regimente

a) Die Bedeutung der Obrigkeitsschrift

Für Luthers Lehre von den beiden Reichen und den beiden Regimenten ist seine Schrift „Von der weltlichen Obrigkeit, wie weit man ihr Gehorsam schuldet" aus dem Jahre 1523 von herausragender, wenn auch nicht ausschließlicher Bedeutung.[73] Einen Beleg für diese Einschätzung liefert Luther selbst, wenn er drei Jahre später in der Schrift „Ob Kriegsleute auch in seligem Zustande sein können" mit Bezug auf seine Obrigkeitsschrift und in aller Bescheidenheit schreibt: „Denn ich könnte mich geradezu rühmen, dass seit der Zeit der Apostel das weltliche Schwert und die Obrigkeit nie so klar beschrieben und herrlich gepriesen worden sind wie durch mich – was auch meine Feinde zugeben müssen."[74]

In der Obrigkeitsschrift beschreibt Luther diese Unterscheidung im Wesentlichen unter dem Aspekt der Begründung und Begrenzung der weltlichen Gewalt. Das Erfordernis eines Zusammenwirkens beider Regimente kann und muss auch aus anderen Schriften Luthers – etwa zum Bauern- und Türkenkrieg – erschlossen werden.[75]

---

[73] Ebenso statt vieler *Graß*, S. 145.
[74] *Luther*: Ob Soldaten in ihrem Beruf Gott gefallen können, S. 563 ff.
[75] Überblick aus systematisch-theologischer Sicht bei *Härle*, S. 786 ff.

Wie für alle Schriften Luthers, so ist auch für diese der Entstehungskontext bedeutsam. Neben dem Umstand, dass Luther die Thematik in diversen Predigten aus dem Herbst 1522 bereits aufgegriffen hatte[76], lassen sich zumindest vier konkrete Anlässe bzw. Anliegen ausmachen.[77] Luther reagiert – erstens – auf das in Sachsen erlassene Verbot des Besitzes von Luther-Bibeln[78] und die damit verbundene Pflicht zur Abgabe vorhandener Exemplare an die Obrigkeit. Zweitens respondiert er auf ein thematisch einschlägiges, leider verschollenes Manuskript von Johann von Schwarzenberg.[79] Drittens gab es nach Luthers thematisch einschlägigen Predigten aus dem Jahr 1522 eine Bitte um weitere Erläuterung seitens des Herzogs Johann von Sachsen.[80] Schließlich verfolgt Luther wohl auch das seelsorgerliche Anliegen, den Christen in bewegten Zeiten das rechte, reformatorische Verständnis von geistlicher und weltlicher Gewalt zu ver-

---

[76] Vgl. *Luther*: Predigten vom 24. und 25. Oktober 1522, WA, Bd. 10/3, S. 371–385. Siehe auch die Ankündigung einer thematisch einschlägigen Schrift in *Luther*: Brief an Johann Frhr. von Schwarzenberg vom 21. September 1522, WA Br., Bd. 2, S. 600f.: „Von dem weltlichen Schwert, wie das mit dem Evangelio übereinkäme, will ich schier durch ein Buchlin sonderlich aus lassen gehen..."

[77] Zu den Anlässen bzw. Anliegen der Obrigkeitsschrift siehe u.a. *Bayer*: Martin Luthers Theologie, S. 285; *Bornkamm*, S. 168f.; *Kohnle*: Luthers „Staatsverständnis", S. 59ff., und *Leonhardt*, S. 75f.

[78] Zu Luthers Bibel-Übersetzung siehe *Söding*, S. 73ff.

[79] Vgl. nochmals *Luther*: Brief an Schwarzenberg vom 21. September 1522, WA Br., Bd. 2, S. 600f. Rekonstruktionsversuch der verschollenen Schrift bei *Mantey*, S. 236ff.

[80] Dazu u.a. *Kohnle*: Luthers „Staatsverständnis", S. 60 m.w.N. Zum Verhältnis Luthers zu Sachsen und den dortigen Kurfürsten seiner Zeit siehe *Gößner*, S. 211ff.

mitteln[81] – dies gilt auch für die christlich-evangelische Obrigkeit.[82] Denn den unmittelbaren Ausgangspunkt liefert die vermeintliche Dichotomie derjenigen biblischen Stellen, die einerseits die weltliche Gewalt legitimieren und andererseits die Gewaltlosigkeit der Christenheit propagieren.[83] Zur Auflösung dieser Dichotomie wird die doppelte Unterscheidung der beiden Reiche und Regimente eingeführt. Insgesamt ging es Luther mit der Obrigkeitsschrift also nicht nur um eine grundsätzliche Klärung der Unterscheidung von Geistlichem und Weltlichem, sondern auch um eine Reaktion auf konkrete Anfragen und Umstände.[84]

b) Das Reich Gottes

Die Beschreibung der beiden Reiche erfolgt bei Luther überraschend knapp.[85] Zum Reich Gottes zählt er „alle wahrhaft Glaubenden in Christus und unter Christus".[86] In einer Predigt aus dem Oktober 1522 bezeichnet er die-

---

[81] Diesen Aspekt betonend *Martin Heckel*: Martin Luthers Reformation und das Recht, S. 561.
[82] Vgl. *Gänssler*, S. 153: „Gewissenszuspruch für den evangelisch gesinnten deutschen Landesfürsten."
[83] *Luther*: Von der weltlichen Obrigkeit, wie weit man ihr Gehorsam schuldig sei (1523), S. 225 ff., nimmt Bezug auf Röm 13, 1–2; 1 Petr. 2, 13–14 einerseits und Mt 5, 38–41, 44; Röm 12, 19; 1 Petr 3, 9 andererseits. Zu dieser Spannung siehe auch *Bayer*: Martin Luthers Theologie, S. 286, und *Kohnle*: Luthers „Staatsverständnis", S. 64: „Die Pointe der Obrigkeitsschrift besteht gerade darin zu zeigen, wie eine christliche weltliche Obrigkeit ihr Schwertamt einsetzungsgemäß wahrnehmen kann."
[84] Ebenso *Kohnle*: Luthers „Staatsverständnis", S. 62.
[85] Zum Begriff des Reiches bei Luther siehe u. a. *Kohnle*: Luthers „Staatsverständnis", S. 63, und *Junghans*, S. 24 ff.
[86] *Luther*: Von der weltlichen Obrigkeit, S. 229.

ses Reich auch als „das Christlich glaubig volck Christi".[87] Im Reich Gottes ist demnach die Gemeinschaft der wahrhaft Glaubenden unter Christus als ihrem Haupt versammelt.[88] Es ist ein Reich des Wortes bzw. des Evangeliums, des Heils und der geistigen Erlösung, der „Gnade und der Barmherzigkeit. ...Denn daselbst ist lauter Vergeben, Schonen, Lieben, Dienen, Wohltun, Friede und Freude haben usw."[89] Diese Konnotationen deuten darauf hin, dass mit dem Reich Gottes nicht die Kirche als weltliche Institution, wohl aber die unsichtbare Kirche als Personengemeinschaft, d.h. als geistliche Gemeinschaft der wahrhaft Glaubenden gemeint ist.[90] Sie geben daher Anlass zu einer personalen Deutung des Reichsbegriffs.

Daneben steht in der Lutherforschung eine funktionale Deutung des Reichsbegriffs. Danach gehören den beiden Reichen nicht exklusiv bestimmte Personengruppen an, sondern die Differenzierung erfolgt nach den beiden menschlichen Naturen als geistliches und weltliches Wesen.[91] So könne das geistliche Reich auch als Ordnung

---

[87] *Luther*: Predigt vom 24. Oktober 1522, WA, Bd. 10/3, S. 371.

[88] Zum Begriff des Reichs Gottes bei Luther siehe auch *Johannes Heckel*: Lex Charitatis, S. 43 ff.; *Harald Diem*, S. 107 ff.; *Thompson*, S. 42 ff; *Joergensen*, S. 137 ff., und *Leonhardt*, S. 78.

[89] *Luther*: Ein Sendbrief von dem harten Büchlein wider die Bauern, S. 208.

[90] Ebenso *Böckenförde*: Geschichte der Rechts- und Sozialphilosophie, S. 409; *Lau*: Die lutherische Lehre von den beiden Reichen, S. 372; *de Wall/Germann*: Grundfragen des evangelischen Kirchenrechts, Rn. 22, und *Thompson*, S. 51, der das Reich Gottes bei Luther als Synonym der wahren Kirche als unsichtbare congregatio sanctorum beschreibt. Zur Beschreibung des Reiches Gottes als Personengemeinschaft siehe vor allem *Johannes Heckel*: Lex Charitatis, S. 43; *ders.*: Im Irrgarten der Zwei-Reiche-Lehre, S. 10 ff.; *Duchrow*, S. 458.

[91] So u.a. *Lohse*: Luthers Theologie, S. 335: Unterscheidung der

des Heils beschrieben werden, in dem der Mensch als Individuum und in seiner unmittelbaren Beziehung zu Gott existiere.[92]

Schließlich wird als drittes Abgrenzungskriterium die materiale Beschreibung der beiden Reiche „nach Gegenständen oder Sachbereichen" vorgeschlagen.[93] Danach werden dem Reich Gottes ausschließlich Angelegenheiten geistlicher Natur zugeordnet. Dies gilt etwa für die Wortverkündigung und Sakramentsverwaltung, nicht aber für den äußerlichen Frieden, die Ehe und sonstige weltliche Dinge.

c) Das Reich der Welt

Zum Reich der Welt gehören „alle, die keine Christen sind."[94] Es handelt sich um die Gemeinschaft der Gott entfremdeten Menschen, deren Haupt der Teufel ist. An dieser Stelle wird die Fortwirkung des augustinischen Dualismus bzw. Antagonismus vom Reich Gottes und dem Reich des Teufels inklusive seiner eschatologischen Dimension besonders spürbar.[95] In dieser personalen

---

„Existenz des Menschen ‚vor Gott' (coram Deo) und ‚vor der Welt' (coram mundo)", *Thompson*, S. 37 ff.; *Schmoeckel*, S. 129 ff.; ähnlich *Ebeling*: Die Notwendigkeit der Lehre von den zwei Reichen, S. 423 ff.

[92] *Thompson*, S. 38.

[93] *Martin Heckel*: Martin Luthers Reformation und das Recht, S. 592 ff.

[94] *Luther*: Von der weltlichen Obrigkeit, S. 231. Zum Begriff des Reichs der Welt siehe u. a. *Johannes Heckel*: Lex Charitatis, S. 40; *Thompson*, S. 43 f.; *Böckenförde*: Geschichte der Rechts- und Sozialphilosophie, S. 409; *Joergensen*, S. 139 f., und *Leonhardt*, S. 78.

[95] Vgl. *Thompson*, S. 53 f.; *Martin Heckel*: Martin Luthers Reformation und das Recht, S. 594, der von einer „Doppelnatur" des weltlichen Reiches spricht. Insbesondere zur eschatologischen Di-

Deutung geht es um die jeweils exklusive Zuordnung von Personen und Personengruppen zu den beiden Reichen. Das entscheidende Kriterium ist der Glaube der oder des Einzelnen.[96]

In der funktionalen Deutung der Lutherforschung stellt sich das Reich der Welt als Ordnung des menschlichen Lebens dar, in der der Mensch unter dem Aspekt seiner Natur als fleischliches und sündhaftes Wesen sowie in seiner Beziehung zu anderen Menschen betrachtet wird.[97] Der Mensch könne also in beiden Reichen agieren, sein Verhalten sei entsprechend auszudifferenzieren.[98]

Bei Luther finden sich Belegstellen für beide Deutungen und es ist fraglich, ob sie sich gegenseitig ausschließen.[99] Sowohl in der personalen als auch in der funktionalen Deutung[100] ist das Reich der Welt deutlich vom Reich Gottes unterschieden, deshalb aber gleichwohl nicht vollständig gottlos.[101] Gott wirkt in beiden durch sein Regiment. Beide Regimente sind Ausdruck

---

mension auch der lutherischen Unterscheidung siehe ebd., S. 588 m.w.N.

[96] Vgl. *Lehmann*: Naturrecht, S. 187.

[97] *Thompson*, S. 38.

[98] Funktionale Deutung etwa bei *Lau*: Luthers Lehre von den beiden Reichen, S. 30.

[99] Überzeugend *Lehmann*: Naturrecht, S. 187f.

[100] Zur Unterscheidung dieser beiden Deutungen siehe auch *Honecker*: Grundriss der Sozialethik, S. 23.

[101] Aus dem Umstand, dass das Reich der Welt einerseits des Teufels, andererseits aber von Gottes weltlichem Regiment durchzogen ist, wird gelegentlich gefolgert, dass Luther eigentlich zwei weltliche Reiche kenne und damit insgesamt eine Drei-Reiche-Lehre verkünde.

für den Gedanken von Gottes Gegenwart in der und für die Welt.[102]

d) Das geistliche Regiment

Die beiden Regimente können nicht einfach und exklusiv den beiden Reichen zugeordnet werden. Vielmehr handelt es sich jeweils um Regierweisen Gottes in der und für die Welt; und beide Regimente delegiert Gott an die Menschen.[103]

Das geistliche Regiment macht – so Luther in der Obrigkeitsschrift in aller Kürze – „durch den Heiligen Geist Christen und gerechte Menschen unter Christus".[104] Es handelt – so Luther an anderer Stelle – „durch das Wort und ohne Schwert, dadurch die Menschen fromm und gerecht werden sollen, so dass sie mit dieser Gerechtigkeit das ewige Leben erlangen."[105]

---

[102] Zum Begriff des Regiments bei Luther siehe u.a. *Leonhardt*, S. 78 f., und *Törnvall*, S. 10: Die Regimentenlehre „schließt in sich, dass Gott sowohl im geistlichen als auch im weltlichen Leben mit der Welt und dem Menschen durch geschaffene und gestiftete Mittel handelt, durch welche die göttliche Wirklichkeit in konkreter Gestalt hervortritt. Gott spricht durch das gepredigte Wort im geistlichen Regiment, er verbirgt sich im Amt und Stand des weltlichen Regiments."

[103] Ebenso u.a. *Thompson*, S. 38: Gott hat zwei Regimente „für die Menschheit in der Welt" eingesetzt; *ders.*, ebd., S. 48: beide Regimente werden von Gott an die Menschen delegiert. Siehe auch *Böckenförde*: Geschichte der Rechts- und Sozialphilosophie, S. 411: Beide Regimente sind „in der Welt."; *Bayer*: Martin Luthers Theologie, S. 289: „Gott regiert im Weltlichen wie im Geistlichen, es sind beides seine und nur seine Regimente."; *Lau*: Luthers Lehre von den beiden Reichen, S. 34.

[104] *Luther*: Von der weltlichen Obrigkeit, S. 231.

[105] *Luther*: Ob Soldaten in ihrem Beruf Gott gefallen können, S. 558.

Im Reich Gottes wird das geistliche Regiment Gottes im Medium der Verkündigung des göttlichen Wortes und des Gottesdienstes ausgeübt.[106] Im Reich der Welt bedient sich Gott des ministerium verbi, d.h. des Predigtamtes der Kirche. Das geistliche Regiment wird hier also unmittelbar durch die pastorale Wortverkündigung und Sakramentsverwaltung der sichtbaren Kirche ausgeübt.[107] In seiner Schrift „Von den guten Werken" beschreibt Luther diesen Sachverhalt wie folgt: Die geistliche Gewalt, d.h. „die heilige christliche Kirche" ist „aus keinem anderen Grund eingesetzt..., als dazu, das Volk im Glauben zu Gott zu führen."[108] Für Luther besteht das geistliche Schwert nicht aus Stahl, sondern einzig aus dem Wort Gottes.[109]

---

[106] Zur Relevanz des geistlichen Regiments für das Reich Gottes siehe *Martin Heckel*: Martin Luthers Reformation und das Recht, S. 593: geistliches Regiment für das Reich Gottes durch göttliches Wort und Gottesdienst für die Seelen.

[107] Vgl. *Törnvall*, S. 53: Zum geistlichen Regiment gehört „all das äußere, dessen sich Gott bedient, um das Evangelium in die Menschenwelt einzuführen, nämlich der Prediger selbst, das äußere Wort, das ministerium verbi, kurz alle die Mittel, die notwendig sind, damit das Wort und das Sakrament wahrgenommen werden können." Vgl. *ders.*, ebd., S. 91: „Der eigentliche Ausdruck für Gottes Regiment ist das geistliche Predigtamt." *Martin Heckel*: Martin Luthers Reformation und das Recht, S. 594.

[108] *Luther*: Von den guten Werken, S. 101, 211, 221.

[109] Die Verwendung des Begriffs „Schwert" ist bei Luther nicht eindeutig. Z.T. erweckt er den Eindruck, dass der Begriff allein dem weltlichen Regiment zuzuordnen sei; vgl. *Luther*: Ein Sendbrief, S. 208. Zum Begriff des Schwertes siehe auch *Luther*: Der Prophet Sacharja ausgelegt, S. 514: „Durchs Schwerd aber verstehe ich alles was zum weltlichen regiment gehört, als weltliche rechte und gesetze, sitten und gewohnheite, geberden, stende, unterscheidene empter, person, kleider etc, Durchs wort alles was zum geistlichen regiment gehört, als die geistlichen Empter..."

e) Das weltliche Regiment

Das weltliche Regiment hingegen wird – unmittelbar – von der weltlichen Obrigkeit geführt.[110] Herrschaftsmittel ist hier nicht das Wort, sondern das weltliche Schwert in Gestalt von Gesetz, Gebot, Strafe und Zwang.[111]

Nach Luther ist das weltliche Schwert notwendig, weil „kein Mensch von Natur aus Christ oder gerecht ist, sondern alle Menschen Sünder und böse sind. ...Wenn es dies nicht gäbe, würde, da ja die ganze Welt böse ist und sich unter tausend kaum ein wahrer Christ findet, einer den anderen auffressen, so dass niemand Frau und Kinder unterhalten, sich ernähren und Gott dienen könnte und so die Welt veröden würde. Darum hat Gott die zwei Regimente geordnet, das geistliche, das durch den Heiligen Geist gerechte Menschen unter Christus macht, und das weltliche, das den Unchristen und Bösen wehrt, damit sie äußerlich Frieden halten und stillhalten müssen."[112] Grund und Legitimation für das weltliche Schwert und damit für die weltliche Obrigkeit ist die Schutzbedürftigkeit des Menschen – auch des Christen – vor dem Mit-

---

[110] Der Begriff der Obrigkeit umfasst nach zeitgenössischer Auffassung des 16. Jahrhunderts alle Formen von Herrschaft: Kaiser, Könige, Fürsten und Stadtautoritäten; vgl. *Thompson*, S. 63. Zur Ableitung des Begriffs aus dem 4. Gebot siehe *Martin Luther*: Der Große Katechismus, S. 44: „Denn aus der Eltern Obrigkeit fließet und breitet sich aus alles andere." Siehe auch *Kinder*, S. 270 ff.

[111] *Luther*: Von der weltlichen Obrigkeit, S. 229; *ders.*: Ob Soldaten in ihrem Beruf Gott gefallen können, S. 571. Dazu u. a. *Böckenförde*: Geschichte der Rechts- und Sozialphilosophie, S. 410.

[112] *Luther*: Von der weltlichen Obrigkeit, S. 231. Ähnlich *Luther*: Predigt, dass man Kinder zur Schule schicken soll, S. 755: „...wenn es kein weltliches Regiment gäbe, könnte kein Mensch vor dem anderen sicher sein; einer würde den anderen fressen, wie es die unvernünftigen Tier untereinander tun."

menschen. Seine Funktion und damit das wesentliche Staatsziel bestehen in der Sicherung des äußeren Friedens.[113] Sowohl diese Funktion als auch die zugrunde liegende pessimistische oder realistische (?) Anthropologie weisen i.Ü. voraus auf das im 17. Jahrhundert formulierte homo-homini-lupus-Argument des Thomas Hobbes.[114]

Luthers Aussagen über die historische Genese des Staates sind ambivalent. Einerseits gilt das weltliche Reich als Schöpfungsordnung, existiert also vor-lapsarisch.[115] Andererseits führt Luther die Staatsentstehung in seiner Genesisvorlesung auf Kain und die böse Natur des Menschen zurück.[116] Über die konkrete Organisation der weltlichen Obrigkeit etwa anhand des aristotelischen Staatsformenschemas hat Luther offensichtlich nicht nachgedacht.

Auf die Neuzeit vorausweisend ist aber der Hinweis, dass die weltliche Gewalt ihre Aufgabe „mit weltlicher Vernunft durch das Gesetz" erfüllen solle.[117] Den Gesetzesbegriff bestimmt Luther rechtstheologisch in An-

---

[113] *von Scheliha*: Religion und Sachpolitik, S. 245: „Diese Ordnungs- und Friedensaufgabe wird von Luther als so grundlegend angesehen, dass sich darüber hinausgehende ‚Staatsziele' kaum finden lassen."
[114] Zum homo-homini-lupus-Ausspruch siehe *Hobbes* (Widmung an Es. Exz. de Grafen Wilhelm von Devonshire), S. 59. Zu Luthers Anthropologie siehe u.a. *von Scheliha*: Protestantische Ethik des Politischen, S. 20 ff, und *Kohnle*: Luthers „Staatsverständnis", S. 64 f. Zur Parallelität der pessimistischen Anthropologien bei Hobbes und Luther siehe *Leonhardt/von Scheliha*, S. 12.
[115] So auch die Deutung bei *Kohnle*: Luthers „Staatsverständnis", S. 64.
[116] Vgl. *Thompson*, S. 66 f.; *Johannes Heckel*: Lex Charitatis, S. 144.
[117] Formulierung von *Martin Heckel*: Martin Luthers Reformation und das Recht, S. 605.

lehnung an die Trias von lex divina, lex naturalis und lex positivum.[118] Das Naturrecht, das den unmittelbaren Maßstab des weltlichen, menschlichen Rechts liefert, beschreibt Gottes Erhaltungsordnung für die Welt und ist im Dekalog mustergültig formuliert.[119] Es ist der menschlichen Vernunfterkenntnis zugänglich.[120] Anders als im Bereich des Glaubens ist für das Handeln der weltlichen

---

[118] Überblick bei *Lehmann*: Luthers Naturrechtsverständnis, S. 383 ff.; *Böckenförde*: Geschichte der Rechts- und Sozialphilosophie, S. 412 ff., und *Martin Heckel*: Luther und das Recht, S. 2524. Ausführliche, wenn auch umstrittene Interpretation bei *Johannes Heckel*: Lex Charitatis, S. 59 ff. Allgemein zu Luthers Verhältnis zum Recht siehe u. a. *Schlaich*, S. 3 ff., und *Lehmann*: Naturrecht, S. 180 ff.

[119] Dazu *Martin Heckel*: Martin Luthers Reformation und das Recht, S. 425: Das Naturrecht ist die „*universale*, seit der Erschaffung der Welt zu allen Zeiten geltende Ordnung Gottes für das äußere Zusammenleben *aller Menschen*, das von der Obrigkeit in aller Welt in menschliches Recht umzusetzen und dadurch zu vollziehen ist." (Hervorhebungen im Original.) Es beschränkt sich auf die äußere Ordnung ohne Auswirkung auf das Seelenheil. Zu Begriff und Bedeutung des Naturrechts bei Luther siehe *Lehmann*: Naturrecht, S. 169 ff., der ebd., S. 171 m. w. N., darauf hinweist, dass Luther keine selbstständige Schrift zum Naturecht verfasst, sondern nur „verstreut in seinen Werken einzelne Bemerkungen zu diesem Thema" gemacht hat. I. Ü. vertritt *Lehmann*: Naturrecht, S. 172 und passim, sowie *ders.*: Luthers Naturrechtsverständnis, S. 390 ff., die These, dass Luthers Naturrechtslehre als Weiterentwicklung der Zwei-Reiche-/Zwei-Regimenten-Lehre bzw. als deren Anwendung auf „konkrete Fälle" zu begreifen sei.

[120] Zum Vernunftgebrauch als Basis des Vernunftrechts bei Luther siehe *Lehmann*: Luthers Naturrechtsverständnis, S. 375 ff. In diesem Zusammenhang ist darauf hinzuweisen, dass Luthers „gebrochenes Verhältnis zum juristischen Berufsstand" sich i. W. auf die Kanonisten bezog und nicht eine Abwertung des Rechts als Handlungs- und Steuerungsinstrument bedeutet; vgl. *Karl Köhler*, passim.

Obrigkeit die Vernunft der Maßstab.[121] Damit werden politische Fragen zugleich entklerikalisiert und als Sachfragen deklariert, die mittels der Vernunft zu traktieren und zu entscheiden sind.[122] Allerdings ist auch die menschliche Vernunft letztlich auf Gott zurückzuführen, „da er das Licht der Vernunft angezündet hat."[123] Damit bildet das Naturrecht die normativ-substantielle Klammer zwischen dem geistlichen und dem weltlichen Regiment.[124] Zur Bedeutung der Vernunft im weltlichen Bereich schreibt Luther etwa in der „Predigt, dass man Kinder zur Schule schicken soll" aus dem Jahr 1530: Im Stand der weltlichen Obrigkeit bedarf es „aber noch begabterer Leute als im Predigtamt... Denn im Predigtamt wirkt Christus nahezu allein durch seinen Geist. Aber im weltlichen Reich muss man mit der Vernunft – aus der sich alle Rechte ableiten – handeln, denn Gott hat das zeitliche Regiment und das leibliche Leben der Vernunft unterworfen..." Sein Fazit lautet dann: „Kurzum: Nicht Faustrecht, sondern Kopfrecht, nicht Gewalt, sondern

---

[121] *Luther*: Predigt, dass man Kinder zur Schule schicken soll, S. 761. Dazu u.a. *Schmidt*, S. 189. Die vehemente und prominente Vernunftschelte Luthers gilt nur für ihre Anwendung auf Angelegenheiten des Glaubens; vgl. *Thompson*, S. 81, und *Lehmann*: Naturrecht, S. 173ff., der ebd., S. 174, von der „Ambivalenz in Luthers Vernunftverständnis" spricht.

[122] Vgl. *von Scheliha*: Religion und Sachpolitik, S. 251, der Luther ein „Ringen um die Versachlichung der politischen Prozesse" attestiert.

[123] *Lehmann*: Naturrecht, S. 184, der ebd., darauf hinweist, dass Luther mit der Lichtmetaphorik an den stoischen Gedanken des lumen naturale anknüpft.

[124] *Lehmann*: Naturrecht, S. 204f.: „Das Naturrecht ist ...der normative Horizont beider Herrschaftsweisen und fungiert insofern als Bindeglied."

Weisheit oder Vernunft müssen regieren – unter den Bösen wie unter den Guten."[125]

Auch im weltlichen Schwert offenbart sich das göttliche Regiment. Die weltliche Obrigkeit, die das Schwert unmittelbar führt, handelt als „Amtmann Gottes".[126] In diesem – ggf. auch unbewussten – Wirken als Gottes Werkzeug erweist sich die weltliche Obrigkeit als „cooperator Dei".[127] Zur Zeit des Bauernkriegs schärft Luther in drastischen Worten ein, dass die Zurechnung zum göttlichen Regiment selbst grausame Kriegshandlungen umfasst: Denn „es ehrt Gott das Schwert so hoch, dass er es seine eigene Ordnung nennt, und er will nicht, dass man sagen oder meinen sollte, Menschen hätten es erfunden oder eingesetzt. Denn die Hand, die dieses Schwert führt und die tötet, ist alsdann keine Menschenhand mehr, sondern Gottes Hand, und nicht der Mensch henkt, rädert, enthauptet, tötet und führt Krieg, sondern Gott. Es sind alles seine Werke und seine Gerichte."[128] Jenseits der martialischen Grundstimmung dieser Töne bleibt die Erkenntnis, dass für Luther auch das weltliche Regiment ein Regiment Gottes ist; und mit dieser „Gott-

---

[125] *Luther*: Predigt, dass man Kinder zur Schule schicken soll, S. 757.
[126] *Martin Heckel*: Martin Luthers Reformation und das Recht, S. 594.
[127] Zum Begriff des cooperator Dei siehe *Törnvall*, S. 91; *Duchrow*, S. 512. *Härle*: Art. „Zeireichelehre, II. Systematisch-theologisch", S. 786, betont, dass aus systematisch-theologischer Sicht Luthers Lehre von den beiden Reichen und Regimenten „zunächst und grundsätzlich als Lehre vom *Wirken Gottes*" aufzufassen ist (Hervorhebungen im Original),
[128] *Luther*: Ob Soldaten in ihrem Beruf Gott gefallen können, S. 567. Dazu auch *Graß*, S. 171., und *Kohnle*: Luther und die Bauern, S. 165 ff. m. w. N. Zum Bauernkrieg siehe auch *MacCulloch*, S. 221 ff.

unmittelbarkeit der Obrigkeit" ist zugleich und folgerichtig – sowie in Abweichung etwa von Augustinus – eine grundsätzlich positive Beurteilung des Staates verbunden.[129]

f) Die Christen und das weltliche Schwert

Die Unterscheidung der beiden Reiche und Regimente wirft eine Reihe von Folgefragen auf, die Luther z.T. schon in der Obrigkeitsschrift beantwortet. Dazu gehören auch die Fragen, ob die Christen dem weltlichen Schwert unterworfen sind (dazu aa) und ob sie das weltliche Schwert selbst führen dürfen (dazu bb).

aa) Die Christen als Bürger beider Reiche?

Die Antwort auf die Frage, ob die Christen Bürger beider Reiche und insofern auch dem weltlichen Regiment unterworfen sind, ist umstritten, weil Luther auch hier Anlass zu divergenten Deutungen gibt.[130] Die Anhänger eines ausschließlich personenbezogenen Reiche-Begriffs[131] tendieren naturgemäß dazu, sie zu verneinen, während die Vertreter eines funktionalen Reiche-Begriffs der Gegenauffassung zuneigen.[132]

---

[129] Vgl. *Leonhardt*, S. 91 f. (Zitat ebd., S. 92).
[130] Nachweis der unterschiedlichen Positionen bei *Böckenförde*, S. 411, Anm. 34., und auch bei *Anselm*: Zweireichelehre, S. 781 f.
[131] S.o. b).
[132] Erstgenannte Auffassung etwa bei *Johannes Heckel*: Lex Charitatis, S. 231: Der Christ ist dem Recht, der politica iustitia nicht unterworfen. „Er lebt im weltlichen Gemeinwesen nicht als Bürger, sondern als Fremdling..."; *ders*.: Im Irrgarten der Zwei-Reiche-Lehre, S. 15. Zur Gegenauffassung etwa *Lau*: Luthers Lehre von den beiden Reichen, S. 30: „Dass einer nur Bürger des Gottesreiches ist, ist ausgeschlossen, solange diese Erde steht." Ebenso u. a. *Anselm*: Zweireichelehre, S. 779.

Zunächst ist festzuhalten: Das Volk Gottes „braucht kein weltliches Schwert oder Recht. Und wenn die ganze Welt aus echten Christen, also wahrhaft Gläubigen, bestünde, wäre kein Fürst, König, Herr, Schwert oder Recht notwendig oder von Nutzen. Denn wozu soll ihnen das dienen, wenn sie doch den heiligen Geist im Herzen haben, der sie lehrt und dafür sorgt, dass sie niemandem Unrecht tun, alle Menschen lieben und von allen gerne und fröhlich Unrecht erleiden, sogar den Tod? Wo es nur das Erleiden von Unrecht und das Tun des Guten gibt, da gibt es keinen Grund für Zank, Streit, Gericht, Richter, Strafe, Recht oder Schwert. Darum ist es unmöglich, dass Schwert oder Recht unter den Christen etwas zu tun finden, zumal diese von selbst viel mehr tun, als alles Recht und alle Lehre fordern können…"[133] Nach Luthers Baummetapher sind alle wahren Christen von Natur aus so geartet, dass sie von sich aus das Gute tun und das Böse meiden.[134] Diese Beschreibung gilt allerdings – wie die Eingangsworte verdeutlichen – allein für das Reich Gottes.

Im Übrigen sind drei Argumentationsstränge erkennbar. Der erste findet sich in der Obrigkeitsschrift: Untereinander („für sich"!) bedürfen die Christen des Schwerts nicht. „Weil aber ein wahrer Christ auf Erden nicht für sich selbst, sondern für seinen Nächsten lebt und ihm dient, tut er nach Art seines Geistes auch das, was er selbst nicht braucht, was aber für seinen Nächsten nützlich und notwendig ist. Für die ganze Welt ist nun aber

---

[133] *Luther*: Von der weltlichen Obrigkeit, S. 229.
[134] *Luther*: Von der weltlichen Obrigkeit, S. 229 ff.

das Schwert von großem Nutzen, damit der Friede erhalten, die Sünde gestraft und den Bösen gewehrt wird."[135]

Neben und z. T. auch gegen diesen Rekurs auf das Gebot der Nächstenliebe wird Luthers Lehre von der Rechtfertigung bemüht. Denn danach bleibt auch der allein durch den Glauben und aus Gnade gerechtfertigte Mensch in der Welt simul iustus et peccator – gerechtfertigt und Sünder zugleich; hier zeigt sich wiederum die Doppelnatur des Christenmenschen. Die sündhafte, weltliche Seite auch der Christen verleiht dem weltlichen Schwert auch für diesen Personenkreis einen Sinn.[136] In diese Richtung weist Luther selbst, wenn er in der „Soldaten"-Schrift schreibt: Freilich benötigen die Christen untereinander „keine weltliche Obrigkeit, ihr Regiment ist ein geistliches Regiment und sie sind nach dem Geiste niemandem als Christus unterworfen. Aber dennoch sind sie mit Leib und Gut der weltlichen Obrigkeit unterworfen und sind schuldig, ihr gehorsam zu sein."[137] Die Validität des simul-iustus-et-peccator-Arguments zeigt sich u. a. daran, dass es auch die Antwort auf die Frage leitet, ob die Christinnen und Christen neben dem theologischen (usus theologicus legis) auch dem politischen

---

[135] *Luther*: Von der weltlichen Obrigkeit, S. 237. Daran anknüpfend vor allem *Johannes Heckel*: Lex Charitatis, S. 235; dazu u. a. *Böckenförde*: Geschichte der Rechts- und Sozialphilosophie, S. 411.

[136] Ebenso *Graß*, S. 146, und *Anselm*: Zweireichelehre, S. 779, sowie vor allem *Thompson*, S. 61: Qua definitionem ist der Christ (auch) ein Sünder und *deshalb* bedarf er des weltlichen Regiments wie die Bürger des regnum diaboli. Der Christ ist eine doppelte Person und insofern „Bürger beider Reiche": „…the inseparable corollary of the doctrine of the *Zwei-Reiche* and *Zwei-Regimente* is that of the Christian's *Zwei Personen.*"

[137] *Luther*: Ob Soldaten in ihrem Beruf Gott gefallen können, S. 571.

Gebrauch des Gesetzes (usus politicus legis)[138] unterworfen sind: „Der Christ lebt…, da er Sünder und Gerechter zugleich ist, als Sünder auch zugleich unter beiden Weisen des Gebrauchs des Gesetzes."[139] Insofern ist die Annahme konsequent, dass Christinnen und Christen auch der weltlichen Gewalt unterworfen sind.

Schließlich wird auf das empirische Nebeneinander beider Reiche Bezug genommen. Wenn alle Menschen Christen wären, bedürfte es des weltlichen Schwertes nicht. Da die Zahl der wahren Christen aber verschwindend gering ist und auf die Koexistenz mit den Nichtchristen angewiesen ist, müssen sich auch die wahrhaft Glaubenden „zu denjenigen Regeln verhalten, die eigentlich nur für die Glieder des Reiches der Welt gemacht sind."[140]

Alle genannten Argumentationsstränge führen also zu dem Ergebnis, dass das weltliche Schwert auch für die Christen relevant ist.[141]

bb) Die Christen als Teil der weltlichen Obrigkeit

Die Frage, ob Christen auch selbst Teil der weltlichen Obrigkeit werden und das weltliche Schwert führen dür-

---

[138] Mit diesen beiden Begriffen wird der Sinn des Gesetzes im Kontext der theologischen Dichotomie von Gesetz und Evangelium beschrieben. Der usus politicus legis dient dem Evangelium durch die Bereitstellung der äußeren Rahmenbedingungen für die Verkündigung. Der usus theologicus legis macht die Sünde bewusst, erzeugt Reue und weckt die Buße und eröffnet damit den Weg zum Glauben. Dazu sowie zu der Frage nach einem tertius usus legis siehe *Martin Heckel*: Martin Luthers Reformation und das Recht, S. 411 ff.
[139] *Ebeling*: Luther, S. 155.
[140] *Leonhardt*, S. 81.
[141] Ebenso u. a. *Roth*, Sp. 2791.

fen, ist hingegen schon in der Obrigkeitsschrift eindeutig bejaht worden.[142] Luther führt hier drei Argumente an.

Mit dem ersten Argument verweist er auf die Erforderlichkeit und den Nutzen des weltlichen Schwertes für den Nächsten: „Wenn du also siehst, dass ein Henker, Gerichtsdiener, Richter, Herr oder Fürst fehlt, und du dich für geeignet hältst, sollst du dich dazu anbieten und dich bewerben, damit keinesfalls die notwendige Rechtsgewalt missachtet und geschwächt wird oder gar untergeht. Denn die Welt kann und darf sie nicht entbehren."[143]

Neben den wiederholten Rekurs auf die Nächstenliebe tritt der Hinweis darauf, dass die weltliche Obrigkeit – wie Essen, Trinken und die Ehe – Gottes Werk und Schöpfung ist. In einer das Argument verstärkenden direkten Anrede verkündet Luther: „Mein Lieber, sei du nicht so vermessen zu sagen, ein Christ dürfe das nicht gebrauchen, was Gottes eigenes Werk, seine Ordnung und sein Geschöpf ist. Sonst müsstest du auch sagen, ein Christ dürfe nicht essen und trinken und heiraten, denn das sind auch Gottes Werke und Ordnungen. Ist es aber Gottes Werk und Geschöpf, dann ist es gut, und zwar so gut, dass es jeder christlich und selig benutzen kann…"[144]

Das dritte Argument basiert auf Luthers Ansicht, dass die weltliche Obrigkeit „Gottes Dienerin", d.h. die Exe-

---

[142] Vgl. *Kohnle*: Luthers „Staatsverständnis", S. 65; *de Wall/Germann*: Grundfragen des evangelischen Kirchenrechts, Rn. 27: Die Lehre von den beiden Reichen und Regimenten enthält „die Aufforderung an den Christen, sich selbst, in modernen Worten gesprochen, an der Gestaltung der sozialen Ordnung in Gesellschaft und Staat zu beteiligen."
[143] *Luther*: Von der weltlichen Obrigkeit, S. 239. Zu diesem Argument siehe auch *Köpf*, S. 129.
[144] Im Kontext siehe *Luther*: Von der weltlichen Obrigkeit, S. 245.

kutive des weltlichen Regiments Gottes ist. Demnach ist auch das Führen des weltlichen Schwertes im Grunde ein Gottesdienst, den abzuhalten den Christen nicht verboten, vielmehr geboten ist. Wenn nämlich „…die Rechtsgewalt und das Schwert ein Dienst für Gott sind, so muss auch all das ein Dienst für Gott sein, was die Rechtsgewalt braucht, um das Schwert zu führen…"[145] Vor diesem Hintergrund behauptet Luther sogar, dass die Christen für den Dienst der weltlichen Obrigkeit besonders geeignet seien: „Denn das Schwert und die Rechtsgewalt als einen besonderen Dienst für Gott wahrzunehmen, kommt vor allen anderen auf Erden den Christen zu."[146] Den Einwand, die Apostel hätten das weltliche Schwert auch nicht geführt, kontert Luther knapp: „Christus hat sein [geistlich] Amt und seinen Stand ausgefüllt, damit aber keinen anderen Stand verworfen."[147]

Das Führen des weltlichen Schwertes ist den Christen aber nur gestattet, wenn und soweit es *für andere* geschieht. „Das Schwert soll kein Christ für sich und seine Sache gebrauchen oder anrufen, er darf und soll es aber für einen anderen führen und anrufen, damit der Bosheit gewehrt und die Rechtschaffenheit verteidigt wird."[148] Als Privatperson ist und bleibt der Christ an die Weisungen der Bergpredigt gebunden; als Amtsperson ist ihm die Anwendung von Gewalt erlaubt. Gefordert ist also ein permanentes situationsbezogenes Rollenbewusstsein.[149]

---

[145] *Luther*: Von der weltlichen Obrigkeit, S. 251.
[146] *Luther*: Von der weltlichen Obrigkeit, S. 245.
[147] *Luther*: Von der weltlichen Obrigkeit, S. 247.
[148] *Luther*: Von der weltlichen Obrigkeit, S. 251.
[149] Ebenso *Kohnle*: Luthers „Staatsverständnis", S. 65. Vgl. auch *Leonhardt*, S. 82.

Trotz der insgesamt sehr positiven Beurteilung der weltlichen Obrigkeit ist es den Christen freigestellt, ob sie sich in diesen Dienst stellen wollen. Eine Pflicht zum Staatsdienst kennt Luther nicht.[150]

g) Die Abgrenzung der beiden Regimente

Luther wird nicht müde zu betonen, dass beide Reiche und Regimente streng voneinander zu unterscheiden sind und sich sämtlicher Übergriffe in die Sphäre des jeweils anderen zu enthalten haben.

aa) Die Begrenzung der geistlichen Gewalt

Das geistliche Regiment ist in der Welt und im Kontext der dafür geltenden Lehre von den drei Ständen (Familie/Haus, Obrigkeit, Kirche)[151] der christlichen Kirche zugeordnet.[152] In ihr wird – ausschließlich (!) – der Dienst an Wort und Sakrament durch das Predigtamt wahrgenommen.[153] „Dem geistlichen Amt gebührt die Verkündigung des göttlichen Gesetzes und des Evangeliums nur durch das Wort, die zu Buße, zum Glauben und zur Rechtferti-

---

[150] *Luther*: Von der weltlichen Obrigkeit, S. 245 ff.
[151] Zu Luthers Lehre von den drei Ständen und ihrer Verknüpfung mit der Lehre von den beiden Reichen und Regimenten siehe u. a. *Anselm*: Politische Ethik, S. 200 ff.; *Manns*, S. 3 ff.; *Bayer*: Natur und Institution, S. 352 ff.; *Reinhard Schwarz*, S. 15 ff.; *Schorn-Schütte*: Die Drei-Stände-Lehre, S. 251 ff.; *Maurer*: Luthers Lehre von den drei Hierarchien, passim; *Honecker*: Theologie unter der obrigkeitlichen Cura Religionis Christianae S. 62 ff.
[152] *Lau*: Die lutherische Lehre von den beiden Reichen, S. 393: „Wenn man Luthers Drei-Hierarchien-Vorstellung zugrunde legt, gehört die Kirche als Institution in das weltliche Reich, zusammen mit politia und oeconomia, Staat, Wirtschaft und Familie."
[153] Statt vieler Nachweise *Luther*: Predigt, dass man Kinder zur Schule schicken soll, S. 729. Zum Begriff der Kirche bei Luther u. a. *Lohse*: Luthers Theologie, S. 295 ff.

gung und Erlösung der bußfertigen Sünder sola fide et sola gratia führt."[154] Das geistliche Regiment hat sich ausschließlich mit geistlichen Angelegenheiten zu befassen.[155] Ihm stehen keine weltliche Gewalt und keine weltliche Obrigkeit zu. Luther ist durchgängig und nachdrücklich dafür eingetreten, dass die Kirche ihre Herrschaft als weltliche Obrigkeit aufgibt, weil sie seiner Abgrenzung von geistlichem und weltlichem Reich und Regiment[156] widerspricht.

bb) Die Begrenzung der weltlichen Gewalt

Auch für die Begrenzung der weltlichen Obrigkeit als Verkörperung des weltlichen Regiments Gottes findet Luther in der Obrigkeitsschrift klare Worte: „Das weltliche Regiment hat Gesetze, die sich nur auf Leib und Gut und auf irdische Äußerlichkeiten erstrecken. Denn über die Seele kann und will Gott niemand andern als nur sich selbst regieren lassen. Wenn sich deshalb eine weltliche Rechtsgewalt anmaßt, Gesetze für die Seele zu erlassen, greift sie Gott in sein Regiment und verführt und verdirbt die Seele nur."[157] Im Kern geht es um die „Exklusiv-

---

[154] *Martin Heckel*: Martin Luthers Reformation und das Recht, S. 385. Ebenso *Törnvall*, S. 83: „Das geistliche Regiment hat nichts mit rechtlichen Maßnahmen zu tun, hat keine potestas in temporalia, sondern es ist ein Regiment über die Gewissen."
[155] Vgl. *Törnvall*, S. 76: „Das geistliche Regiment überschreitet seine Befugnisse, wenn es sich mit etwas anderem als dem befasst, was zur Unterweisung und Ermahnung der Gewissen gehört."
[156] Vgl. *Martin Heckel*: Martin Luthers Reformation und das Recht, S. 152 m.w.N.
[157] *Luther*: Von der weltlichen Obrigkeit, S. 253 ff. Vgl. *Harald Diem*, S. 92: Die „Grenze der weltlichen Gewalt [ist] dort, wo es nicht mehr um Leib und Gut, sondern um die Seele, das Gewissen geht."

zuständigkeit Gottes (und seines geistlichen Regiments) für alle die menschliche Seele betreffenden Angelegenheiten".[158] Es sind im Übrigen Äußerungen wie diese, die die verbreitete Überzeugung von Luthers blindem Obrigkeitsgehorsam erschüttern. Vielmehr ist (nicht nur) seiner zentralen Obrigkeitsschrift eine „obrigkeitskritische Grundrichtung" eingeschrieben.[159] Für die Beschränkung der weltlichen Obrigkeit auf das Äußerliche des menschlichen Zusammenlebens bzw. für die Unverfügbarkeit des forum internum für die Staatsgewalt führt Luther fünf Argumente an.

Der Glaube gründet sich – erstens – ausschließlich auf Gottes Wort. Wenn aber Glaube durch Menschengesetz verordnet wird, so „ist da offensichtlich nicht Gottes Wort."[160] In Glaubensdingen gilt allein dieses und kein Menschenwort oder -werk.[161] In Luthers eigenen, klaren Worten lautet dieses Argument: „Der Seele darf und kann niemand gebieten, es sei denn, er könne ihr den Weg zum Himmel weisen. Das kann aber kein Mensch tun, sondern nur Gott. Darum soll in den Angelegenheiten, die die Seligkeit der Seele betreffen, nichts außer Gottes Wort gelehrt und angenommen werden."[162]

Mit dem zweiten Argument weist Luther darauf hin, dass die weltliche Obrigkeit auch tatsächlich „keine Macht über die Seele" hat. Sie ist „allen Menschen aus der

---

[158] *Leonhardt*, S. 85.
[159] *Kohnle*: Luthers „Staatsverständnis", S. 64.
[160] *Luther*: Von der weltlichen Obrigkeit, S. 255.
[161] Ebenso schon *Luther*: Predigt vom 10. Juni 1522, WA, Bd. 10/3, S. 170 ff., S. 175: „Nun wollen die mit dem schwert hyndurch dringen, das ist unsinnigkeit, darumb macht wol, das man allein das lautter Wort gottes geen laß, und darnach laß die volgen, wenn sie es gefangen hat, und nicht zwingen mit dem schwert."
[162] *Luther*: Von der weltlichen Obrigkeit, S. 255.

Hand genommen und allein unter die Macht Gottes gestellt. Nun sage mir: Wie viel Verstand muss in einem Kopf sein, der über etwas Gebote erlässt, über das er gar keine Macht hat? Wer würde nicht den für wahnsinnig halten, der dem Mond geböte, er solle scheinen, wann dieser Mensch es wolle?"[163] Die weltliche Obrigkeit stößt hier an ihre Grenzen, weil der Versuch, *de iure* auf den Glauben Einfluss zu nehmen, *de facto* scheitern muss und wird.[164]

Das dritte, epistemologische Argument basiert auf der Prämisse, „dass jede Rechtsgewalt nur da handeln soll und kann, wo sie auch sehen, erkennen, richten, urteilen, entscheiden und verändern kann. Denn was wäre das für ein Richter, der blind über Dinge richten wollte, die er weder hört noch sieht?" In Glaubensdingen ist die weltliche Obrigkeit aber notwendigerweise blind. Denn: „Wie kann ein Mensch die Herzen sehen, erkennen, richten, verurteilen und verändern? Das ist doch allein Gott vorbehalten…"[165] Diese erkenntnistheoretische Grenze beschränkt die Handlungsoptionen der Staatsgewalt auf das äußerlich Sicht- und Regelbare.

Luthers viertes Argument für diese Beschränkung beruht auf dem höchstpersönlichen Status des Glaubens.[166] Jeder muss „für sich selbst das Risiko eingehen, wie er

---

[163] *Luther*: Von der weltlichen Obrigkeit, S. 257; vorhergehendes Zitat ebd., S. 255.
[164] Ebenso schon *Luther*: Predigt vom 10. Juni 1522, WA, Bd. 10/3, S. 170ff., S. 175; hier heißt es über das weltliche Schwert: „…aber das hertz kann es nicht zwingen und zum glauben bringen, darumb muß es hyr still stehen in der sach des glaubens…" Vgl. dazu auch *Leonhardt*, S. 85.
[165] *Luther*: Von der weltlichen Obrigkeit, S. 257.
[166] Zur Bedeutung der Subjektivität des Glaubens bei und für Luther siehe u. a. *Leonhardt*, S. 85 m. w. N.

glaubt, und muss für sich selbst zusehen, dass er richtig glaubt. Denn so wenig ein anderer für mich zur Hölle oder zum Himmel fahren kann, so wenig kann er auch für mich glauben oder nicht glauben, und so wenig er mir den Himmel oder die Hölle auf- oder zuschließen kann, so wenig kann er mich zum Glauben oder zum Unglauben treiben."[167] Daraus folgt für Luther jedoch nicht eine Beliebigkeit der individuellen Glaubenswahl.[168] Nach Maßgabe der Rechtfertigungslehre ist der Glaube vielmehr ein höchstpersönliches Geschehen sola gratia, „ein göttliches Werk im Geist" der oder des Glaubenden. Vor diesem Hintergrund kann Luther in aller Klarheit folgern: „Zum Glauben kann und soll man niemanden zwingen."[169]

Schließlich und fünftens fügt Luther ein Folgenargument hinzu, das die Vergeblich- und Unmöglichkeit eines staatlichen Einwirkens auf die inneren (Glaubens-)Überzeugungen der Bürgerinnen und Bürger illustriert. Mit diesem Einwirken könnten nämlich „die schwachen Gewissen" allenfalls genötigt werden, „zu lügen, zu verleugnen und anders zu reden, als sie es im Herzen meinen."[170] Glaubenszwang führt also nicht zum Erfolg, sondern zur Heuchelei. Die Staatsgewalt muss nicht nur notwendig mit dem Ansinnen scheitern, einen Glauben – und sei es der „wahre" – durchzusetzen. Sie lädt mit diesem (untauglichen) Versuch zugleich „fremde Sünden auf sich selbst"[171], indem sie Menschen anderen Glaubens

---

[167] *Luther*: Von der weltlichen Obrigkeit, S. 259; die beiden folgenden Zitate ebd.
[168] So auch *Leonhardt*, S. 86 f.
[169] *Luther*: Von der weltlichen Obrigkeit, S. 259.
[170] *Luther*: Von der weltlichen Obrigkeit, S. 259.
[171] *Luther*: Von der weltlichen Obrigkeit, S. 259.

zum Lügen und Verleugnen zwingt.[172] Sie muss sich folglich schon des Versuchs enthalten und sich auf die Regelung des äußeren Zusammenlebens und die Friedenssicherung beschränken.[173]

Das Fazit dieser Argumentation ist ein doppeltes. Zum einen und in Abgrenzung zum geistlichen Reich und Regiment soll die weltliche Obrigkeit mit weltlicher Vernunft durch das Gesetz den äußeren Frieden wahren.[174] Die weltliche Gewalt erhält damit den Status einer funktionalen Eigenständigkeit und Eigenverantwortlichkeit vor Gott, der die mittelalterliche Einheit von sacerdotium und imperium, von Thron und Altar im corpus christianum nebst ihrer Ausgestaltung in der Zwei-Schwerter-Lehre sprengt.[175] Dieser Status ist zudem unvereinbar

---

[172] Vgl. *Leonhardt*, S. 87: „Die verbale Verleugnung der eigenen inneren Überzeugung gilt als Sünde – und diese Sünde fiele nun auf die Obrigkeit selbst zurück…"

[173] Vgl. die tolerante conclusio bei *Luther*: Von der weltlichen Obrigkeit, S. 259: „Wenn ihre Untertanen irren, wäre es viel leichter, sie irren zu lassen, als sie zum Lügen und zum Bekennen gegen das eigene Herz zu zwingen. Es ist auch nicht richtig, gegen das Böse mit etwas Schlimmerem vorzugehen."

[174] Vgl. *Martin Heckel*: Martin Luthers Reformation und das Recht, S. 605. Zur Vernunft als Maßstab für die weltliche Obrigkeit siehe nochmals *Luther*: Predigt, dass man Kinder zur Schule schicken soll, S. 761.; vgl. Lau: „Äußerliche Ordnung" und „weltlich Ding" in Luthers Theologie, S. 45: Ratio als „allgültige Norm für die weltlichen Ordnungen."

[175] Vgl. *Martin Heckel*: Martin Luthers Reformation und das Recht, S. 576: Luthers Lehre von der Obrigkeit „forderte das Ende des „Konstantinischen Systems" der engen Verflechtung bzw. Vereinigung der geistlichen und der weltlichen Gewalt, die seit der Erhebung des Christentums zur Staatsreligion durch Theodosius d. Gr. 380 n.Chr. die Kirche des Altertums und Mittelalters geprägt hatte… Das enthielt den ersten folgenreichen Angriff auf die mittelalterliche geistlich-weltliche Einheitskultur des Abendlandes,

mit der von Augustinus über Thomas von Aquin bis in das 16. Jahrhundert tradierten Auffassung von einer Überordnung des sacerdotium über das imperium: Bei Luther sind beide Reiche und Regimente gleichgeordnet; ihr Verhältnis ist „horizontal und nicht hierarchisch".[176]

die das Kaisertum und Papsttum spannungsreich zum Zusammenwirken verband, aber auch zum großen Suprematie-Streit zwischen ihnen geführt hatte." Ebenso u.a. *Johannes Heckel*: Im Irrgarten der Zwei-Reiche-Lehre, S. 18 f.; *Harald Diem*, S. 111. A. A. *Sohm*, S. 549: Die Lehre der lutherischen Reformation von der Trennung der zwei Regimente „stellt lediglich die reformierte Lehre des Mittelalters von den zwei Schwertern dar." Die beiden Gewalten stehen sich nicht unverbunden gegenüber, sondern sind zwei Gewalten, die „demselben großen Organismus der Christenheit angehören." Im Ergebnis werde das corpus christianum in modifizierter Gestalt fortgeführt. Ebenso schon *Rieker*, S. 54 ff; zustimmend *Troeltsch:*, S. 485, 523.

[176] *Witte Jr.*, S. 25. Vgl. auch *Lohse*: Luthers Theologie, S. 339: „Luther hat mit seiner Zwei-Reiche-Lehre die mittelalterliche Überordnung der geistlichen Macht über die weltliche von der Theologie her in umwälzender Weise in Frage gestellt." Zu dieser Abweichung von der augustinischen civitas-Lehre siehe auch *Forst*, S. 159. Die Gleichordnung der beiden Reiche und Regimente gilt ungeachtet der Erhebung der geistlichen über die weltliche Gewalt in *Luther*: Von den guten Werken, S. 221: Die geistliche Gewalt ist „aus keinem anderen Grund eingesetzt..., als dazu, das Volk im Glauben zu Gott zu führen. Das alles betrifft die weltliche Gewalt nicht, denn was immer sie tut und lässt, mein Glaube zu Gott geht seinen Gang und wirkt für sich, weil ich nicht glauben muss, was sie glaubt. Darum ist die weltliche Gewalt auch eine ganz geringe Sache vor Gott und wird von ihm für viel zu gering gehalten, als dass man sich um ihretwillen, ob sie nun Recht oder Unrecht tue, sperren, ungehorsam und uneinig werden sollte. Andererseits ist die geistliche Gewalt ein sehr großes, überragendes Gut und wird von ihm für viel zu kostbar gehalten, als dass der allergeringste Christenmensch es dulden und schweigen sollte, wenn sie nur ein Haarbreit von ihrem Amt abweicht, geschweige denn, wenn sie ganz gegen ihr Amt handelt..."

Zum anderen folgt aus der Beschränkung der weltlichen Obrigkeit auf seine äußere Friedensfunktion die Unzulässigkeit staatlichen Glaubenszwangs. Im Hinblick auf die einschlägige Argumentation resümiert Ernst-Wolfgang Böckenförde zu Recht: „Wie kann – über Jahrhunderte hinweg – deutlicher und treffender formuliert werden, was Glaubenszwang bewirkt und bedeutet, dass er dem Menschen nicht nur die Freiheit nimmt, sondern ihn in seiner Würde zerstört, und dennoch vergeblich bleibt?"[177]

cc) Unzulässige Vermischung

Die Abgrenzung der beiden Reiche und Regimente anhand der Trennlinie zwischen dem Äußeren und dem Inneren sieht Luther in der politischen Realität nicht gewahrt.[178] Beide Seiten erweisen sich als übergriffig, und Luther prangert diese unzulässigen Vermischungen der beiden Reiche und Regimente schonungslos an.[179] Dies gilt für den Papst, den Kaiser, die Landesfürsten, aber auch für die Radikalen im eigenen evangelischen Lager,

---

[177] *Böckenförde*: Geschichte der Rechts- und Sozialphilosophie, S. 420.
[178] Dies gilt nicht nur für die Anfangsjahre der Reformation. Noch in den 1530'er Jahren schrieb *Luther*: Auslegung des 101. Psalms, S. 197 ff.: „...der leidige teuffel höret auch nicht auff diese zwey Reich inn einander zu kochen und zu brewaen. Die weltlichen Herrn wollen ins teufels namen immer Christum leren und meistern, wie er seine kirche und geistlich regiment sol füren. So wollen die falschen Pfaffen und Rottengeister nicht inn Gottes namen immer leren und meistern, wie man solle das weltliche Regiment ordenen, Und ist also der Teuffel zu beiden seiten fast seer unmüssig und hat viel zu tun."
[179] Überblick über die von Luther kritisierten „Vermischungen" der beiden Reiche/Regimente bei *Harald Diem*, S. 110 ff.

denen Luther die unstatthafte, weil Geistliches und Weltliches vermischende Politisierung des Evangeliums vorwirft.[180]

So wird schon in der Streitschrift wider das Papsttum aus dem Jahre 1520 der auch weltliche Herrschaftsanspruch des Papstes – z.T. unter ausdrücklicher Verwerfung der Bulle Unam Sanctam – vehement zurückgewiesen.[181] In der Obrigkeitsschrift ermahnt Luther die „ungnädigen Herren ...Papst und Bischöfe", sie „sollten Bischöfe sein und Gottes Wort predigen." Stattdessen seien sie „weltliche Fürsten geworden und regieren mit Gesetzen, die nur Leib und Gut betreffen." Die Grenzüberschreitung ist offensichtlich: „Innerlich sollten sie über die Seelen durch Gottes Wort regieren, aber sie regieren äußerlich über Schlösser, Städte, Land und Leute und quälen die Seelen mit unsäglichem Mordwesen."[182]

Aber auch die weltliche Obrigkeit hält sich nach Luthers Auffassung nicht auf ihrer Seite der Trennlinie.[183]

---

[180] Dazu u.a. *Münkler/Straßenberger*, S. 394 ff.

[181] *Luther*: Vom Papsttum zu Rom: Gegen den hochgerühmten Römling in Leipzig, S. 119: „Warum jagt ...der römische Stuhl jetzt der ganzen Welt nach und hat nicht nur Länder, Städte, ja Fürstentümer und Königreiche gestohlen und geraubt, sondern maßt sich auch an, alle Könige und Fürsten nach Gefallen, einzusetzen, abzusetzen und zu verändern, wie er will, als wäre er der Antichrist?"

[182] *Luther*: Von der weltlichen Obrigkeit, S. 259.

[183] In *Luther*: Von den guten Werken, S. 219 ff., gelten die Grenzübertretungen der weltlichen Gewalt gegenüber jenen der geistlichen (noch) als weniger gravierend: Denn die weltliche Gewalt kann „sie tue Recht oder Unrecht, der Seele nicht schaden..., sondern allein dem Leib und Gut...Das ist auch die Ursache, warum die weltliche Gewalt nicht in so großer Gefahr schwebt wie die geistliche, wenn ihre Inhaber Unrecht tun. Denn weil sie nichts mit dem Predigen und Glauben und den ersten drei Geboten zu schaffen hat, kann die weltliche Gewalt keinen wirklichen Schaden an-

Denn obwohl die weltlichen Herren nur „äußerlich über Land und Leute regieren" sollten, zielten sie „sinnlos" darauf ab, „geistlich über die Seelen zu regieren…"[184] Hier spiegelt sich die Erkenntnis, dass die Landesfürsten in der und für die Reformation eine maßgebliche Rolle spielen – und dies gilt sowohl für ihre Abwehr als auch für ihre Durchsetzung.[185]

Eine Grenzüberschreitung diagnostiziert Luther ferner bei den sog. „Schwärmern" um Andreas Karlstadt[186], die meinten, Gottes Reich im Hier und Jetzt errichten zu können.[187] Zur Zeit der Bauernkriege wird er auch den Bauern nebst Thomas Müntzer eine Vermischung der beiden Reiche und Regimente vorwerfen, weil sie mit dem Evangelium Politik machen wollten.[188]

---

richten. Die geistliche Gewalt schadet aber nicht nur, wenn sie Unrecht tut, sondern auch, wenn sie ihr Amt vernachlässigt und stattdessen etwas anderes tut, auch wenn es besser wäre als die allerbesten Werke der weltlichen Gewalt. Darum muss man sich der geistlichen Gewalt widersetzen, wenn sie nicht recht handelt, nicht aber der weltlichen, auch wenn sie Unrecht tut."

[184] *Luther*: Von der weltlichen Obrigkeit, S. 261.

[185] S.o. A. Vgl. nochmals *Anselm*: Politische Ethik, S. 199: „… ohne die Unterstützung durch die Landesherrn wäre den reformatorischen Ideen wohl kaum längerfristiger Erfolg beschieden gewesen."

[186] Zu Karlstadt siehe die Überblicke bei *Burnett*, S. 45 ff., und *Wallmann*, S. 44 ff.

[187] Zum Begriff „Schwärmer" siehe *Leppin*: Art. „Schwärmer", S. 628 f., *Kaufmann*: Die Reformation, S. 46, und *Peters*: Luther und seine protestantischen Gegner, S. 151 f. m.w.N. Dazu u.a. *Leppin*: Martin Luther, S. 209 ff., *Harald Diem*, S. 113 ff. Ebd., S. 117 ff. zur antinomischen Vermischung durch die Forderung, die Gesetzespredigt aus der Verkündigung verbannen zu wollen. Zu Luthers Verhältnis zu den Antinomern, siehe *Peters*: Luther und seine protestantischen Gegner, S. 161 ff.

[188] Dazu u.a. *Martin Heckel*: Martin Luthers Reformation und

Eine umgekehrte Grenzüberschreitung, nämlich von Seiten der weltlichen Gewalt, entdeckt Luther schließlich in dem Gebot einiger Fürstentümer an ihre Untertanen, sämtliche Ausgaben von Luthers jüngst erschienener Bibel-Übersetzung an die Behörden auszuliefern.[189] Hier wird die Trennlinie zu den Glaubensangelegenheiten überschritten und damit die sonst geltende Gehorsamspflicht gegenüber Geboten der weltlichen Obrigkeit ausgesetzt.[190] Luther empfiehlt einen passiven Widerstand, d. h. verbalen Widerspruch und Ungehorsam unter Inkaufnahme der Konsequenzen, die bis zum Märtyrertod reichen können.[191] Als legitimierende Instanz fungiert

---

das Recht, S. 528 ff. Zum „Politisierungsvorwurf" auch *Beutel*, S. 158. Zur Auseinandersetzung Luthers mit den Radikalen der Reformation siehe auch *Moeller*: Geschichte, S. 244 ff.; *Köpf*, S. 132 ff., *Schnabel-Schüle*, S. 132 ff., *Peters*: Luther und seine protestantischen Gegner, S. 151 ff., und *Claussen*, S. 88 ff. Zu Thomas Müntzer nunmehr grundlegend *Hans-Jürgen Goertz*, passim, und *Bräuer/Vogler*, passim; Überblicke bei *Schorn-Schütte*: Die Reformation, S. 49 ff., *Wallmann*, S. 46 ff., *Wolgast*, S. 174 ff., und *Peters*: Luther und Müntzer, S. 169 ff. m. w. N.

[189] S. o. 2. a).

[190] Vgl. *Schmidt*, S. 187: „Die Grenze der Gehorsamspflicht liegt da, wo die Obrigkeit verlangt, etwas wider Gottes Gebot zu tun." Ebenso *Duchrow*, S. 489, der auf staatliche Einwirkungen auf „die 1. Tafel, das Gottesverhältnis" abstellt.

[191] Vgl. *Luther*: Von der weltlichen Obrigkeit, S. 263. Hier empfiehlt Luther einem Untertanen, seinem weltlichen Fürsten zu antworten: „Wenn ihr mir nach dem Maß eurer irdischen Macht etwas gebietet, werde ich gehorchen. Wenn ihr aber von mir verlangt, zu glauben und Bücher auszuliefern, werde ich nicht gehorchen. Denn dann seid ihr ein Tyrann und greift zu hoch, indem ihr gebietet, wozu ihr weder Recht noch Macht habt. Nimmt er dir deswegen dein Gut und bestraft diesen Ungehorsam: Selig bist du!" Dazu u. a. *Dörfler-Dierken*, S. 146, und ebd., S. 149: „Luther beschreibt Widerstand als wortsprachlichen Protest gegen einzelne obrigkeit-

das in Gottes Wort gebundene Gewissen.[192] An diesem Recht auf passiven Widerstand gegen die weltliche Macht in Glaubensdingen, dessen Ausübung zugleich Pflicht ist, hat Luther festgehalten.[193] Aktiver Widerstand kommt hingegen nur in Betracht, wenn es dafür selbst eine weltlich-normative Grundlage gibt.[194] Der vielfach erhobene und undifferenzierte Vorwurf, Luther habe Staatsgläubigkeit und Obrigkeitshörigkeit mit verheeren-

---

liche Anordnungen und als das Erdulden der etwaigen obrigkeitlichen Zwangsmaßnahmen."
[192] Vgl. *Dörfler-Dierken*, S. 149.
[193] Vgl. *Luther*: Eine Heerpredigt wider den Türken, S. 119 ff., S. 148: „So hat Gott keinem Herrn dermaßen die Obrigkeit gegeben oder ihm die Menschen unterworfen, daß er damit gegen Gott und sein Wort streben oder fechten solle. Und in solchem Fall ist auch kein Untertan seiner Obrigkeit ein Haar breit schuldig oder untertan. Ja, es ist da alsdann schon keine Obrigkeit mehr, wo solches geschieht. Sondern die Untertanen sind (allein) schuldig, der Obrigkeit leiblich zum Besten zu dienen, daß der Friede auf Erden erhalten werde und dies leibliche Leben desto sicherer sein und gut bestehen könne." Zum Widerstandsrecht bei Luther siehe u. a. *Johannes Heckel*: Widerstand gegen die Obrigkeit?, S. 1 ff.; *ders.*: Lex Charitatis, S. 237 ff., 296 ff.; *Schempp*, S. 161 ff.; *Harald Diem*, S. 92 ff.; *Leppin*: Martin Luther, S. 24 ff.; *Dörfler-Dierken*, S. 137 ff. Die Pflicht zum Ungehorsam beschreibt *Martin Luther*: Von der weltlichen Obrigkeit, S. 265: „Wenn du ihm [dem Fürsten, der in Glaubensdingen weltliche Macht ausübt] nicht widersprichst und ihm freie Hand lässt, dir den Glauben oder die Bücher zu nehmen, hast du Gott tatsächlich verleugnet." Zum Widerstand durch das Wort *Lau*: Luthers Lehre von den beiden Reichen, S. 71.
[194] *Leonhardt*, S. 91, spricht in diesem Zusammenhang von einem „ständischen Widerstandrecht" (Hervorhebung im Original). Zum Widerstandsrecht gegen den Kaiser auf der Grundlage weltlichen Rechts siehe u. a. *Karl Müller*, passim; *Günter*, S. 122 ff.; *Schorn-Schütte*: Die Reformation, S. 81 f.; *Thompson*, S. 103 m. w. N.

den Konsequenzen für die (deutsche) Geschichte propagiert, ist daher nicht haltbar.[195]

h) Die Zuordnung der beiden Reiche und Regimente

aa) Allgemeines

Für Luthers Antithetik gilt allgemein, dass das „und" in der jeweiligen Unterscheidung nicht nur trennen, sondern auch verbinden, „nicht nur auseinanderhalten, sondern auch zusammenhalten" soll; „es soll unterstreichen, daß beides jeweils an seinem Ort und in seinen Grenzen nebeneinander sein Recht hat."[196] Dies gilt u. a. für die Unterscheidung von Gesetz und Evangelium sowie für die Unterscheidung von usus theologicus legis und usus politicus legis. Folgerichtig führt auch die Unterscheidung und Abgrenzung der beiden Reiche und Regimente nicht zu einer vollständigen Trennung. Sie stehen sich nicht verbindungslos gegenüber, sondern in einem Ergänzungsverhältnis.[197] Nicht die Trennung bzw. Scheidung, sondern die Zuordnung der beiden Reiche und Regimente ist das Hauptanliegen Luthers.[198] Beide sind aufeinander angewiesen, denn – so Luther: „In der Welt reicht keines ohne das andere aus."[199] Ohne das geistliche Regiment kann niemand vor Gott gerecht werden, und

---

[195] Ebenso *Martin Heckel*: Die Menschenrechte, S. 1124 ff., *Münkler/Straßenberger*, S. 395 f., und *Heinz Schilling*, S. 625 f.
[196] *Ebeling*: Luther, S. 157.
[197] *Harald Diem*, S. 132; *Schmidt*, S. 193, *Ebeling*: Die Notwendigkeit der Lehre von den zwei Reichen, S. 417 ff., *Herms*: Leben in der Welt, S. 476, und *Martin Heckel*: Die Menschenrechte, S. 1125 f.
[198] So vor allem *Martin Heckel*: Martin Luthers Reformation und das Recht, S. 597; *Törnvall*, S. 75, spricht von einer „Arbeitsverteilung".
[199] *Luther*: Von der weltlichen Obrigkeit, S. 233. Dazu u. a. *Manns*, S. 10.

ohne das weltliche Regiment müsste die Christenheit, weil wehrlos gegen das Böse, untergehen.[200] Beide Sphären verschließen sich nicht voreinander, sondern bewahren sich trotz Abgrenzung den Blick auf und für die andere Seite.[201] Die verbindende Klammer ist eine theologische und liegt – mit den Worten Martin Heckels – „im Willen Gottes, der die Welt als ihr Schöpfer, Richter und Erlöser durch das Gesetz gegen die Macht des Bösen schützt und durch das Evangelium von ihr erlöst. ...*Beide Regimente und Reiche finden im Dienst des Heils ihren Sinn und ihre Einheit.*"[202]

bb) Einwirkung auf das geistliche Reich und Regiment

Aus der Perspektive des geistlichen Reichs und Regiments sind drei Aspekte des weltlichen Reichs und Regiments wesentlich.

Erstens fungiert das weltliche Reich und Regiment als Erhaltungsordnung für Gottes Schöpfung.[203] „Denn

---

[200] *Luther*: Von der weltlichen Obrigkeit, S. 233 ff.
[201] Vgl. *Martin Heckel*: Martin Luthers Reformation und das Recht, S. 753: „Das geistliche Regiment Christi beschränkt sich nicht auf die Gläubigen im Reiche Christi, sondern will gerade auch die Sünder aus dem Reich der Welt gewinnen und erlösen. Und das weltliche Regiment im Reich der Welt (als dem Reich Gottes zur Linken) will nicht nur die Übeltäter abwehren und strafen, sondern gerade auch dem Reich Gottes dienen, indem es die Gläubigen und die Kirche weltlich schützt und die Verkündigung des Evangeliums in Frieden in der Welt ermöglicht und sichert."
[202] *Martin Heckel*: Martin Luthers Reformation und das Recht, S. 597 f. (Hervorhebungen im Original.)
[203] Nach *Luther*: Von Handels- und Zinsgeschäften, S. 407 ff., S. 427 ff., ist das weltliche Regiment erforderlich, „damit die Welt nicht verwüstet werde, der Friede nicht untergehe und der Handel und die Gemeinschaft unter den Leuten nicht zerstört werde." Zum weltlichen Regiment als Teil der göttlichen Erhaltungsordnung sie-

wenn das Schwert nicht abwehren und den Frieden erhalten würde, müsste alles, was in der Welt ist, am Unfrieden zugrunde gehen."[204]

Indem sie den Frieden sichert, erhält die weltliche Gewalt – zweitens – nicht nur die Schöpfung sowie die Menschheit als ganze, sondern auch und nicht zuletzt die Existenz der Christenheit und der Kirche.[205] Vor allem schafft und bewahrt das weltliche Schwert mit dem Frieden die Bedingungen der Möglichkeit von evangelischer Wortverkündigung und Sakramentsverwaltung.[206]

---

he *Harald Diem*, S. 57f., und *Böckenförde*: Geschichte der Rechts- und Sozialphilosophie, S. 411: Das weltliche Regiment ist eine „Erhaltungsordnung Gottes aus seiner Zuwendung an das Reich der Welt."

[204] *Luther*: Ob Soldaten in ihrem Beruf Gott gefallen können, S. 565.

[205] Vgl. *Holl*, S. 346: „…der ‚Christenheit' als Ganzem, der unsichtbaren Kirche, leistet die weltliche Gewalt die Hilfe, dass sie ihr das Verbleiben in dieser Welt ermöglicht."

[206] Vgl. *Thompson*, S. 132, und *de Wall/Germann*: Grundfragen des evangelischen Kirchenrechts, Rn. 25. Zu diesem Staatszweck auch *Duchrow*, S. 555 m.w.N.; *Gänssler*, S. 131. Die Aspekte der allgemeinen Erhaltung der Schöpfung bzw. der Menschheit und der Bedingungen der Möglichkeit von Wortverkündigung und Sakramentsverwaltung werden zusammengeführt in *Luther*: Der 82. Psalm ausgelegt, S. 192: „Denn wo kein oberkeit ist, odder wo sie on ehre ist, da kann auch kein friede sein. Wo kein friede ist, da bleibt auch keine narung und kann keines fur des andern frevel, dieberey, rauberey, gewalt und untugent leben oder etwas behalten. So wird viel weniger da bleiben raum, Gotts Wort zu leren und kinder zu Gottes furcht und zur zucht zihen. Weil denn Gott die welt nicht will wüst und leer haben, sondern hat sie geschaffen, das menschen drauff wonen und das land erbeiten und füllen sollen… Und solchs alles nicht mag geschehen, wo kein friede ist, wird er gezwungen als ein schepffer sein eigen geschepffe, werck und Ordnung zu erhalten, das er oberkeit mus einsetzen und erhalten und yhr das schwerd und gesetze befehlen, das sie alle, die yhr nicht gehorchen, tödten

Schließlich wird der weltlichen Obrigkeit auch eine cura religionis ohne Eingriffsbefugnis in das geistliche Regiment zugeschrieben. Es handelt sich nur um einen äußeren Dienst für den geistlichen Bereich, um den „Schutz der Kirche als geistlicher Gemeinschaft, damit (evangelische) Verkündigung durch Gottesdienst und Predigt möglich ist; Luther setzt dabei einen evangelischen Landesherrn voraus."[207]

cc) Einwirkung auf das weltliche Regiment

Die Einwirkung des geistlichen auf das weltliche Reich und Regiment vollzieht sich im Modus der unterstützenden Ermahnung.[208] Nach Luther bewirkt der Prediger „auch an der Welt lauter große und machtvolle Werke, indem er nämlich alle Stände unterrichtet und unterweist, wie sie sich in ihren Ämtern und Ständen nach außen hin verhalten sollen, um vor Gott recht zu handeln. …Denn ein Prediger unterstützt und stärkt jede Obrigkeit und hilft sie zu erhalten, sorgt für allen zeitlichen Frieden, wehrt den Aufrührern, lehrt Gehorsam, Sitte, Anstand und Ehre. Er unterrichtet die Ämter des Vaters, der Mutter, der Kinder, der Knechte, kurzum: alle weltlichen Ämter und Stände."[209] Die Unterscheidung der beiden Reiche und Regimente führt also nicht zu einem

---

und straffen solle, als die auch widder Gott und seine ordnung streben und des lebens nicht werd sind."

[207] *Böckenförde*, S. 420.
[208] Vgl. *Thompson*, S. 133; *Duchrow*, S. 570, spricht von einer „Mahnpflicht im geistlichen Amt". *Joergensen*, S. 140, legt den Fokus auf das Medium der Verkündigung.
[209] *Luther*: Predigt, dass man Kinder zur Schule schicken soll, S. 739. Die stabilisierende Funktion des geistlichen für das weltliche Reich und Regiment wird überdeutlich ebd., S. 739: „Denn da gibt es keinen, der diese weltlichen Ämter als Gottes große Gaben oder

Rückzug der geistlichen Sphäre aus der Welt. Vielmehr soll die Kirche als Verkörperung des geistlichen Regiments die Inhaber staatlicher Ämter zur ordnungsgemäßen Erfüllung ihrer Amtspflichten in Verantwortung vor Gott anhalten.[210] Die Maßstäbe der unterstützenden Ermahnung sind allerdings rein innerweltlich. Es kommt also nicht zu einem Übergriff in das weltliche Reich und Regiment, etwa durch den (als untauglich bewerteten) Versuch, die Welt mit und nach dem Evangelium zu regieren.[211] Mit den ebenso anschaulichen wie zutreffenden Worten von Franz Lau kann die geistliche Ermahnungsfunktion wie folgt zusammengefasst werden: Luther „greift den Politikern wohl ins Maul, pfuscht ihnen jedoch nicht ins Handwerk."[212]

---

als seine gnädige Ordnung bezeichnet. Nur das Wort Gottes und das Predigtamt rühmen und ehren sie so hoch."
[210] Vgl. *Schmidt*, S. 193: „Es ist also nicht *Luthers* Meinung bei der Scheidung der beiden Reiche, dass das geistliche die Welt Welt sein lassen soll; die Kirche muss vielmehr zur treuen Ausübung der letztlich von Gott überkommenen Amtspflichten mahnen, zur Ausübung des Amtes in der Verantwortung vor Gott. ...Die ganze Welt, in all ihren Bereichen wird so Gegenstand der Predigt, insbesondere alle Gemeinschaftsordnungen."
[211] Vgl. *Lau*: Luthers Lehre von den beiden Reichen, S. 75: Die Mahnfunktion „ändert nichts daran, daß der Maßstab von Gut und Böse, an den der die weltlichen Stände berichtigende Prediger erinnert, an sich ein weltlicher Maßstab ist. ...[Er] darf trotzdem nicht versuchen wollen, der Obrigkeit in ihr Amt zu greifen und die Welt, die weltlich regiert werden muß, nach dem Evangelium zu regieren." Ebenso *Duchrow*, S. 570.
[212] *Lau*: Luthers Lehre von den beiden Reichen, S. 88.

3. Die Bewährung der Unterscheidung von Geistlichem und Weltlichem

a) Vorbemerkungen

Luthers Unterscheidung der beiden Reiche und Regimente, die in der Frühphase der Reformation Gestalt gewonnen hatte, musste sich in ihrem Verlauf bewähren. Bewährungsproben lieferten die erforderlichen Abgrenzungen gegenüber Rom, den Schwärmern und den katholischen Fürsten unter Einschluss des Kaisers sowie Fragen der Kirchenorganisation. Konkret ging und geht es um die Fragen nach dem Umgang mit Abweichlern, die seinerzeit noch „Ketzer" genannt wurden (b), und nach der Rolle der weltlichen Obrigkeit bei und in der Kirchenorganisation (c).

b) Der Umgang mit Abweichlern

Im Umgang mit Andersgläubigen und Andersdenkenden zeigt sich, ob Glaubens- und/oder politische Gemeinschaften geneigt sind, Toleranz zu üben sowie Glaubens- und Meinungsfreiheit für alle zu gewährleisten. Luther ist von seiner reformatorischen Einsicht in die Rechtfertigung allein aus Gnade und durch den Glauben auf der ausschließlichen Grundlage der Schrift zutiefst überzeugt. Abweichler irren; sie sind Ketzer, denen nicht mit Toleranz zu begegnen, sondern entschieden und kompromisslos entgegenzutreten ist.[213] Dies gilt sowohl für

---

[213] Vgl. *Thompson*, S. 155. Siehe auch *Forst*, S. 158: „Nicht die subjektive Freiheit des Gewissens ist zu achten, sondern seine Gebundenheit (allein) an Gott!" Ebenso *Martin Heckel*: Die Menschenrechte, S. 1129: „Der Reformation ging es vor allem um die [evangelische] Wahrheit Gottes, nicht etwa um die Freiheit des Menschen, sofern sie sich von der Wahrheit der Offenbarung löst. Ihr Abstand

das Verhältnis des Christentums zu anderen Religionen als auch für das Verhältnis der verschiedenen Strömungen innerhalb des Christentums.[214] Luther war kein Apostel der Toleranz und der modernen Glaubens- und Gewissensfreiheit, auch wenn er wertvolle Vorarbeiten geleistet hat.[215] Seine Auffassung zum Umgang mit „Ketzern" durchläuft eine Entwicklung, die sich cum grano salis in zwei Phasen unterteilen lässt. Der zeitliche Schnitt erfolgt etwa in der Mitte der 1520'er Jahre.

aa) Die Frühphase bis ca. 1525

In der Frühphase der Reformation, also etwa bis 1525, vertritt Luther die Auffassung, dass die gebotene Auseinandersetzung mit den „Römern", den Schwärmern und anderen Abweichlern ausschließlich geistig-theologisch zu erfolgen habe. Die Anwendung des weltlichen Schwerts wäre eine unzulässige Vermischung der beiden Reiche und Regimente. Paradigmatisch ist sein Ausruf in

---

von dem religiösen Relativismus und Skeptizismus der Moderne, der seit der Aufklärung die Menschrechtsdiskussion bestimmt, ist weltenweit." Ebd., S. 1135: Es gibt keine Freiheit „für den Irrglauben und Aberglauben." Der Andersgläubige gilt als „verstockt", „nicht als der freie, sondern der versklavte Mensch."

[214] Vgl. der Hinweis bei *Martin Heckel*: Martin Luthers Reformation und das Recht, S. 197, dass auch die sprichwörtliche „Freiheit eines Christenmenschen" nicht die allgemeine Religionsfreiheit propagiert, „sondern die Freiheit aus der Wahrheit und zur Wahrheit der Offenbarung Gottes, die aus der Verkündigung erwächst und durch den Glauben an das Evangelium zur Rechtfertigung und Erlösung führt. ...Luther ist nicht der Ahnherr des religiösen Relativismus der Moderne."

[215] Ebenso u. a. *Sohm*, S. 547. A. A. *Leclerc*, S. 251. Skeptisch auch *Böckenförde*: Geschichte der Rechts- und Sozialphilosophie, S. 423, und *Claussen*, S. 62 f. Vgl. *Heinz Schilling*, S. 627: „Luther war Toleranz im modernen Sinne fremd."

einer (Invokavit-) Predigt aus dem März 1522: „Summa summarum predigen will ichs, sagen will ichs, schreiben will ichs, aber zwingen und dringen mit gewalt will ich niemand, denn der Glaub will willig und ungenötiget sein und one zwang angenomen werden."[216] Ob ihm bewusst war, dass er damit eine Position aufnahm, die bereits Tertullian (ca. 160/170 – nach 220 n.Chr.) im Jahre 212 vertreten hatte, muss offenbleiben.[217]

Vor allem in der Obrigkeitsschrift und in thematisch angrenzenden Publikationen hat Luther dieses Leitbild einer rein geistigen Auseinandersetzung ausgemalt.[218] Hier wird die Aufgabe, den Ketzern entgegenzutreten, allein den Bischöfen und nicht den Fürsten übertragen. Für diesen „Kampf" sei das weltliche Schwert nicht zu gebrauchen, sondern „(h)ier muss Gottes Wort kämpfen."[219] Zur Begründung führt Luther zumindest drei Argumente an.

Das erste Argument besagt, dass die weltliche Gewalt schon faktisch nicht in der Lage ist, abweichenden Glaubensüberzeugungen wirksam zu wehren. Wenn das Wort

---

[216] *Luther*: Predigt vom 10. März 1522, WA, Bd. 10/3, S. 13 ff., S. 18. Zu Luthers Invokavitpredigten im Übrigen *Brecht*, Bd. 2, S. 66 ff.

[217] Tertullian hatte in einem Brief aus dem Jahr 212 geschrieben (zitiert bei *Guggisberg* (Hrsg.): Religiöse Toleranz, S. 18): „Es ist ein Menschenrecht und ein Naturrecht, daß jeder anbeten kann, was er will. Die Religion des einen kann dem anderen weder nützen noch schaden. Es liegt nicht im Wesen der Religion, die Religion zu erzwingen; nicht durch Gewalt, sondern freiwillig muß sie angenommen werden." Zu Person und Werk des Tertullian siehe den Überblick bei *Moreschini*, Sp. 172 ff.

[218] Nachweise u. a. bei *Martin Heckel*: Martin Luthers Reformation und das Recht, S. 665.

[219] *Luther*: Von der weltlichen Obrigkeit, S. 267.

Gottes „den Kampf nicht entscheidet, wird er von der weltlichen Gewalt sicher nicht entschieden werden können, auch wenn sie die Welt mit Blut füllt. Ketzerei ist eine geistliche Angelegenheit, die man mit keinem Schwert zerschlagen, mit keinem Feuer verbrennen und mit keinem Wasser ertränken kann."[220] In der Adelsschrift setzt er diesem Gedanken in ironischem Ton hinzu: „Wenn es eine Kunst wäre, die Ketzer mit Feuer zu überwinden, wären die Henker die gelehrtesten Doktoren auf Erden, wir müssten auch nicht mehr studieren, sondern wer den anderen mit Gewalt überwindet, kann ihn verbrennen."[221] Die Staatsgewalt kann hier nichts ausrichten, denn die Gedanken sind „zollfrei" und für das weltliche Schwert unerreichbar.[222]

Das zweite Argument besagt, dass die Ketzerbekämpfung mit den Mitteln der weltlichen Gewalt kontraproduktiv ist.[223] „Denn man hält es für ausgemacht, dass eine Obrigkeit keine gerechte Sache vertritt und gegen das Recht handelt, wenn sie ohne Gottes Wort vorgeht und sich nicht anders als mit bloßer Gewalt zu helfen weiß, wie es die unvernünftigen Tier tun."[224] Gewaltsames Vorgehen gegen Andersgläubige erzeugt allgemeines Misstrauen und bringt die Staatsgewalt in Misskredit und wird so „die Ketzerei nur bestärken".[225] Wiederum bleibt

---

[220] *Luther*: Von der weltlichen Obrigkeit, S. 267. Ähnlich schon *Luther*: An den christlichen Adel deutscher Nation, S. 105: „Man sollte …die Ketzer mit Schriften und nicht mit Feuer überwinden…"
[221] *Luther*: An den christlichen Adel deutscher Nation, S. 105
[222] *Luther*: Von der weltlichen Obrigkeit, S. 259: „Denn das Sprichwort ist wahr: Gedanken sind zollfrei."
[223] Dazu auch *Leonhardt*, S. 89.
[224] *Luther*: Von der weltlichen Obrigkeit, S. 267.
[225] *Luther*: Von der weltlichen Obrigkeit, S. 267.

nur der Rekurs auf Gottes Wort; es „erleuchtet die Herzen, und damit verschwinden dann von selbst alle Ketzerei und aller Irrtum aus dem Herzen."[226]

Das dritte Argument besagt, dass eine drastische weltliche „Bestrafung" der Andersgläubigen absurd ist, weil damit das angestrebte Ziel nicht erreicht werden kann. „Denn auch wenn man alle Juden und Ketzer gewaltsam verbrennen würde, ist und wird doch keiner dadurch besiegt oder bekehrt."[227] Man könne nicht wissen, ob und wann das Wort Gottes den Anders- als Noch-nicht-Gläubigen treffe. Mit dem Tod wird ihr bzw. ihm jedoch jede Möglichkeit auf eine Bekehrung zum Heil genommen.[228]

Als Fazit dieser frühen Phase kann gelten, dass Luther die Überwindung der Ketzerei allein der Verbreitung und dem Wirken von Gottes Wort, also dem geistlichen Regiment anvertraut. Noch 1524 schreibt er im „Brief an die Fürsten zu Sachsen von dem aufrührerischen Geist": „Man lasse die Geister aufeinanderplatzen und -treffen"; und er rät ihnen als Antwort auf die Radikalen um Thomas Müntzer: „…Wir wollen gerne leiden und zusehen, dass ihr mit dem Wort fechtet, dass die rechte Lehre bewiesen werde; aber mit der Faust haltet stille, denn das ist unser Amt, oder hebt euch zum Lande heraus."[229] Dabei

---

[226] *Luther*: Von der weltlichen Obrigkeit, S. 267.
[227] *Luther*: Von der weltlichen Obrigkeit, S. 269.
[228] In der Fastenpostille sagt Luther über den Ketzer: „Wer weys, wenn das wort Gottis seyn hertz rüren wird? Wo er aber verbrend odder sonst erwürget wird, so wird damit geweeret, das er müss verloren seyn, der sonst hette mögen selig werden.", *Luther*: Fastenpostille, S. 125.
[229] *Luther*: Ein Brief an die Fürsten zu Sachsen von dem aufrührerischen Geist, S. 158.

ruht seine Hoffnung naturgemäß auf der Durchsetzungskraft der evangelischen Lehre.[230]

bb) Akzentverschiebung nach 1525

Ab der Mitte der 1520'er Jahre ist eine deutliche Akzentverschiebung in Luthers Auffassung vom Umgang mit Andersgläubigen zu beobachten.[231] Es kommt zu einer Ausweitung der cura religionis der weltlichen Gewalt.[232] Zwei Elemente und vier Argumente sind zu unterscheiden.

Zunächst betont Luther zunehmend die Aufgabe der weltlichen Obrigkeit, die rechte Lehre zu befördern und die falsche Lehre zu verhindern. So tritt er bald nach der Abfassung der Obrigkeitsschrift für ein Verbot der katholischen Messe ein.[233] In einer Schrift aus dem Jahre 1536 mit dem programmatischen Titel „Ob christliche Fürsten schuldig sind, der Widerteuffer unchristlichen Sect mit leiblicher Straffe, und mit dem Schwert zu wehren" hebt er dann hervor, dass das vornehmste Amt der Fürsten in der Förderung von Gottes Ehre und der Abwehr von „Gotteslästerung und Abgötterei" liege.[234]

---

[230] Dazu *Martin Heckel*: Martin Luthers Reformation und das Recht, S. 666.
[231] Dazu auch *Heinz Schilling*, S. 628; *Leonhardt*, S. 96 ff.
[232] Ob Luther sogar die Todesstrafe für „Ketzer" befürwortet hat, ist umstritten; dafür *Paulus*, S. 29 ff.
[233] Nw. bei *Paulus*, S. 4 ff. Als Beleg kann u. a. gelten *Luther*: Vom Greuel der Stillmesse, S. 36: „Denn die oberkeit schuldig ist, solche offentliche lesterung zu wehren und straffen, leydet sie es aber und sihet zu, wo sie es weren kann, wird doch Gott nicht durch die Finger sehen, und mit greulichem ernst beyde, die lesterer, und dazu verwilligen straffen, das ihn zu schwer werden wird."
[234] Im Zusammenhang *Luther*: Ob christliche Fürsten schuldig sind, der Widerteuffer unchristlichen Sect mit leiblicher Straffe,

B. Die Zwei-Reiche-Lehre im 16. Jahrhundert

Das zweite Element besteht in dem Postulat einer staatlich sanktionierten Pflicht zum Besuch des evangelischen Gottesdienstes.[235] In einem Brief aus dem Jahr 1529 schreibt Luther: „Und ob sie nicht glauben, sollen sie dennoch umb der zehen Gebot willen zur Predigt getrieben werden, daß sie zum wenigsten äußerliche Werke des Gehorsams lernen."[236] Im „Kleinen Katechismus" aus demselben Jahr heißt es dann ergänzend: „Denn obwohl man niemanden zum Glauben zwingen kann oder soll, soll man doch die Menge darauf einstellen und ausrichten, dass sie wissen, was Recht und Unrecht unter den

---

und mit dem Schwert zu wehren, S. 13 (wider das Argument, die weltliche Gewalt solle nicht in geistlichen Dingen tätig werden): „Das ist viel zu weitleufftig geredt. Das ist war: beide empter, das Predig ampt und weltlich Regiment sind unterschieden. Gleich wol sollen sie beide zu Gottes lobe dienen, Fuersten sollen nicht allein den unterthan ire guter und leiblich leben schuetzen, sondern das fuernemst ampt ist, Gottes ehr foddern, Gotteslesterung und Abgoetterey ehren. …Die weltlich Oberkeit sol nicht allein dem menschen dienen zu leiblicher Wolfart, sondern zu foederst zu Gottes ehre."

[235] Dazu *Paulus*, S. 21 f.; *Leclerc*, S. 245 f.; *Martin Heckel*: Martin Luthers Reformation und das Recht, S. 669, 684, und *Joergensen*, S. 142.

[236] *Martin Luther*: Luther an Joseph Levin Metsch auf Mylau vom 26. August 1529; WA Br., Bd. 5, S. 136 f. Ähnlich *Martin Luther*: Luther an Thomas Löscher, Pfarrer in Mylau, WA Br., Bd. 5, S. 137. Zur Sanktionsbewehrtheit dieser Verpflichtung siehe die Wiedergabe eines Briefes an Beyer bei *Leclerc*, S. 246: „Wem es an Frömmigkeit mangelt, wer nicht zur Predigt kommt, den pflegen wir durch die Autorität und im Namen des erlauchten Fürsten mit Strafe und Exil zu schrecken und zu bedrohen. Wenn er sich dann nicht bessert, beauftragen wir den Pfarrer, ihm eine Frist von einem Monat oder mehr zu setzen, damit er Vernunft annimmt. Ist er dann noch starrsinnig, schließt man ihn von der Gemeinde aus und bricht alle Beziehungen zu ihm ab, als sei er Heide."

Menschen, mit denen sie zusammen wohnen, sich ernähren und leben wollen."[237]

Das die vier Argumente zugunsten dieser Verschiebung der Trennlinien zwischen weltlicher und geistlicher Gewalt um- und übergreifende Argument besagt, dass eine abweichende Glaubenslehre nicht nur ein inwendiges religiöses Phänomen ist, sondern den öffentlichen Frieden und die normativen Grundlagen der politischen Gemeinschaft bedroht.[238] Ketzerei gilt als Aufruhr, der mit dem weltlichen Schwert zu verhindern bzw. zu ahnden ist.[239]

Das erste Argument ist gegen die quietistischen „Schwärmer" bzw. die Wiedertäufer[240] gerichtet, die alle staatliche und bürgerliche Ordnung ablehnen, die „kein Eigentum haben, sondern von Weib und Kind laufen, Haus und Hof verlassen oder alle Dinge gemein halten und haben."[241] In diesen Lehren liegt Aufruhr, weil sie zu

---

[237] *Luther*: Der kleine Katechismus, S. 577. Dazu *Martin Heckel*: Martin Luthers Reformation und das Recht, S. 684: „Die Pflicht zum Predigtbesuch soll nur die obrigkeitliche Durchsetzung des Dekalogs fördern, nicht der landesweiten Bekehrung aller Untertanen zum Evangelium dienen."
[238] Vgl. *Böckenförde*: Geschichte der Rechts- und Sozialphilosophie, S. 421; *Sohm*, S. 551 ff.
[239] Dazu und zu den folgenden Argumenten siehe *Martin Heckel*: Martin Luthers Reformation und das Recht, S. 667 ff.
[240] Zu Begriff und Überzeugungen der Täufer siehe *Peters*: Luther und seine protestantischen Gegner, S. 156 ff.
[241] Im Zusammenhang *Martin Luther*: Der 82. Psalm ausgelegt, S. 208: „Erstlich sind etliche Ketzer auffrürisch, die offentlich leren, das man keine oberkeit leiden sol. Item, das kein Christ müge ym stande der oberkeit sitzen. Item, das man sol nichts eigens haben, sondern von weib und kind lauffen, haus und hoff lassen odder alle ding gemein halten und haben. Diese sind stracks und on allen zweivel zu straffen von der oberkeit, als die da offentlich widder die

einer Zersetzung der weltlichen Ordnung, zu einer Destabilisierung des weltlichen Regiments führen. Um ihre „Autorität und Schlagkraft" zu erhalten und zu stärken, hat die weltliche Gewalt gegen diese Strömung einzuschreiten.[242] Die Förderung der „wahren" und die Abwehr der falschen Lehren und Gottesdienste dient hier der Wahrung des Rechts und des Friedens, stärkt die weltliche Gewalt und verhindert die Zerstörung durch Sektierer.

Das zweite Argument besagt, dass eine Duldung mehrerer Konfessionen oder Religionen in einem Territorium notwendig zu Aufruhr und „Zerrüttung" des Gemeinwesens führen muss. So schrieb Luther schon 1526 in einem Brief an Johann von Sachsen: „Einem weltlichen Regenten [ist] nicht zu dulden ..., dass seine Unterthanen in Uneinigkeit und Zwiespalt durch widerwärtige Prediger geführet werden, daraus zuletzt Aufruhr und Rotterey zu besorgen wäre, sondern an einem Ort auch einerley Predigt gehen soll."[243] Abhilfe schafft einzig die

---

weltlichen rechte und oberkeit streben, zun Rümern an dreyzehenden. Denn sie sind nicht schlecht allein Ketzer, sondern als die auffrührer greiffen sie die oberkeit und yhr regiment und ordenung an, gleich wie ein dieb frembd gut, ein mörder frembden leib und ein ehebrecher frembd gemahl antastet, welchs alles nicht zu leiden ist." Ebenso *Luther*: Ob christliche Fürsten schuldig sind, der Widerteuffer unchristlichen Sect mit leiblicher Straffe, und mit dem Schwert zu wehren, S. 10.

[242] Vgl. *Martin Heckel*: Martin Luthers Reformation und das Recht, S. 668 m. w. N. Zu den „Schwärmern" und „Wiedertäufern", die den radikalen Flügel der Reformation ausmachten, siehe u. a. *Schnabel-Schüle*, S. 136 ff.; *Claussen*, S. 87 ff., und *Wallmann*, S. 50 ff.

[243] *Luther*: Luther an Johann von Sachsen vom 9. Februar 1526, WA Br. Bd. 4, S. 28.

territoriale Religionseinheit.[244] Die weltliche Gewalt hat zu prüfen und zu entscheiden, welche „Predigt" im jeweiligen Territorium gestattet und welche verboten ist.[245]

Das dritte Argument besagt, dass die staatliche „Ketzerbekämpfung" zum Schutz der Untertanen vor der „geistlichen" Verführung, die sich in Aufruhr verwandelt, notwendig und geboten ist.[246] Dieses Argument wird natürlich in besonderer Weise zugunsten derjenigen Territorien in Stellung gebracht, die die Reformation bereits eingeführt haben.

Mit dem vierten Argument werden die religiösen Abweichler als Gotteslästerer qualifiziert und die Gotteslästerung wird strafrechtlich auf eine Stufe mit sonstigen öffentlichen Lästerungen gestellt. Die vermeintliche Beleidigung Gottes durch eine abweichende religiöse Überzeugung ist danach ebenso strafwürdig wie etwa Beleidigungen und Verleumdungen von Mitmenschen.[247]

---

[244] Zur Bedeutung der (territorialen) Glaubenseinheit bei und für Luther siehe u. a. *Leonhardt*, S. 95.

[245] *Luther*: Hauspostille, S. 838: „Wenn an einem ort zweierley Predigt gehet, Da mag ein Fürst oder Stad ein einsehen haben und nicht leiden, das zweierley Predigt in eim Land oder in einer Stad sey, Uneinigkeit und Auffrhur zuverhüten. Man verhöre beide Teil Und richte die Sache nach der gewissen Regel, nemlich nach der Schrifft und Gottes wort. Welcher Teil nu recht leret, der Schrifft und dem wort Gottes gemes, den teil lasse man bleiben. Welcher teil aber unrecht leret wider die Schrifft und Gottes wort, dem Teil gebe man urlaub. Aber ausrotten sol man nicht." Zur Bindung des Urteils an die Expertise der Theologen siehe *Böckenförde*: Geschichte der Rechts- und Sozialphilosophie, S. 422.

[246] Dazu *Martin Heckel*: Martin Luthers Reformation und das Recht, S. 681 m. w. N.: „Wenn sich der wahre Glaube geistlich im Land verbreitet hatte, war es die Pflicht der Obrigkeit, die Untertanen und die Gemeinden darin mit weltlicher Gewalt *zu schützen*."

[247] *Luther*: Der 82. Psalm ausgelegt, S. 208: „…wo etliche wollten

Die Zusammenschau von Luthers Elementen und Argumenten für eine Legitimation der staatlichen Ketzerverfolgung führt zu der Erkenntnis, dass vordergründig die Unterscheidung von Geistlichem und Weltlichem noch eingehalten ist. Denn es sind nur öffentliche Glaubensäußerungen, d.h. äußere Handlungen betroffen, die vermeintlich den weltlichen Frieden stören. Damit bleiben zwar das religiöse forum internum und damit der Satz, dass man niemanden zum Glauben zwingen kann, unangetastet. Die öffentliche Bekenntnis- und Kultusfreiheit wird hingegen radikal beschnitten. Da diese Einschränkung aus weltlichen Gründen erfolgt, sind Luthers Auffassungen zum Umgang mit Abweichlern argumentativ konsistent. Gleichwohl wird der Wandel vom frühen zum späten Luther unterschiedlich beurteilt. Neben extreme Deutungen, die Luthers Auffassung ein Abgleiten in die todesstrafenbewehrte Theokratie attestieren[248], treten mildere Urteile des Inhalts, dass „die sonst so betonte Unterscheidung von weltlichem und geistlichem

---

leren widder einen offentlichen artickel des glaubens, der klerlich ynn der schrift gegründet und ynn aller welt gegleubt ist von der ganzen Christenheit..., die sol man auch nicht leiden, sondern als die offentlichen ketzer straffen. Denn sie sind auch nicht schlecht allein ketzer, sondern offentliche lesterer. Nu ist yhe die öberkeit schüldig die offentlichen lesterer zu straffen, als man die strafft, so sonst fluchen, schweren, schmehen, lestern, schelten, schenden, verleumbden u. Denn solche lerer schenden mit yhrem lestern Gottes namen und nemen den nehisten seine ehre für der welt. ... – Denn hie wird niemand zum glauben gedrungen, denn er kann dennoch wol gleuben, was er will, allein das leren und lestern wird yhm verboten... Er gehe da hin, da nicht Christen sind, und thu es daselbst."
[248] In diese Richtung gehen die Interpretationen von *Leclerc*, S. 231 ff., und vor allem *Paulus*, S. 1 ff.

Regiment ein Stück weit undeutlich" wird.²⁴⁹ Vorzugswürdig ist die Bewertung von Martin Heckel, der schon angesichts der vorgebrachten Argumente fragt: „Kann die Verkündigung des Evangeliums noch die Ohren und die Herzen der Betroffenen erreichen, wenn sie übertönt wird von der Drohung mit der weltlichen Bestrafung von Glaubenszweifeln?"²⁵⁰ Sein zutreffendes Resümee lautet dann: „Hier dürfte man in der Tat einem der seltenen Fälle begegnen, in denen Luther von seiner Sinnbestimmung und Abgrenzung der Zwei Reiche und Zwei Regimente abgewichen ist."²⁵¹

cc) Exkurs: Georg Frölichs Plädoyer für Toleranz

Das Gutachten von Georg Frölich (um 1500–1575)²⁵² mit dem Titel „Ob ein weltliche oberkeit recht habe, in des glaubens sachen mit dem schwerdt zu handeln" aus dem Jahre 1530 zeigt, dass diese Abweichung innerhalb des zeitgenössischen Luthertums nicht zwingend war.²⁵³ Anlass des Gutachtens war die Frage der Täuferbestrafung, die zu Beginn des Jahres 1530 u. a. die Stadt Nürnberg

---

²⁴⁹ *Böckenförde*: Geschichte der Rechts- und Sozialphilosophie, S. 423.
²⁵⁰ *Martin Heckel*: Martin Luthers Reformation und das Recht, S. 688.
²⁵¹ *Martin Heckel*: Martin Luthers Reformation und das Recht, S. 690. I.E. ebenso *Gänssler*, S. 104: „Damit ist eigentlich die Funktion von Luthers Unterscheidung zweier Reiche im Hauptteil der Obrigkeitsschrift aufgehoben, denn die Kompetenz des weltlichen Regiments der Obrigkeit geht jetzt bewußt über die rein äußerlichen Angelegenheiten hinaus, und die ‚politia' des evangelischen Territorialfürsten ist in jedem Fall zu dem einen Reich oder Volk Gottes mit verschiedenen Ämtern geworden."
²⁵² Zur Person von Georg Frölich siehe u. a. *Radlkofer*, S. 46 ff.
²⁵³ Zur (umstrittenen) Autorschaft von Georg Frölich siehe die Einleitung in *Lazarus Spengler*, S. 367 ff.

umtrieb. Der dortige Ratsschreiber Lazarus Spengler initiierte diverse einschlägige Gutachten, zu denen auch die Schrift Frölichs gehörte.[254] Sie enthält ein Plädoyer für Toleranz auf der Grundlage der lutherischen Zwei-Reiche-Lehre. Ihre Bedeutung als frühes, lutherisch geprägtes Zeugnis für Religions- und „Kultfreiheit" legitimiert und erfordert eine nähere Betrachtung dieser Schrift.[255]

Neben einer kurzen Einleitung und der abschließenden, geradezu prophetischen Warnung, dass die fortgesetzte Verfolgung Andersgläubiger in einem großen Blutvergießen enden werde, lassen sich drei Hauptteile ausmachen.

Im ersten Hauptteil wird die These entfaltet, dass die Obrigkeit nicht befugt ist, weltliche Gewalt in Glaubensfragen anzuwenden. Die gegenteilige Ansicht der evangelischen Obrigkeiten sei nicht bzw. unzureichend begründet, denn sie verweise allein auf das Alte Testament. Wenn aber nachgefragt wird, „wo im newen testament der weltlichen oberkeit bevohlen sei, fur den glauben zu sorgen oder die unglaubigen mit gewalt oder dem schwerdt zu straffen, so steckt es aber."[256] Dem Neuen Testament lasse sich hingegen die Unterscheidung zweier

---

[254] Siehe dazu die Einleitung in *Lazarus Spengler*, S. 365 f. Zum Verlauf der Kontroverse siehe ebd., S. 371 ff.

[255] Zur Bedeutung von Frölichs Gutachten siehe auch *Kaufmann*: Geschichte der Reformation, S. 419 f., und *ders.*: Erlöste und Verdammte, S. 347: „In Frölichs Vorschlag blitzte das Potential von Luthers sogenannter Zwei-Reiche-Lehre auf, die klar zwischen kirchlicher und weltlicher Sphäre unterscheidet, einer Vermischung von irdischem Wohl und himmlischem Heil entgegentritt und die metaphysische Überhöhung des Staates ebenso zu verhindern sucht wie einen herrschaftlichen Missbrauch der Religion."

[256] *Frölich*, S. 379.

Reiche entnehmen: „Das geistlich reich ist das reich Christi, darin Christus könig ist. So hat das weltlich reich auch seinen könig, nemlich den keiser und ander obrigkeiten."[257] Den beiden Reichen sind jeweils „Zepter" zugeordnet, die in lutherischer Terminologie auch als Regimente bezeichnet werden können. „Des geistlichen reichs scepter ist das wort Gottes; das ziel und ende, dahin sollich scepter raytzen und bewegen solle, ist, das sich die leut zu Got keren und nach diesem leben selig werden. So ist des weltlichen reichs scepter das schwerdt; sein ziel und ende, dahin es treiben und zwingen solle, ist, das eusserlich fried erhalten werde."[258] Unter Hinweis auf das Verhalten von Christus und den Aposteln sowie auf das Gleichnis vom Unkraut und dem Weizen (Mt 13,37–42) wird jeglicher Übergriff der weltlichen Gewalt in den Bereich des Glaubens als unzulässig zurückgewiesen: „Also das summa summarum ist: Welche oberkeit ihres ampts warten und hoher nit faren will, weder ir bevohlen ist, dieselb soll und mus die lere vom glauben, wie man zu Got kumen und selig werden solle, allein dem konig Christo durch sein scepter gotlichs worts, ob sie recht oder falsch sei, zu urteiln und richten heymstellen."[259] Jeglicher staatliche Glaubenszwang ist damit ausgeschlossen; Religionswahl und -ausübung sind frei.[260]

---

[257] *Frölich*, S. 379.
[258] *Frölich*, S. 379 f.
[259] *Frölich*, S. 381.
[260] *Frölich*, S. 382: „Aber zu zwingen, diesem oder jhenem gklauben anzuhangen, da ist doch das schwerdt ja kein nütz zu, und muß zuletzt, man hencke und trencke, yederman die wale gelassen werden, welche gein hymel nit will, das er in die helle zum teuffel oder seiner mutter fare."

Im zweiten Hauptteil werden zunächst drei Einwände entkräftet. Dem Einwand, die Obrigkeit müsse die Bürgerinnen und Bürger vor Irrlehre schützen, begegnet Frölich mit dem Hinweis, dass nur Gott bzw. Christus mit dem Heiligen Geist den Glauben zu wirken vermag. „Als wenig es nun recht ist oder sein kann, das ein weltliche oberkeit durch ir scepter des schwerdts yemant den rechten glauben und heiligen Geist geben wollte, so wenig ist es auch recht oder zu thun möglich, mit dem schwerdt falschen glauben, ketzerei oder den teuffel auszutreiben…"[261] Gegen das Argument, ohne Religionseinheit entstünde Aufruhr, führt er an, dass Aufruhr nicht vom Glauben, sondern von „bösen leut" ausgehe. Solche fänden sich aber in allen Religionsgemeinschaften.[262] Drittens widerspricht er der Forderung nach einem präventiven Einschreiten gegen möglichen religionsbedingten Aufruhr mit dem Argument, der Staat könne nur tatsächliche, nicht nur gedachte Taten ahnden.[263] Nach der Entkräftung der drei Einwände fügt Frölich noch das Folgenargument hinzu, dass eine staatliche Verfolgung von Religionsgemeinschaften nicht deren Verschwinden, sondern allenfalls deren Abwandern in den Untergrund bewirken könne.[264] Schließlich wirft er einer religiös repressiven Obrigkeit „kleinmütigkeit" vor, da sie nicht genug Vertrauen in Gottes Kraft zur Durchsetzung der „wahren" Religion aufbringe.[265]

---

[261] *Frölich*, S. 382.
[262] *Frölich*, S. 383.
[263] *Frölich*, S. 384.
[264] *Frölich*, S. 385: „Wo man aber offentliche red oder lere vom glauben mit dem schwerdt werht, so treibt man die leut gleichsam mit gewalt zu winckel."
[265] *Frölich*, S. 385 f.

Im dritten Hauptteil wird die Grundthese untermauert durch diverse Hinweise auf Bibelstellen und die politische Praxis.[266] So sei die Verfolgung Andersgläubiger nutzlos (absurd!), weil Martyrien ihre Anhängerschaft nur vergrößerten. Zudem gäben repressive Staaten auch den „falschgläubigen Obrigkeiten" Anlass, ihrerseits repressiv gegen den „rechten" Glauben aufzutreten. Schließlich wird auf Böhmen verwiesen, wo eine friedliche Koexistenz mehrerer Religionsgemeinschaften gelinge.[267] Besonders hervorzuheben ist der Umstand, dass sich Frölich hier ausdrücklich und unter Angabe zahlreicher Zitate auf Martin Luther und dessen „Brief an die Fürsten zu Sachsen von dem aufrührerischen Geist" aus dem Jahr 1524 bezieht.[268]

Der ausführliche Blick auf Frölichs Gutachten zeigt, dass schon zu Lebzeiten Luthers und in dessen eigenem Lager der Gedanke der Toleranz und der Religionsfreiheit präsent war. Das Gutachten erinnert auch an den Stellen, die nicht explizit auf Luthers Schriften Bezug nehmen, an die Argumente aus dessen Frühphase. Lazarus Spengler hat Frölichs Text an Luther weiter gereicht und um Stellungnahme gebeten. Es ist davon auszugehen, dass Luther in seiner Auslegung des 82. Psalms aus dem Jahr 1530 mit seiner harschen Ablehnung der Religionsfreiheit auf das Gutachten reagiert.[269] Georg Frölich wird mit keinem Wort erwähnt. Das Potential seiner Lehre blieb in der Reformation unausgeschöpft.[270] In der

---

[266] *Frölich*, S. 386 ff.
[267] Dieses Argument wird besonders hervorgehoben von *Kaufmann*: Erlöste und Verdammte, S. 347.
[268] *Frölich*, S. 386 f.
[269] Vgl. die Einleitung in *Lazarus Spengler*, S. 373.
[270] So ausdrücklich *Kaufmann*: Erlöste und Verdammte, S. 347.

Folge waren es vornehmlich die Dissenter, die den Gedanken der Toleranz befördert haben.[271]

c) Kirchenorganisation und landesherrliches Kirchenregiment

aa) Die Rolle der Obrigkeit in der Reformation

Das Kirchenregiment, d.h. die interne Kirchenorganisation ist schon vor der Reformation als Teil der weltlichen Gewalt aufgefasst worden.[272] Die Unterscheidung von Geistlichem und Weltlichem bei Luther legt nun aber die Vermutung nahe, dass die Organisation der Kirche ausschließlich dem geistlichen Regiment vorbehalten ist. Gleichwohl ist die Rolle der weltlichen Obrigkeit bei der reformatorischen Umbildung des Kirchenwesens ein wichtiges und dauerhaftes Thema für die Reformatoren. Dafür gibt es zumindest zwei Gründe.

Da Luthers Hoffnung auf eine evangelische, binnenkirchliche Reformation durch die Bischöfe am Widerstand vor allem dieser „altgläubigen" Bischöfe zerschellte, richtete sich der Blick bei der Suche nach einem Subjekt der kirchlichen Transformation zwangsläufig auf die christliche Obrigkeit.[273] Auch wenn sich dieser Blick

---

[271] Vgl. *Kaufmann*: Erlöste und Verdammte, S. 340, 342.
[272] Vgl. *Kohnle*: Luthers „Staatsverständnis", S. 68.
[273] Vgl. *Martin Heckel*: Martin Luthers Reformation und das Recht, S. 341: „Da die evangelische „Bischofsreformation" …am Widerstand des Kaisers, der katholischen Reichstagsmehrheit und des Reichsepiskopats in der Breite scheiterte, konnte sich die Reformation nur mit Hilfe der Reichsstände als „Notbischöfe", d.h. als „Fürstenreformation" und „Städtereformation" der Fürsten, Frei- und Reichsstädte obrigkeitlich gestützt und geschützt erhalten und behaupten." Zu den Hintergründen der Städtereformation siehe auch *Schorn-Schütte*: Die Reformation, S. 63 ff.

I. Martin Luther

nach dem Wormser Edikt von 1521 eintrübte[274], blieb die sog. Fürstenreformation im Fokus der Reformatoren.[275]

Neben diesen binnenkirchlichen trat – zweitens – ein politischer Grund. In ihrem „Dreifrontenkrieg gegen Rom, Kaiser und die Radikalen" waren die Reformatoren auf die Unterstützung und den reichsrechtlichen Schutz durch die Fürsten und städtischen Magistrate angewiesen.[276] Sie hatten faktisch die Möglichkeit, die Verbreitung reformatorischen Gedankenguts zu befördern und eine evangelische Kirchenorganisation durchzusetzen.

Luther hat sich mit der Funktion der weltlichen Gewalt bei der Kirchenorganisation mehrfach auseinandergesetzt. Dies gilt vor allem für die frühe Schrift „An den christlichen Adel deutscher Nation: Von der Reform der Christenheit" aus dem Jahr 1520 und seine Vorrede zur kurfürstlichen Visitationsordnung von 1528. Bis heute stehen diese Äußerungen im Verdacht, das landesherr-

---

[274] Zur Relativierung der Hoffnung auf die Unterstützung durch die Fürsten nach dem Wormser Edikt siehe u.a. *Holl*, S. 350; *Mantey*, S. 216; *Thompson*, S. 140.

[275] Zu Begriff und Bedeutung der „Fürstenreformation" siehe u.a. *Schorn-Schütte*: Die Reformation, S. 72 ff.

[276] Im Zusammenhang *Martin Heckel*: Martin Luthers Reformation und das Recht, S. 557: „Die Evangelischen waren existentiell angewiesen auf die politische Unterstützung und den reichsrechtlichen Schutz durch die Reichsstände ihres Glaubens, um sich in ihrem Dreifrontenkrieg gegen Rom, Kaiser und die Radikalen zu behaupten. Die Reichsstände gewannen dadurch im Laufe der Entwicklung faktisch die Herrschaft über den Bekenntnisstand und die Kirchenorganisation ihres Landes. Dies wurde durch den Augsburger Religionsfrieden 1555 reichsrechtlich festgeschrieben." Zum faktischen staatlichen Umfeld Luthers – Kaiser und Reich; Kursachsen und seine Nachbarschaft – siehe *Kohnle*: Luthers „Staatsverständnis", S. 53 ff., 70: „Ohne das Landesfürstentum hätte Luthers Reformation nicht überlebt."

liche Kirchenregiment – also die Übertragung der (inneren) Kirchengewalt auf die politische Führung als Summepiskopus[277] – propagiert und damit die Unterscheidung der beiden Reiche und Regimente unterlaufen zu haben.

bb) Der Appell der „Adelsschrift"

Luthers Adelsschrift ist im Kern ein Auftrag an die christliche weltliche Obrigkeit zur Kirchenreform.[278] Die Legitimität einer solchen Kirchenreform ruht i.W. auf zwei gedanklichen Säulen.

Zunächst destruiert Luther die für die römisch-katholische Kirche konstitutive und kategoriale Unterscheidung zwischen dem Klerus und dem Stand der Laien.[279] Er setzt ihr die Lehre vom Allgemeinen Priestertum aller getauften Glaubenden entgegen: „Denn was aus der Taufe gekrochen ist, das kann sich rühmen, dass es schon zum Priester, Bischof und Papst geweiht ist, obwohl es nicht jedem ziemt, ein solches Amt auszuüben."[280]

---

[277] Zum Begriff des landesherrlichen Kirchenregiments siehe *de Wall*: Art. „Landesherrliches Kirchenregiment", Sp. 1380ff.
[278] Ebenso *Martin Heckel*: Martin Luthers Reformation und das Recht, S. 181: „Die Adelsschrift verlangt nicht nur die Abwehr der weltlichen Übergriffe und Missbildungen des überkommenen Kirchenwesens und Kirchenrechts, sondern ruft die Christen im obrigkeitlichen Amt auch eindeutig zum positiven Aufbau und Ausbau einer rechten geistlichen Partikularverfassung nach evangelischen Prinzipien auf." Zur Adelsschrift siehe nunmehr grundlegend *Kaufmann*: An den Adel christlicher deutscher Nation, S. 49ff.; zur Entstehungsgeschichte ebd., S. 1ff. Vgl. auch *Brecht*, Bd. 1, S. 352ff., *Friedenthal*, S. 216ff., *Heinz Schilling*, S. 191f.
[279] Dazu *Kaufmann*: An den christlichen Adel deutscher Nation, S. 81ff.
[280] *Luther*: An den christlichen Adel deutscher Nation, S. 13. Im Zusammenhang: „Weil denn nun die weltliche Gewalt wie wir ge-

Christliche Fürsten und Bischöfe stehen also in der Christenheit und vor Gott auf einer Stufe. Die Bischöfe können ihre kirchenleitende Funktion nicht aus einem durch die Weihe manifestierten Standesunterschied, sondern allein aus einer speziellen Beauftragung (durch einen Teil der Christenheit) herleiten.

In Sichtweite dieser Feststellung errichtet Luther die zweite Säule, auf der der Auftrag zur Kirchenreform an den christlichen Adel ruht.[281] Das Allgemeine Priestertum dispensiert den Papst und die Bischöfe nicht von ihrer Aufgabe, die Kirche geistlich zu leiten und ggf. auch zu reformieren. Wenn sie dieser Aufgabe aber nicht nachkommen, so erlaubt und erfordert das Allgemeine Priestertum, dass sich andere Christen ihrer annehmen. Dafür sind diejenigen unter ihnen besonders geeignet, die die tatsächlichen und rechtlichen Möglichkeiten für eine Umsetzung der Kirchenreform haben – und dies sind die Inhaber der weltlichen Gewalt, sofern sie Christen sind

---

tauft ist, denselben Glauben und dasselbe Evangelium hat, müssen wir sie Priester und Bischöfe sein lassen und ihr Amt als ein Amt verstehen, das der christlichen Gemeinde gehört und nützt. Denn was aus der Taufe gekrochen ist, das kann sich rühmen, dass es schon zum Priester, Bischof und Papst geweiht ist, obwohl es nicht jedem ziemt, ein solches Amt auszuüben. ... – Daraus folgt, dass zwischen Laien, Priestern, Fürsten und Bischöfen und ...Geistlichen und Weltlichen, letztlich kein anderer Unterschied besteht als im Amt und Werk und nicht im Stand." Allgemein zum Allgemeinen Priestertum siehe die Arbeit von *Harald Goertz*, passim. Zur aktuellen kirchenverfassungstheoretischen Bedeutung des Allgemeinen Priestertums siehe *Unruh*: Grundlagen und Grundzüge evangelischer Kirchenverfassung, Rn. 66 f.

[281] Dazu *Kaufmann*: An den christlichen Adel deutscher Nation, S. 88 ff.

bzw. – in Luthers Terminologie – der christliche Adel deutscher Nation.[282]

Beide Säulen tragen gemeinsam drei Erkenntnisse über Luthers Ansichten zur Rolle der weltlichen Gewalt in der Kirchenreform.

Erstens: Die Kirchenreform ist und bleibt eine originäre Angelegenheit und Aufgabe der Kirche als weltlicher Verkörperung des geistlichen Regiments.[283]

Eine Kirchenreform durch die weltliche Obrigkeit ist – zweitens – nur unter einer doppelten Bedingung zulässig.[284] Zum einen muss der Inhaber der weltlichen Gewalt ein Christ und damit „ein treues Gliedmaß des ganzen Körpers"[285] der Christenheit sein.[286] Zum anderen ist ein

---

[282] So *Luther*: An den christlichen Adel deutscher Nation, S. 25: „Wenn es darum die Not erfordert und der Papst der Christenheit ein Ärgernis ist, soll sich der, der es als ein treues Gliedmaß des ganzen Körpers am ehesten kann, darum kümmern, dass ein rechtes freies Konzil stattfindet. Das vermag niemand so gut wie das weltliche Schwert, insbesondere weil seine Inhaber nun auch Mitchristen sind, Mitpriester, Mitgeistliche, mitvollmächtig in allen Dingen." Dazu u. a. *Holl*, S. 349.

[283] Vgl. *Martin Heckel*: Martin Luthers Reformation und das Recht, S. 181: Zur Kirchenreform sind zuerst die Inhaber der kirchlichen Ämter berufen. Ebenso *Holl*, S. 349: „Wo die Kirche ihre Pflicht tut, ist der christliche Fürst in ihr nichts anderes, als eben ein Christ."

[284] Beide Bedingungen werden auch genannt bei *Manns*, S. 18.

[285] *Luther*: An den christlichen Adel deutscher Nation, S. 25.

[286] Vgl. *Sohm*, S. 574f.: „Nur weil die Obrigkeit als solche ein Glied der Kirche ist, besitzt sie den *Notepiskopat*, welcher die *Reformationsgewalt* einschließt." In der Tendenz ebenso *Martin Heckel*: Martin Luthers Reformation und das Recht, S. 177: „Soweit Luther die ‚*weltliche Gewalt*' für die ‚*Reform*' der ‚Christenheit' in den Dingen der Kirche zur Kirchenreform in Pflicht nimmt …meint er die *wahren Christen im obrigkeitlichen Amt, nicht die Institution*." Hervorhebungen im Original.

Handeln an Stelle der kirchlichen Amtsträger nur im Notfall erlaubt. Voraussetzung ist also das „Versagen" der an sich für die Kirchenreform Zuständigen.[287] Das Problem des Quis iudicabit für die Feststellung eines solchen Versagens bleibt formal ungelöst; für Luther liegt diese Feststellung jedenfalls bei der Weigerung der Bischöfe, die reformatorische Lehre anzunehmen, auf der Hand. Andere Fälle des Eintretens der weltlichen für die geistliche Gewalt sind ausgeschlossen.[288]

Schließlich und drittens kann, getragen von den beiden Säulen, der erwähnte Verdacht zerstreut werden, Luther sei der spiritus rector des landesherrlichen Kirchenregiments.[289] Der christliche Fürst oder Magistrat kann und

---

[287] *Martin Heckel*: Martin Luthers Reformation und das Recht, S. 182, und zuvor schon S. 181: Nur wenn die Inhaber der kirchlichen Ämter ihr Amt nicht oder im Widerspruch zu Gottes Wort ausüben, „ist jeder Christ nach seinen Möglichkeiten zur Mithilfe an der Reformation der Christenheit berechtigt und verpflichtet." Ebenso *Holl*, S. 349.

[288] Dies gilt ausdrücklich auch für die Stilisierung des Türkenkriegs zu einem Glaubenskrieg, in dem sich der Kaiser als Haupt der Christenheit geriert. Dazu *Luther*: Vom Kriege wider die Türken, S. 102: „Denn der Kaiser ist nicht das Haupt der Christenheit noch Beschirmer des Evangeliums oder des Glaubens. Die Kirche und der Glaube müssen einen anderen Schutzherrn haben, als der Kaiser und Könige sind. ...– ...Des Kaisers Schwert hat nichts mit dem Glauben zu schaffen, es gehört in leibliche, weltliche Sachen."

[289] Ebenso *Heinz Schilling*, S. 625: Das landesherrliche Kirchenregiment „entsprach nicht Luthers Grundprinzipien von Freiheit und Selbstbestimmung der Kirche, der Gemeinde wie des einzelnen Christen." *Kohnle*: Luthers „Staatsverständnis", S. 70, räumt Luther immerhin eine gewisse Mitschuld an der nachfolgenden Entwicklung ein: „Luther hat der Grenzverschiebung staatlichen Handelns auf ein Feld, das eigentlich dem geistlichen Regiment zukam, durch den Appell an den Fürsten als Christ und Notbischof

darf die „Reformationsgewalt"[290] nur im Notfall und nur stellvertretend ausüben. Die originäre Zuständigkeit der kirchlichen Autoritäten geht mit der Wahrnehmung des Rechts und der Pflicht zur Nothilfe nicht auf die weltliche Gewalt über. Bei genauerer Betrachtung handeln die christlichen Fürsten oder Magistrate hier nicht in ihrer Eigenschaft als weltliche Gewalten, sondern als Christen, die zugleich mit weltlichen Befugnissen ausgestattet sind.[291] Sobald die Notlage beseitigt ist, hat die weltliche Gewalt zurückzutreten und die installierten kirchlichen Amtsträger walten zu lassen.[292] Das Notepiskopat hatte für Luther (nur) den Status einer "Interimsordnung".[293] Die Grenze zum landesherrlichen Kirchenregiment mit

---

Vorschub geleistet." Ähnlich *Leonhardt*, S. 93 ff., und *Willoweit*: Das landesherrliche Kirchenregiment, S. 362.

[290] Ausdruck bei *Sohm*, S. 571.

[291] Vgl. *Thompson*, S. 70 f.: Luther „was always careful to insist (in contrast to most later protestant writers) that the prince's right to take an active part in the affairs of the church derives solely from his private character as a Christian, and not from any ex officio authority vested in him, and that in ecclesiastical matters he must act solely by educational means and not use the coercive powers of his office to promote the spiritual needs of the church – for that is ‚*confusio regnorum*'." Hervorhebungen im Original. Ebenso statt vieler *Moeller*: Deutschland im Zeitalter der Reformation, S. 116.

[292] Ebenso *Sohm*, S. 585: „Sobald das Reformationswerk geschehen, sobald an die Stelle des abgefallenen das rechte Lehramt bestellt, an Stelle der falschen Kirchenordnung die rechte Kirchenordnung gesetzt ist, hat das Werk der weltlichen Gewalt ein Ende. …Die Tätigkeit der weltlichen Gewalt hat eine Berechtigung nur so lange die Not dauert, d. h. nur so lange es gilt, die Kirche (Gemeinde) gegen das abgefallene Lehramt zu verteidigen." Die „Aufrichtung des rechten Kirchenregiments" impliziert kein „eigenes Kirchenregiment".

[293] Ausdruck bei *Kaufmann*: Geschichte der Reformation, S. 511. Ebenso *Schorn-Schütte*: Die Reformation, S. 74. *Leonhardt*, S. 95,

der originären und dauerhaften Identität von oberster weltlicher und geistlicher Gewalt wird nicht überschritten. Die Frage, ob Luther bei der Abfassung seiner Notbischofstheorie nicht hätte „wissen können, dass die Fürsten das in ihre Hände gelegte Amt eines ‚Notbischofs' ergreifen würden, um es als Teil ihrer Landesherrschaft und nicht mehr nur als Christenmenschen auszuüben"[294], drängt sich auf; alle denkbaren Antworten tragen aber spekulativen Charakter.

cc) Die Vorrede zum „Unterricht der Visitatoren…"

Der dauerhafte Grenzübertritt erfolgte auch nicht mit Luthers „Vorrede" zum „Unterricht der Visitatoren an die Pfarhern ym Kurfürstentum Sachsen" aus dem Jahre 1528. Zur Umsetzung der Reformation an der kirchengemeindlichen Basis, insbesondere ihrer finanziellen Absicherung und zur flächendeckenden Durchsetzung der rechten Evangeliumsverkündigung, waren alsbald Visitationen der Pastoren und Pfarreien notwendig geworden.[295] Der sächsische Kurfürst Johan hat sich dieser Aufgabe angenommen und aufgrund einer entsprechenden Instruktion in eigener Verantwortung und durch seine Beamten Visitationen durchführen lassen. Damit war „das landesherrliche Kirchenregiment da"![296] Luther reagierte darauf mit der Vorrede auf die maßgebliche Handreichung zur Durchführung dieser kurfürstlichen Visitationen.[297] Er weicht hier von der in der Adelsschrift gezo-

---

spricht vom „provisorischen Charakter einer Übernahme der Kirchenleitung durch den Landesherrn".
[294] *Kohnle*: Luthers „Staatsverständnis", S. 70.
[295] Dazu *Kaufmann*: Geschichte der Reformation, S. 506 ff.
[296] *Holl*, S. 373.
[297] *Luther*: Vorrede, S. 195 ff.

genen Argumentationslinie nicht ab. Das kurfürstliche Handeln im Kontext des geistlichen Regiments wird mit dem Hinweis auf die Notlage der Kirche durch den Ausfall der an sich zuständigen Bischöfe legitimiert.[298] Daneben wird auf die weltliche Aufgabe der Abwehr von „zwitracht, rotten und auffruhr" rekurriert, die auch zur Landesverweisung von Abweichlern führen kann.[299] Die Abgrenzung von Geistlichem und Weltlichem sowie der an klare Bedingungen geknüpfte Interims- und Notcharakter des Einschreitens der weltlichen Gewalt bleiben gewahrt. Insofern kann Luthers „Vorrede" als „Bremsversuch"[300] gegen das sich abzeichnende landesherrliche

---

[298] *Luther*: Vorrede, S. 197: Da nun das Evangelium wieder rein hervorgetreten ist, „hetten wir auch dasselbige recht Bischoflich und besucheampt als auffs höhst von nöten gerne widder angerichtet gesehen; Aber weil unser keiner dazu beruffen odder gewissen befehl hatte, und S. Petrus nicht will ynn der Christenheit etwas schaffen lassen, man sey denn gewis, das Gottes gescheft sey, hat sichs keiner für dem andern thüren unterwinden. Da haben wir des gewissen wollen spielen und zur liebe ampt (welchs allen Christen gemein und gepoten) uns gehalten und demütiglich mit bitten angelangt den durchleuchtigsten hochgebornen Fürsten und herren, herren Johans, Herzog zu Sachsen …, unsern gnedigsten herren, als den landesfürsten und unser gewisse weltliche oberkeit von Gott verordenet, Das S.K.F.G. aus Christlicher liebe (denn sie nach weltlicher oberkeit nicht schuldig sind) und umb Gotts willen dem Evangelio zu gut und den elenden Christen ynn S.K.F.G. landen zu nutz und heil gnediglich wollten etliche tüchtige personen zu solchem ampt foddern und ordenen, Welchs denn S.K.F.G. also gnediglich durch [198] Gottes wolgefallen gethan und angerichtet haben…" Dazu auch *Sohm*, S. 594 f.
[299] *Luther*: Vorrede, S. 200: „Denn ob wol S.K.F.G. zu leren und geistlich zu regirn nicht befohlen ist, So sind sie doch schuldig, als weltliche oberkeit, darob zu halten, das nicht zwitracht, rotten und auffruhr sich unter den unterthanen erheben…"
[300] Ausdruck bei *Manns*, S. 19.

Kirchenregiment, gar als „stillschweigender Protest"[301] gewertet werden.

dd) Zwischenfazit

Als Zwischenfazit kann festgehalten werden, dass Luther mit seiner Beschreibung der Rolle der weltlichen Obrigkeit bei der Ausbildung des (reformatorischen) Kirchenregiments die selbstgezogene Linie zwischen dem Geistlichen und dem Weltlichem weder überschreitet noch verwischt. Ein originäres (!) Recht der Staatsgewalt zur Kirchenreform kennt er nicht und gegen erkennbare Tendenzen der Inanspruchnahme eines solchen vermeintlichen Rechts hat er sich nach Kräften gestemmt. „Zu den Ahnherrn des landesherrlichen Kirchenregiments zählt Luther nicht."[302] Mit diesem Titel können sich andere Reformatoren und evangelische Juristen in ihrem Umkreis schmücken. Zu den maßgeblichen evangelischen Juristen zählen etwa Martin Chemnitz (1522–1586) und Nicolaus Hemming (1513–1600) sowie aus der sog. Marburger Schule Johannes Eisermann (1485–1558), der eine erste lutherische Lehre vom Gesellschaftsvertrag vorgelegt hat, und schließlich Johann Oldendorp (1486–1567), der u. a. durch seine Lehre von der Billigkeit gewirkt hat.[303]

4. Zusammenfassung

Bevor andere Reformatoren in den Blick geraten, sollen die wichtigsten und fortwirkenden Ergebnisse kurz zusammengefasst werden. Luther hat mit seiner Lehre von

---

[301] So die Bewertung von *Holl*, S. 374.
[302] *Johannes Heckel*: Lex Charitatis, S. 312.
[303] Dazu *Witte Jr.*, S. 162 ff.; zu Chemnitz und Hemming ebd., S. 184 f.; zu Eisermann ebd., S. 186 ff.; zu Oldendorp ebd., S. 203 ff.

den beiden Reichen und Regimenten eine eigenständige sowie für die Reformation und weit darüber hinaus maßgebliche Unterscheidung von Geistlichem und Weltlichem vorgenommen. Sie ist auf der theologischen Grundlage der Rechtfertigungslehre entwickelt und unter dem Druck der realen Rahmenbedingungen der Reformation und ihrer divergenten Strömungen *fort*entwickelt worden. Bei ihrer Anwendung auf konkrete Themen und Probleme hat sich Luther stets um Konsistenz bemüht. Ob ihm dies bei seiner Antwort auf die Frage nach dem Umgang mit Abweichlern gelungen ist, scheint zumindest fragwürdig. Gegen die Herausbildung des landesherrlichen Kirchenregiments hat er sich hingegen standhaft gezeigt. Hier gingen andere Reformatoren weit über Luther hinaus. Dies gilt auch und schon für Philipp Melanchthon.

II. Philipp Melanchthon

1. Vorbemerkungen

Zwischen Martin Luther und Philipp Melanchthon, dem intellektuellem Kopf der Reformation[304], bestehen viele Verbindungen. Melanchthon war nahezu drei Jahrzehnte lang Luthers engster Mitarbeiter und trat nach dessen

---

[304] Nach *Scheible: Melanchthon,* S. 39 bzw. S. 43, verkörpert sich in Melanchthon die Verbindung von „Frömmigkeit und Vernunft", von „Philosophie, biblischer Exegese, systematischer Theologie und Historiographie in einer Person". Er ist „ohne Luther nicht denkbar", ebd., S. 143. Zur bedeutenden Rolle Melanchthons in der Reformation siehe u.a. *Kaufmann:* Erlöste und Verdammte, S. 135 ff., hier S. 136: „Ohne Melanchthon hätte Luthers Reformation in vieler Hinsicht kaum eine dauerhaft stabile Gestalt gewonnen."

II. Philipp Melanchthon

Tod die inoffizielle Nachfolge als Führungsperson der Wittenberger Reformation an.[305]

Wie Luther so hat auch Melanchthon keine lehrbuchartige Darstellung seiner Ansichten über die Unterscheidung von Geistlichem und Weltlichem hinterlassen. Zwar finden sich auch in den verschiedenen Auflagen seiner „Loci communes", der ersten evangelischen Dogmatik, Ausführungen zum Thema.[306] Für ein annähernd vollständiges Bild sind aber seine Reden, Gutachten, Briefe und sonstigen Veröffentlichungen in den Blick zu nehmen.[307]

Wie bei Luther und anders als etwa beim Zeitgenossen Machiavelli ist Melanchthons Interesse an der Frage nach dem Verhältnis von Staat und Religion ausschließlich theologisch und nicht staatsphilosophisch motiviert und orientiert.[308]

Anders als Luther schöpft Melanchthon auch aus philosophischen und juristischen Quellen und versucht insbesondere, eine Synthese zwischen der Reformation und dem Humanismus herzustellen.[309]

---

[305] Vgl. *Peters*: Luther und Melanchthon, S. 193. Zum Verhältnis zwischen Luther und Melanchthon siehe auch *Kuropka*, S. 38 ff.

[306] Vgl. *Scheible: Melanchthon*, S. 140 ff.; *ders.*: Philipp Melanchthon, S. 165; *Kuropka*, S. 43 ff. m. w. N.

[307] Vgl. *Deflers*, S. 174.

[308] Vgl. *Nürnberger*, S. 2. Zu den Verschiedenheiten zwischen Luther und Melanchthon siehe auch *Scheible: Melanchthon*, S. 158 ff.

[309] Zur Verbindung Melanchthons zum Humanismus siehe u. a. *Kuropka*, S. 13 ff., 22, und *Heer*, S. 16: „Der ungekrönte Kaiser und Papst dieser Bewegung, Erasmus von Rotterdam, wird selbst erst wirklich wirksam zum Zeugen der Dritten Kraft nach seinem Tode: Melanchthon, Zwingli, lutherische und habsburgerische Staatsdenker, Staatsmänner und Theologen erwachsen aus seinem

Schließlich lässt sich bei Melanchthon als weitere Gemeinsamkeit mit Luther eine Entwicklung in seinen Ansichten über das Verhältnis von Geistlichem und Weltlichem feststellen.[310]

2. Die Zwei-Reiche-Lehre

a) Allgemeines

Die in der Bulle Unam Sanctam verkörperte mittelalterliche Lehre von den Zwei Schwertern[311] hat Melanchthon in seinem Traktat über die Gewalt und den Primat des Papstes ausdrücklich verworfen.[312] Unter dem Einfluss Luthers hat er die Zwei-Reiche-Lehre adaptiert und „formal …zeitlebens beibehalten".[313] An besonders prominenter Stelle findet sich die Bezugnahme auf die „Unterscheidung zwischen dem Reich Christi (regnum Christi) und dem weltlichen Reich (regnum civile)" in der Apologie des Augsburger Bekenntnisses, das aus seiner Feder stammt.[314] Beide Reiche sind zu unterscheiden, aber zugleich durch ihre gemeinsame Herkunft von Gott verbunden.[315] Die interne Differenzierung zwischen Reich

---

Samen." Allerdings war auch Luther nicht frei von humanistischen Einflüssen; vgl. *Leppin*: Humanismus, S. 92.

[310] Vgl. *Deflers*, S. 175.

[311] S.o. B., I., 1., c), (3.).

[312] *Melanchthon*: Traktat über die Gewalt und den Primat (Oberheit) des Papstes, Rn. 463, 473.

[313] *Huschke*, S. 136. Dazu auch *Johannes Heckel*: Cura religionis, S. 19 ff.

[314] *Melanchthon*: Apologie des Augsburger Bekenntnisses, Rn. 258. Zur Autorschaft Melanchthons siehe *Scheible: Melanchthon,* S. 116; *Schorn-Schütte*: Die Reformation, S. 82. Umfassend zur Confessio Augustana die Studie von *Grane*, passim.

[315] *Melanchthon*: Fragstücke von kaiserlicher und päpstlicher Gewalt, S. 233: Beide Ämter sind von Gott, „das Predigtamt durch

und Regiment findet sich auch bei Melanchthon, wenn auch nicht in der terminologischen und analytischen Klarheit wie bei Luther.

b) Geistliches Reich und Regiment

Das geistliche Reich wird in der „Apologie" als „die Gotteserkenntnis im Herzen, die Gottesfurcht und der Glaube, die ewige Gerechtigkeit und das beginnende ewige Leben" definiert.[316] In dieser Beschreibung wird der personale Bezug des Reichsbegriffs im Sinne des Gottesvolks nur undeutlich sichtbar.

Klarer gerät die Kennzeichnung des geistlichen Regiments bzw. der geistlichen Gewalt. In der Erstauflage der „Loci communes" wird der geistlichen Gewalt „aufgetragen, nur das Gotteswort, nicht Menschenwort zu predigen."[317] Auch später wird der Bezug der geistlichen Gewalt auf geistliche Angelegenheiten und die Predigt des Evangeliums deutlich.[318]

---

einen gegebenen Befehl und mündliches Wort Gottes …, die weltliche Hoheit …durch Gott oft ohne mündliche Worte." Dazu auch *Deflers*, S. 185 f.

[316] *Melanchthon*: Apologie des Augsburger Bekenntnisses, Rn. 258.

[317] *Melanchthon*: Loci Communes 1521, S. 367 ff.

[318] So etwa in *Melanchthon*: Fragstücke von kaiserlicher und päpstlicher Gewalt, S. 232: Die geistliche Gewalt hat nur den einen Befehl: „…das Evangelium vom Sohne Gottes zu predigen, die Sünde mit Gottes Wort, nicht mit dem Schwerte zu strafen, Sacramente zu reichen, Kirchengericht zu halten von der Lehre und äußerlichen Uebelthaten, die Schuldigen aus der Kirche auszuschließen, mit dem Wort, ohne leibliche Gewalt und ohne Schwert, und die sich bekehren, wiederum anzunehmen und ihnen Vergebung der Sünden zu verkündigen;…" Weitere Nw. bei *Deflers*, S. 185.

c) Das weltliche Reich und Regiment

Zur personalen Struktur des weltlichen Reiches liefert Melanchthon – soweit ersichtlich – keine Angaben. Ex negativo kann aus der Definition des geistlichen Reiches abgeleitet werden, dass diejenigen dem weltlichen Reich zugehören, die die „Gotteserkenntnis" eben nicht „im Herzen tragen."[319]

Das weltliche Regiment ist erforderlich, weil sich nicht alle Menschen „vom Geiste Gottes leiten lassen" und durch äußere Schranken von bösen Taten abgehalten werden müssen.[320] Es erhält zunächst – insoweit in den Bahnen Luthers – einen Bezug auf äußeres Handeln und die Funktion der Sicherung des äußeren Friedens. So wird die weltliche Obrigkeit beschrieben als „…Amt, das äußerliche rechte Gesetze, und Gerichte, Zucht und Friede erhalten soll, und soll zu solcher Erhaltung leibliche Strafe und Hilfe der Unterthanen mit gebührlicher Ordnung gebrauchen…"[321] Die wichtigste Aufgabe der weltlichen Obrigkeit besteht darin, den Frieden und „die Ordnung der weltlichen Gesellschaft zu bewahren…"[322]

---

[319] Nochmals *Melanchthon*: Apologie des Augsburger Bekenntnisses, Rn. 258.
[320] Vgl. im Zusammenhang *Kisch*, S. 84: „Die Ungerechten, die sich nicht vom Geiste Gottes leiten lassen, müssen durch die Gesetze im Zaune gehalten und an der Begehung von Unrecht gehindert werden. …Christus sei nicht gekommen, um Staaten zu gründen, vielmehr habe er dieses Gebiet den weltlichen Herrschern überlassen mit der Aufgabe, durch Einsetzung von Gerichten für Ruhe und Ordnung zu sorgen."
[321] *Melanchthon*: Fragstücke von kaiserlicher und päpstlicher Gewalt, S. 232.
[322] *Deflers*, S. 196f. Ebenso *Kisch*, S. 85: Der Staatszweck liegt in der Sicherung von Frieden und öffentlicher Ordnung, „damit für

d) Abgrenzung und Zuordnung von Geistlichem und Weltlichem

aa) Abgrenzung

Vordergründig wird auch bei Melanchthon die Abgrenzung der geistlichen von der weltlichen Sphäre anhand der Trennlinie zwischen der inneren Glaubensüberzeugung und den äußeren Handlungen beibehalten. Es liegt eben nicht in der Zuständigkeit der weltlichen Gewalt, „die Seele der Menschen zu leiten."[323]

Schon früh – so etwa in einem Gutachten für Landgraf Philipp von Hessen aus dem Jahre 1524 – wird aber im Rahmen der Zuordnung der beiden Gewalten die Hilfs- und Unterstützungsfunktion der weltlichen für die geistliche Sphäre herausgestellt.[324] Die weltliche Obrigkeit hat durch die Sicherung des äußeren Friedens die Bedingungen der Möglichkeit der evangelischen Verkündigung zu schaffen und zu bewahren.[325]

---

jeden Leben und Sicherheit unter der Autorität des Rechts gewährleistet seien."

[323] *Deflers*, S. 197.

[324] Zu diesem Gutachten siehe *Nürnberger*, S. 11: Die Obrigkeit „dient dem Evangelium, indem sie sich ihrer Aufgabe bewußt wird, die Voraussetzungen für eine Predigt des Wortes Gottes zu schaffen durch die Bewahrung der pax civilis. Weil die Menge nicht das Wesen des Evangeliums erkennt und es deshalb mißbraucht, sind die Fürsten dazu verpflichtet, der reinen Predigt des Evangeliums Raum zu schaffen."

[325] Vgl. *Deflers*, S. 196 (unter Hinweis auf die Reden „De legibus", 1550, und „De dignitate legum et iurisconsultum", 1553): „Die Daseinsberechtigung der Obrigkeit basiert darauf, dass sie das Evangelium durch die Kirche verkünd(ig)en lässt, die Verbreitung der christlichen Lehre durch die Schule garantiert und den Frieden durch Anwendung einer festgeschriebenen Gesetzgebung sichert."

bb) Ausdehnung der staatlichen Befugnisse

Spätestens nach den Bauernkriegen ist bei Melanchthon – wie bei Luther – eine Entwicklung in der Auffassung zur Reichweite der weltlichen Gewalt auszumachen, die in eine sehr weite Zuständigkeitsbeschreibung mündet.[326] Paradigmatisch für diese Position ist Melanchthons Schrift „Über das Amt des Fürsten, Gottes Befehl auszuführen und kirchliche Missbräuche abzustellen" aus dem Jahr 1539.

Den Ausgangspunkt liefert die schon in den „Loci Communes" von 1535 und u. a. in der „Rede über Irnerius und Bartolus" von 1537 verbreitete These, dass der vornehmste Zweck der menschlichen Gesellschaft die Erkenntnis und Verehrung Gottes sei. Diesem Zweck müssten alle menschlichen Tätigkeiten und staatlichen Regeln und Handlungen dienen.[327] So hebt auch die Fürstenschrift an mit der Prämisse, wichtigstes Ziel und allen Menschen vorgegeben sei, „dass sie sich bemühen sollen, den Ruhm Gottes zu preisen und zu verherrlichen."[328] Darauf aufbauend vollzieht Melanchthon eine ausdrückliche Abkehr von der nunmehr als „Spitzfindigkeit" bezeichneten Auffassung, dass die „Aufgaben der Bischöfe und der weltlichen Obrigkeit …streng getrennt" seien.[329] Vielmehr gelte, „dass Fürsten und weltliche Obrigkeit den falschen Gottesdienst beenden und erreichen müs-

---

[326] Dazu u. a. *Scheible: Melanchthon,* S. 83 ff.; *Witte Jr.*, S. 173 ff. Zur Frage nach dem Zusammenhang zwischen Reformation und Bauernkrieg siehe die Bemerkungen bei *Schorn-Schütte*: Die Reformation, S. 54 ff.
[327] *Melanchthon*: Loci Communes 1535, S. 553; dazu *Nürnberger*, S. 34 f. Zur „Rede über Irnerius und Bartolus" siehe *Deflers*, S. 152.
[328] *Melanchthon*: Über das Amt des Fürsten, S. 210.
[329] *Melanchthon*: Über das Amt des Fürsten, S. 210.

sen, dass in den Kirchen die wahre Lehre überliefert wird und richtige Gottesdienste stattfinden."[330] Die Feststellung der „wahren Lehre" und ihre Verkündigung verbleiben in der Sphäre der geistlichen Gewalt. Nach Maßgabe der Lehre vom Allgemeinen Priestertum gehören aber auch die Inhaber der weltlichen Gewalt, sofern sie Christen sind, zu den Gläubigen und damit zur geistlichen Sphäre.[331] Da der christliche Fürst oder Magistrat aufgrund seiner herausragenden weltlichen Position zugleich als „praecipuum membrum ecclesiae" gelten kann, wird ihm daher die Verantwortung für die Verbreitung der „wahren Lehre" übertragen.[332] Die Formel vom praecipuum membrum ecclesiae besagt, „dass kirchliche Pflichten und Rechte, die der Obrigkeit auf Grund ihrer Mitgliedschaft in der societas fidei zustehen, nicht in obrigkeitlicher Weise geübt werden dürfen."[333] Die Verpflichtung der Obrigkeit zur Transformation des Dekalogs in weltliches Recht und zur Durchsetzung der „wahren", d.h. evangelischen Lehre mit weltlichen Mitteln bei gleichzeitiger Zuständigkeit der Theologen für die Feststellung der „wahren" Lehre führte im Ergebnis zu einem „System der theologischen Kontrolle über die politische Herrschaftsgewalt".[334] Zur Verteidigung der These von den obrigkeitlichen Pflichten in Religionsangelegenheiten

---

[330] *Melanchthon*: Über das Amt des Fürsten, S. 210.
[331] *Melanchthon*: Loci Communes 1535, S. 35.
[332] Zu Begriff und Funktion der Bezeichnung praecipuum membrum bzw. praecipua membra ecclesiae siehe *Philipp Melanchthon*: Traktat über die Gewalt und den Primat (Oberhoheit) des Papstes, Rn. 476. Dazu *Johannes Heckel*: Cura religionis, S. 26 ff.
[333] *Johannes Heckel*: Cura religionis, S. 26.
[334] *Witte Jr.*, S. 177 f.

führt Melanchthon in der Fürstenschrift insgesamt neun Argumente an und erwidert auf vier Einwände.[335]

Mit dem ersten Argument werden zugleich eine Bekenntnispflicht sowie eine Pflicht zur Abwehr von Lästerungen statuiert.[336] „Für alle ohne Unterschied gilt das Gebot, dass sie an das Evangelium glauben und es bekennen sollen, ob nun die Autorität der Bischöfe oder anderer das unterstützt oder dem entgegentritt…" Aus der Notwendigkeit des (eigenen) Bekenntnisses folgt die Pflicht der weltlichen Obrigkeit, in ihrem Gebiet für das rechte Bekenntnis zu sorgen.[337] In Analogie zur (vermeintlichen) Pflicht des Hausherrn, den Lästerungen in seiner Familie ein Ende zu bereiten, ist auch der weltlichen Gewalt das Einschreiten gegen die Lästerungen der „wahren Lehre" aufgegeben. „Denn wer nicht die richtige Lehre vermittelt und nicht auch öffentlichen Lästerungen bei denen ein Ende macht, für die er verantwortlich ist, dieser bekennt nicht, sondern billigt scheinbar die Lästerungen."[338]

Das zweite Argument verweist unter Angabe entsprechender Nachweise auf den biblischen Staatszweck. „Denn aus diesem Grund hat Gott die Staaten eingesetzt, dass das Evangelium verbreitet werden kann."[339] Darauf ist alle weltliche Obrigkeit verpflichtet.

---

[335] Dazu auch *Paulus*, S. 68 ff. Zu der vergleichbaren Argumentation in dem Gutachten „De iure reformandi" aus dem Jahre 1537 siehe *Sichelschmidt*, S. 69 ff.
[336] *Melanchthon*: Über das Amt des Fürsten, S. 210 f.; dort die folgenden Zitate.
[337] *Melanchthon*: Über das Amt des Fürsten, S. 211: „Die Obrigkeit, die die Lehre nicht weitergibt, bekennt nicht."
[338] *Melanchthon*: Über das Amt des Fürsten, S. 211.
[339] *Melanchthon*: Über das Amt des Fürsten, S. 212.

Mit dem dritten Argument wird die weltliche Obrigkeit – unter Hinweis auf das Naturrecht[340] und wiederum biblische Quellen – zur Wächterin nicht nur der zweiten, sondern auch der ersten Gesetzestafel erklärt.[341] Mit dem ersten und zweiten Gebot würden „Götzendienst und Lästerung" verboten und damit der weltlichen Gewalt die Sorge für den rechten Gottesdienst und die „wahre" Lehre aufgegeben. In bemerkenswerter Klarheit schreibt Melanchthon dazu: „Die weltliche Obrigkeit ist der Wächter der ersten und zweiten Gesetzestafel, was die äußere Ordnung betrifft, d. h. sie muss öffentliche Laster unterbinden und die Schuldigen bestrafen und gute Beispiele öffentlich machen. Es ist offensichtlich, dass im ersten und zweiten Gebot Götzendienst und Lästerung verboten werden. Also ist es notwendig, dass die weltliche Obrigkeit öffentlichen Götzendienst und Lästerungen beseitigt und dafür sorgt, dass in der Öffentlichkeit die wahre Lehre und richtige Gottesdienste zu finden sind. Wenn auch die weltliche Obrigkeit nicht die Herzen bekehren kann und nicht den Dienst am Geist innehat, hat sie dennoch entsprechend ihrer eigenen Aufgabe die äußere Ordnung auch in den Dingen zu wahren, die die erste Tafel betreffen."[342]

---

[340] Zu Begriff und Inhalt des Naturrechts bei Melanchthon siehe u. a. *Witte Jr.*, S. 164 ff., und *Wilhelm Maurer*: Der junge Melanchthon, Bd. 2, S. 287 ff.
[341] Die erste Tafel umfasst nach Melanchthon – und Luther – die ersten drei Gebote des Dekalogs in Ex 20 und Deut 5, die das Verhältnis des Menschen zu Gott beschreiben. Die zweite Tafel umfasst die übrigen sieben Gebote, die das Verhältnis untereinander beschreiben. Siehe dazu *Witte Jr.*, S. 169.
[342] Im Zusammenhang *Melanchthon*: Über das Amt des Fürsten, S. 212.

Im vierten Argument wird die Hausherren-Analogie aus dem ersten Argument wieder aufgegriffen und nunmehr auf die richtige Unterweisung bezogen. Wie der Vater und Hausherr gegenüber den Kindern und „dem Gesinde", so müsse auch die weltliche Gewalt dafür sorgen, dass die „Untergebenen" in der wahren Lehre recht unterwiesen werden.[343]

Das fünfte Argument wiederholt Luthers Notfall-These von der „Reformationsgewalt" der christlichen Obrigkeit. Wenn die an sich zuständigen kirchlichen Amtsträger – die Bischöfe – nicht willens oder in der Lage sind, die erforderliche Kirchenreform durchzuführen, müssen die „angesehensten Glieder" der Gemeinde und damit die christlichen Träger der Staatsgewalt dafür einstehen.[344]

Das sechste Argument ist ein Folgenargument. Es besagt, dass es in Fragen des wahren Glaubens keine Neutralität geben kann. Ein fehlendes Bekenntnis der welt-

---

[343] *Melanchthon*: Über das Amt des Fürsten, S. 214: „Die Obrigkeit schuldet in Bezug auf die äußere Ordnung den Untergebenen alle Dienste, die auch der Hausherr den Seinen schuldet. Sicher ist aber, dass der Hausherr diesen Dienst den Kindern und dem Gesinde schuldet, dass er dafür sorgt, dass sie richtig unterwiesen werden, und dass er falsche Gottesdienste verbietet. Also muss die Obrigkeit dasselbe tun."

[344] Vgl. *Melanchthon*: Über das Amt des Fürsten, S. 215: „Wenn die Bischöfe nichts gegen die falsche Lehre unternehmen oder wenn die Bischöfe selbst Falsches lehren, muss die übrige Kirche die schlechten Pfarrer ihres Amtes entheben, und in jeder Gemeinde müssen die angesehensten Glieder darin den Übrigen vorangehen und den anderen helfen, dass die Kirche reformiert wird. Die Fürsten und anderen Beamten sollen angesehene Glieder der Kirche sein. Also ist es nötig, dass sie die Reform einleiten und unterstützen."

lichen Gewalt führt zu einer Stärkung der Gottlosen und einer Abschreckung der „Schwachen".[345]

Im siebten bzw. dem Naturrechtsargument findet sich der Ausgangspunkt der gesamten Fürstenschrift wieder. Es lautet: „Das Ziel der menschlichen Gesellschaft ist eigentlich und in erster Linie, dass Gott bekannt wird. Die Obrigkeit ist der Hüter der menschlichen Gemeinschaft. Also muss sie umso mehr der Hüter jenes eigentlichen Zieles sein, weil bei jeder Handlung das eigentliche Ziel in erster Linie anzustreben und im Auge zu behalten ist."[346] Die Beschränkung der weltlichen Gewalt auf die äußere Friedenssicherung wird von Melanchthon mit einem drastischen Vergleich als unzulässige Reduktion des Staatszwecks zurückgewiesen; denn „…wenn nur für den Leib gesorgt werden muss, worin sollten sich die Fürsten von Rinderhirten unterscheiden? Es muss ganz anders geurteilt werden, nämlich, dass die Gemeinwesen durch göttliche Fügung mit bewundernswerter Weisheit und Güte eingerichtet worden sind, nicht, um die irdischen Güter anzustreben und zu genießen, sondern vielmehr, damit Gott in der Gesellschaft bekannt wird, damit die ewigen Güter angestrebt werden."[347]

Das achte Argument besagt, dass die weltliche Gewalt, die nicht gegen die falsche Lehre einschreitet und die wahre Lehre befördert, sich selbst der Lästerung schuldig macht.[348]

---

[345] *Melanchthon*: Über das Amt des Fürsten, S. 216 f.
[346] *Melanchthon*: Über das Amt des Fürsten, S. 217.
[347] *Melanchthon*: Über das Amt des Fürsten, S. 218. Ebenso *Melanchthon*: Traktat über die Gewalt und den Primat (Oberhoheit) des Papstes, Rn. 476: „Denn die erste Sorge der Könige muss sein, dass sie die Ehre Gottes verherrlichen."
[348] *Melanchthon*: Über das Amt des Fürsten, S. 220.

Mit dem neunten Argument wird schließlich und nochmals der Staatszweck betont. Der Staat sei um der Kirche willen da. Er müsse den Kirchen helfen und sie verteidigen, um seiner „Pflicht, zum Ruhm Christi" beizutragen, nachzukommen. Zu den Hilfsaspekten zählen auch die Zahlung der Gehälter der kirchlichen Bediensteten, die theologischen Studien und allgemein, „die Kirche in Ordnung [zu] bringen und [zu] fördern."[349]

Von den vier im Anschluss behandelten Einwänden, ist der erste von besonderer Bedeutung, weil er ausdrücklich auf die Unterscheidung zwischen Geistlichem und Weltlichen Bezug nimmt. Er lautet: *„Die Pflicht der weltlichen Obrigkeit ist es, Leib und Leben zu schützen. Die Fürsorge der Kirche erstreckt sich auf die Seele. Also darf sich die weltliche Obrigkeit keine kirchlichen Aufgaben anmaßen."*[350] Melanchthons Erwiderung weist zwei Elemente auf. Zum einen wird die im Einwand vorgebrachte Beschreibung der weltlichen Gewalt als unvollständig kritisiert. Nicht nur die Bewahrung der äußeren Ordnung nach Maßgabe der zweiten Gesetzestafel, sondern auch die erste Tafel sei Gegenstand des Staatszwecks.[351] Zum anderen beharrt Melanchthon darauf, dass mit dieser Erweiterung des Staatszwecks die Trennlinie zwischen den beiden Reichen und Regimenten, d.h. zwischen dem „Dienst am Evangelium" und der weltlichen

---

[349] *Melanchthon*: Über das Amt des Fürsten, S. 221 f.
[350] *Melanchthon*: Über das Amt des Fürsten, S. 222. (Kursivdruck im Original.)
[351] In diesem Zusammenhang wird nochmals das Bild vom Rinderhirten bemüht; vgl. *Melanchthon*: Über das Amt des Fürsten, S. 223: „Zwischen Rinderhirten und weltlicher Obrigkeit besteht ein Unterschied. Jene sorgen nur für den Bauch des Viehs, die Obrigkeit muss aber hauptsächlich dem Ruhm Gottes dienen."

Obrigkeit (noch) nicht überschritten sei. Beide haben ihren eigenen abgegrenzten Aufgabenbereich. Das geistliche Regiment in Gestalt der „Diener des Evangeliums" hat die „Lehre des Evangeliums, durch die der Heilige Geist wirksam ist", zu verkündigen. Die weltliche Obrigkeit hingegen hat die positive Aufgabe, die Kirche bei der Verkündigung der wahren Lehre tatkräftig zu unterstützen und – negativ – die Pflicht, „Ärgernisse" bzw. „Schandtaten, die sich nicht mit der ersten und zweiten Tafel …vertragen, zu verhindern."[352] Die cura religionis des Staates findet danach nur, aber immerhin in der Zuständigkeit des geistlichen Regiments für den Akt der Verkündigung eine Grenze. Im Übrigen ist aber das gesamte Staatshandeln am Wohl der (evangelischen) Kirche auszurichten. Insofern bleibt das Fazit von Johannes Heckel auch nach Jahrzehnten noch gültig: Zum vollkommenen Staatswesen gehört für Melanchthon auch eine richtig geordnete Kirche. Sie ist die „wahre Lebensgrundlage" des Staates. „Nur mit ihrer Hilfe erreicht er sein wichtigstes Ziel, die Verehrung Gottes auf Erden zu fördern, und bloß um der Kirche willen wird der Staat als Wohnung und Zuflucht der Frommen vom Schöpfer erhalten."[353]

3. Die Anwendung der Zwei-Reiche-Lehre

Diese im Vergleich zu Luthers Unterscheidung im Staatszweck modifizierte Zwei-Reiche-Lehre liefert für Melanchthon die Grundlage für die Entscheidung praktischer Fragen. Wiederum sind die Fragen nach dem Um-

---

[352] *Melanchthon*: Über das Amt des Fürsten, S. 223.
[353] *Johannes Heckel*: Melanchthon und das heutige deutsche Staatskirchenrecht, S. 322.

gang mit Abweichlern und der Kirchenorganisation in den Blick zu nehmen.

a) Der Umgang mit Abweichlern

Es ist wenig überraschend, dass die Erweiterung des Aufgabenspektrums der weltlichen Gewalt die Verpflichtung zum aktiven Vorgehen gegen abweichende theologische Positionen oder Religionen impliziert. Die Bekämpfung der Blasphemie wird Staatsaufgabe.[354] In der öffentlichen Verbreitung abweichender Lehren liegt eine öffentliche Gotteslästerung, die von Amts wegen zu verhindern bzw. zu ahnden ist.[355] Insoweit lassen sich noch Parallelen zu Luthers Antwort auf die Frage nach dem Umgang mit Abweichlern ziehen.[356] Besonders schwer wiegt, dass Melanchthon u. a. in einem Gutachten aus dem Jahre 1537 deutlich seine Zustimmung zu der Verbrennung von Michael Servet als Ketzer im Jahre 1535 in Zürich signalisiert.[357] Damit hält er sogar die Verhängung der Todesstrafe für Dissidenten – wie etwa die Wiedertäufer – für legitim.[358]

b) Kirchenorganisation und landesherrliches Kirchenregiment

Die Verantwortung der weltlichen Obrigkeit für „beide Tafeln" führt konsequent zu einer staatlichen Verantwortung für das Kirchenwesen und damit für die interne Kir-

---

[354] Vgl. *Deflers*, S. 218 ff.
[355] Vgl. *Nürnberger*, S. 31, und *Deflers*, S. 220.
[356] S.o. I., 3., b).
[357] *Paulus*, S. 72 ff.; *Scheible*: Philipp Melanchthon, S. 168. Luther hatte dem Gutachten von 1537 an den Landgrafen Philipp von Hessen einen mildernden Zusatz beigefügt.
[358] Dazu *Paulus*, S. 72 ff., und *Nürnberger*, S. 37.

chenorganisation.³⁵⁹ Der Erlass von Kirchenordnungen wird ausdrücklich in die Hände der christlichen Obrigkeit gegeben.³⁶⁰ Als praecipuum membrum ecclesiae ist der Fürst oder der Magistrat zur „positiven Ordnung der Kirche" ermächtigt.³⁶¹ In diesem Sinn hatte Melanchthon schon in seinem Papst-Traktat gefordert: „Besonders aber müssen die vornehmsten Glieder (praecipua membra) der Kirche, Könige und Fürsten, auf die Rettung der Kirche bedacht sein und dafür sorgen, dass die Irrtümer beseitigt werden und die Gewissen geheilt werden."³⁶² Bezugnahmen auf die Befugnis des jeweiligen Landesherrn als summus episcopus enthielten bereits die frühen evangelischen Kirchenordnungen.³⁶³ Diese Befugnis umfasste alle kirchlichen Ebenen von der Ortsgemeinde bis zur Synode und alle innerkirchlichen Ämter. Er hatte die Kirchenbeamten zu ernennen, zu bezahlen und zu beaufsichtigen, die Ausbildung der Pastoren zu gewährleisten und die Nutzung des kirchlichen Vermögens zu überwachen. Schließlich habe der Landesherr die „rechte" Verkündigung des Evangeliums in seinem Gebiet sicherzustellen. Mit den Worten von John Witte Jr. lässt sich diese Aufgabenbeschreibung wie folgt resümieren: „Melanchthon stellte die sichtbare Ortskirche damit sowohl unter die Herrschaft als auch unter den Schutz der Obrigkeit."³⁶⁴

---

[359] Dazu u. a. *Witte Jr.*, S. 182 ff.
[360] Vgl. ein Gutachten aus dem Jahr 1526 an den Landgrafen Philipp von Hessen (CR., Bd. I, S. 81 ff.); dazu *Nürnberger*, S. 17.
[361] *Nürnberger*, S. 18.
[362] *Melanchthon*: Traktat über die Gewalt und den Primat (Oberhoheit) des Papstes, Rn. 476.
[363] Vgl. *Sichelschmidt*, S. 71 ff.
[364] *Witte Jr.*, S. 182.

In Abweichung zu Luthers Auffassung, ist diese Ermächtigung zur Regelung des Kirchenwesens einschließlich der internen Kirchenorganisation aber nicht auf den Notfall, d.h. auf den Ausfall der an sich zuständigen kirchlichen Amtsträger beschränkt.[365] Die Erweiterung des Staatszwecks um die umfassende cura et conservatio religionis transformiert das landesherrliche Kirchenregiment von einer Notlösung zu einer Daueraufgabe der weltlichen Obrigkeit, sofern sie eine christliche ist.[366] Sollte Melanchthon die Vision einer bischöflich verfassten Kirche gehegt haben, so ist sie unter dem Druck der tatsächlichen Bedingungen verloren und im landesherrlichen Kirchenregiment aufgegangen.[367]

4. Zusammenfassung

Der kurze Blick auf Melanchthon ergibt ein von Luthers Positionen signifikant abweichendes Bild. Zwar hält Melanchthon formal an der lutherischen Zwei-Reiche-Lehre fest. Aus der Modifikation bzw. Erweiterung des Staatszwecks ergibt sich aber eine „neue Verquickung von geistlicher und weltlicher Gewalt auf einer anderen Grundlage."[368] Ein anschauliches Sinnbild dieser Ver-

---

[365] Ebenso *Leonhardt*, S. 94.
[366] *Nürnberger*, S. 31 f. Vor diesem Hintergrund ist die pauschale Aussage bei *Martin Heckel*: Luther und das Recht, S. 2523, „(d)ie Auslieferung der Kirchengewalt an das Kirchenregiment des Landesherrn steh(e) im scharfen Widerspruch zur Rechts- und Kirchenlehre der Reformatoren", nicht haltbar.
[367] Zu dieser Vision *Scheible*: Melanchthon, S. 136: „Melanchthons Vision einer bischöflich verfassten und dadurch von den Regierungen unabhängigen Kirche in Deutschland blieb eine Utopie, bis sie unter ganz anderen historischen Bedingungen durch die Verfassung von 1919 doch noch Wirklichkeit wurde."
[368] *Nürnberger*, S. 2.

quickung zeichnet Melanchthon selbst: „...So offt du an Oberkeit, Fürsten oder Herrn gedenkest, So male dir in deinen gedanken ein Man, der die Tafeln der zehen Gebot in der einen hand helt, und in der andern ein Schwerd füret, Denn die selbigen Gebot sind fürnemlich die werck, die er in eusserlicher zucht schützen und erhalten sol..."[369]

III. Ulrich Zwingli

1. Vorbemerkungen

Ulrich Zwingli, der sich selbst „etymologisierend" Huldrych (Huldreich) nannte[370], war nicht nur der Reformator Zürichs, sondern sowohl „historisch als auch theologisch ...der Urvater des reformierten Protestantismus".[371] Seit Beginn des Jahres 1519 war er als Prediger am Züricher Großmünster tätig und hat zeitlebens nie ein politisches Amt bekleidet. Sein Einfluss als theologischer Berater auf die Politik der Stadt wuchs zwar ständig; die Entscheidungen wurden aber letztlich vom Rat getroffen.[372]

Art und Ausmaß von Luthers Einwirkung auf Zwinglis reformatorische Entwicklung ist umstritten.[373] Wäh-

---

[369] *Melanchthon*: Loci Theologici Germanice. Tertia Forum Aetas, CR, Bd. XXII, S. 615.
[370] Dazu *Leppin*: Zwingli, S. 793.
[371] *Opitz*: Ulrich Zwingli, S. 110; *ders*.: Huldrych Zwingli, S. 275. Zur Biografie Zwinglis immer noch grundlegend *Oskar Farner*, passim; Überblick auch bei *von Schulthess-Rechberg*, S. 15 ff., *Schnabel-Schüle*, S. 164 ff.
[372] Vgl. *Opitz*: Ulrich Zwingli, S. 57. Zur politischen Struktur der Stadt Zürich zur Zeit Zwinglis siehe *Gäbler*, S. 17 f. Insbesondere zur Rolle des Rates siehe auch *Stephens*, S. 164 ff.
[373] Zum Verhältnis der beiden Theologen siehe *MacCulloch*,

rend Zwingli selbst darauf besteht, zeitgleich mit, aber unabhängig von Luther zu reformatorischen Grundüberzeugungen – etwa über die Bedeutung der Bibel (sola scriptura)[374] – gelangt zu sein, gibt es ebenso deutliche Anzeichen dafür, dass sich diese Überzeugungen mit der Lektüre von Luthers Schriften herausgebildet haben.[375] Eine persönliche Begegnung beider fand statt im Rahmen des Marburger Religionsgesprächs im Jahr 1529. Die Bemühungen um ein gemeinsames Abendmahlsverständnis sind allerdings gescheitert.[376]

Vermittelt durch seine Predigten und Schriften konnten sich Zwinglis theologische Ansichten zu Beginn der 1520'er Jahre in Zürich zunehmend Gehör und Einfluss verschaffen. Zum offenen Streit mit den Anhängern der römisch-katholischen Kirche kam es im Nachgang zu dem demonstrativen Fastenbrechen einiger Züricher

---

S. 195 ff., und *Kaufmann*: Luther und Zwingli, S. 184 ff., der ebd., S. 184 f., drauf hinweist, dass Zwingli „auch von seiner Umwelt in affirmativer oder polemischer Tendenz als Parteigänger des Wittenberger ‚Ketzers' wahrgenommen wurde."

[374] Vgl. *Opitz*: Ulrich Zwingli, S. 30: „Wenn von einer ‚reformatorischen Wende' Zwinglis gesprochen werden kann, dann war es das Überzeugtwerden von der erhellenden und klärenden Kraft des göttlichen Wortes, das in der Bibel begegnet." (Hervorhebungen im Original.)

[375] Dazu jeweils m.w.N. *Opitz*: Ulrich Zwingli, S. 18 f.; *Campi*, Sp. 1946; *Claussen*, S. 69 ff.; *Schorn-Schütte*: Die Reformation, S. 43 ff.

[376] Zum Marburger Religionsgespräch siehe u.a. *Brecht*, Bd. 2, S. 315 ff., *Köhler*, S. 365 ff., *Leppin*: Martin Luther, S. 277 ff., *Heinz Schilling*, S. 399 ff., und *Opitz*: Ulrich Zwingli, S. 88 ff. Zur Beziehung zwischen Zwingli und Luther siehe auch *Friedenthal*, S. 608 ff. (auch zu Calvin), *Claussen*, S. 69 ff., *Kaufmann*: Luther und Zwingli, S. 184 ff., und *Köpf*, S. 187 ff. Speziell zum Abendmahlsstreit siehe *Kaufmann*: Luther und Zwingli, S. 188 ff., und *ders.*: Die Reformation, S. 50 f.

Honoratioren im Hause des Buchdruckers Christoph Froschauer im Frühjahr 1522.[377]

Die Auseinandersetzungen um Zwinglis Lehre veranlassten den Rat der Stadt Zürich, eine Disputation darüber abzuhalten. In dieser ersten Züricher Disputation vom 29. Januar 1523 trafen Zwingli und der Gesandte des zuständigen Erzbischofs von Konstanz, Generalvikar Fabri, aufeinander.[378] Nach nur einem halben Tag war der Disput zugunsten Zwinglis entschieden und der Rat ordnete an, dass künftig alle Prediger der Stadt sich an dessen Lehren orientieren sollten.[379] Zwingli hatte für diesen argumentativen Schlagabtausch vorab 67 sog. Schlussthesen verfasst, die er im Juli 1523 unter dem Titel „Auslegung und Begründung der Thesen oder Artikel" veröffentlichte. Sie lieferten ein frühes Programm der Reformation im Sinne Zwinglis.

Nachdem es im weiteren Verlauf desselben Jahres u.a. Bilderstürme von Anhängern Zwinglis in Zürich gegeben hatte, lud der Rat für den 26. bis 28. Oktober 1523 zu einer zweiten Züricher Disputation ein, in der es vornehmlich um die Bilderfrage und die katholische Messe ging.[380] Die Ergebnisse dieser Disputation legten den „Grundstein zur Umgestaltung des Züricher Kirchenwesens" in die Richtung einer Reformation nach Maßgabe der Theologie Zwinglis.[381]

---

[377] Dazu u.a. *Leppin*: Zwingli, S. 794f.; *Opitz*: Huldrych Zwingli, S. 279, und *Stephens*, S. 29.
[378] Dazu u.a. *MacCulloch*, S. 204ff.
[379] Zur ersten Züricher Disputation siehe u.a. *Leppin*: Zwingli, S. 796f.; *Campi*, Sp. 1947; *Stephens*, S. 30, und *Opitz*: Ulrich Zwingli, S. 35ff.
[380] Zur zweiten Züricher Disputation siehe statt vieler *Opitz*: Ulrich Zwingli, S. 41ff.
[381] *Campi*, Sp. 1947.

An dem Verlauf der Züricher Reformation sind zumindest zwei Aspekte bemerkenswert. Zum einen wurde über die Einführung der Reformation auf der Grundlage von öffentlichen Disputationen zwischen „Evangelischen" und „Altgläubigen" entschieden. Sie wurden vom Rat der Stadt, also von der weltlichen Gewalt einberufen. Dieses Format, das als Instrument zur Einführung der Reformation genutzt wurde, war neu.[382] Zum anderen war es auch der Rat selbst, der über den Ausgang der theologischen (!) Disputation bestimmte. Das in Luthers Adelsschrift verkündete Allgemeine Priestertum wurde „in den städtischen Reformationen Züricher Prägung in Gestalt des Rechts der Schriftauslegung durch die städtische Obrigkeit, den Magistrat, verwirklicht".[383] Zwingli, dessen faktischer Einfluss mit der Zahl seiner Anhänger unter den Mitgliedern des Rates wuchs, hat sich vehement und nachdrücklich für dieses „Konzept einer obrigkeitsgeleiteten, magistralen Reformation" eingesetzt.[384]

Zwingli hat sich an verschiedenen Stellen seiner Schriften auch zum Verhältnis von Staat und Religion geäußert. Neben der Auslegung und Begründung der 67 Schlussthesen sind u. a. die Schriften über „Göttliche und menschliche Gerechtigkeit" von 1523, „Wer Ursache zum Aufruhr gibt" von 1524, der „Kommentar über die wahre und falsche Religion" von 1525[385] und die „Rechenschaft

---

[382] Vgl. *Kaufmann*: Erlöste und Verdammte, S. 152: „Im Unterschied zu universitären Disputationen, die in der Regel einer weithin einheitlichen Verlaufsordnung folgten, war ihr Ort nun das Rathaus, die Entscheidungsinstanz der Rat, die Urteilsgrundlage die Bibel und die Verhandlungssprache deutsch."
[383] *Kaufmann*: Erlöste und Verdammte, S. 151.
[384] *Kaufmann*: Erlöste und Verdammte, S. 153 f.
[385] *Opitz*: Huldrych Zwingli, S. 283, bezeichnet diese Schrift als

über den Glauben" von 1530 einschlägig. Die sich in diesen Schriften manifestierende Verbindung von Staat und Religion, von geistlicher und weltlicher Sphäre spiegelt sich auch im Leben und Sterben von Zwingli wieder: Er ist im zweiten Kappler Krieg der Allianz evangelischer Städte gegen einen Zusammenschluss römisch-katholischer Städte der Schweiz auf dem Schlachtfeld umgekommen.[386]

2. Göttliche und menschliche Gerechtigkeit

a) Allgemeines

Göttliche und menschliche Gerechtigkeit werden von Zwingli in der gleichnamigen Schrift aus dem Jahre 1523 unterschieden. Anlass für die Entfaltung dieser Unterscheidung waren Auseinandersetzungen mit dem radikalen Flügel der Züricher Reformation, die – ähnlich wie ihre Pendants in Deutschland – das Evangelium politisieren wollten.[387] Die Begriffe der Zwei Reiche und/oder Zwei Regimente verwendet Zwingli nicht. Das Ausmaß von inhaltlicher Nähe und Differenz zwischen Luthers Zwei-Reiche-/Zwei-Regimenten-Lehre und Zwinglis Unterscheidung zwischen göttlicher und menschlicher Gerechtigkeit wird gelegentlich als ungeklärt bezeichnet.[388] Eine andere Ansicht erblickt eine kategoriale Differenz darin, dass Zwingli der deutlichen Unterscheidung beider Reiche/Regimente bei Luther ein „Einheitsmo-

---

„die erste reformierte Dogmatik, elf Jahre vor Calvins erster Institutio."
[386] Dazu u.a. *Gäbler*, S. 134; *Stephens*, S. 40. Zu den Hintergründen der Kappeler Kriege siehe auch *Opitz*: Ulrich Zwingli, S. 95 ff.
[387] Vgl. *Hamm*, S. 112; *Stephens*, S. 176.
[388] So etwa *Gäbler*, S. 72.

dell" entgegensetze, das auf der Einheit verbürgenden Klammer des Heiligen Geistes beruhe.[389] Wie sich zeigen wird, sind beide Begriffe – Nähe und Distanz – für die Beschreibung des Verhältnisses der beiden Auffassungen adäquat. Während auch bei Zwingli eine analytische und funktionale Unterscheidung zwischen Staat und Religion bzw. Kirche erkennbar ist[390], finden sich schon in den frühen Schriften theokratische Anlagen, die sich im späteren Werk zu einer klaren Apologie der Theokratie auswachsen.[391] Anders als vereinzelt in der Literatur angenommen, fand bei Zwingli also keine Wende zur Theokratie, sondern eine zunehmende Entfaltung immer schon vorhandener theokratischer Elemente statt.[392]

b) Göttliche Gerechtigkeit

aa) Das Reich Gottes

Im Kontext der Beschreibung der göttlichen Gerechtigkeit begegnet auch der Reich-Gottes-Gedanke. Das Reich Gottes ist eine im Geiste des Evangeliums, speziell der Bergpredigt lebende Gemeinschaft, die Zwingli in der unsichtbaren Kirche verwirklicht sieht. Kennzeichen und zugleich Abgrenzungsmerkmale dieser Gemein-

---

[389] So *Hamm*, S. 110.

[390] Diese Nähe zu Luther räumt *Hamm*, S. 111, selbst ein.

[391] Zum Begriff der Theokratie siehe *Schneemelcher*, Sp. 2453 ff., und *Pirson*, S. 63 ff. Zur Theokratie bei Zwingli siehe *Stephens*, S. 178: „Zwinglis Staatsverständnis war in dem Sinne theokratisch, dass das ganze Leben der Gesellschaft unter der Herrschaft Gottes steht und dass Pfarrer und Obrigkeit versuchen sollen, dieser Herrschaft Geltung zu verschaffen."

[392] Ebenso u.a. *Kressner*, S. 26, *Leclerc*, S. 428, *Gäbler*, S. 117, und *Hamm*, S. 118. Für eine „Kontinuität zwischen dem frühen und dem späten Zwingli" auch *Stephens*, S. 176. A.A. *Alfred Farner*, S. 55, 112 ff.

schaft sind Freiwilligkeit und Liebe und der Zusammenhalt allein durch den Glauben.[393] Ähnlich wie bei Luther bezeichnet das Reich Gottes also die Gemeinschaft der wahrhaft Gläubigen mit Christus als Haupt.[394]

bb) Das geistliche Regiment

Analog zum geistlichen Regiment bei Luther bestimmt Zwingli das Verkündigungsamt zur Wirkungsweise Gottes in seinem Reich. Das geistliche Regiment ist „ein Amt des Dienstes am Evangelium und nicht eine Staatsgewalt oder Obrigkeit."[395]

c) Menschliche Gerechtigkeit

aa) Das weltliche Reich

Die menschliche Gerechtigkeit, verkörpert in der weltlichen Gewalt, nimmt Bezug auf den äußeren Menschen. Betroffen von der menschlichen Gerechtigkeit, d. h. Bürgerinnen und Bürger im weltlichen Reich sind alle Menschen. Während bei Luther noch umstritten war, ob auch die gläubigen Christen als Mitglieder des weltlichen Reichs der weltlichen Gewalt unterworfen seien, heißt es bei Zwingli in aller Deutlichkeit: „…Christus nimmt niemanden deshalb von der Unterstellung unter die Obrigkeit aus, weil er an ihn glaubt."[396]

---

[393] Vgl. *Alfred Farner*, S. 32.
[394] Vgl. *Alfred Farner*, S. 3 f. Zu Luther s. o. B., I., 2., b).
[395] *Zwingli*: Göttliche und menschliche Gerechtigkeit, S. 187. Dazu u. a. *Alfred Farner*, S. 2.
[396] *Zwingli*: Göttliche und menschliche Gerechtigkeit, S. 187; ebenso *ders.*: Auslegung und Begründung der Thesen oder Artikel, S. 354: „…gemäß der Lehre Christi ist niemand davon ausgenommen, das gemeinsame Joch der Obrigkeit mit einfachen Gläubigen zu tragen."

bb) Das weltliche Regiment

Die menschliche Gerechtigkeit ist eine Angelegenheit der weltlichen Obrigkeit. Ihr Gegenstand ist ausschließlich die äußere Dimension des menschlichen Handelns. Ihre Funktion liegt zunächst in der Herstellung und Sicherung des friedlichen Zusammenlebens der Menschen, auch wenn sie sich dabei an der göttlichen Gerechtigkeit auszurichten hat.[397]

Zur Begründung der Notwendigkeit der weltlichen Gewalt findet sich auch bei Zwingli – avant la lettre – das homo-homini-lupus-Argument des Thomas Hobbes.[398] Ausgangspunkt ist auch hier eine pessimistische Anthropologie vom sündhaften Menschen.[399] Wenn alle Menschen nach den göttlichen Geboten lebten, so brauchte es weder einen Fürsten noch einen Vorgesetzten…"[400] Für Zwingli ist aber offensichtlich, dass wir „eigennützig sind von Adam her, und ein jeder nur auf das Seine aus ist."[401] Ohne die ordnende und sichernde Staatsgewalt „wäre unser Leben ein einziges Morden, Rauben und Stechen."[402]

---

[397] Zur Friedensfunktion siehe u.a. *Alfred Farner*, S. 37 ff.; zur Ausrichtung an der göttlichen Gerechtigkeit siehe u.a. *Opitz*: Ulrich Zwingli, S. 52, und *Gäbler*, S. 71.
[398] Vgl. *Alfred Farner*, S. 33: Der staatenlose, d.h. der Naturzustand ist bei Zwingli der „Krieg Aller gegen Alle".
[399] Vgl. *Hamm*, S. 111: „Weil die Menschen Sünder sind und die Sünde immer zum ungehemmten Ausleben brutaler Selbstsucht drängt, deshalb ist kein menschliches Zusammenleben ohne die Notordnung der ‚armen' menschlichen Gerechtigkeit möglich – wobei freilich auch diese Gerechtigkeit als Mandat Gottes zu verstehen ist."
[400] *Zwingli*: Auslegung und Begründung der Thesen oder Artikel, S. 353.
[401] *Zwingli*: Göttliche und menschliche Gerechtigkeit, S. 179.
[402] *Zwingli*: Göttliche und menschliche Gerechtigkeit, S. 180.

Sie verhindert, dass „unser Leben zur viehischen Unvernunft werde."[403] Aus der sündhaft-selbstsüchtigen Natur des Menschen folgt der Krieg Aller gegen Alle, der durch die menschliche Gerechtigkeit in Gestalt der gesetzgebenden und -durchsetzenden weltlichen Gewalt gebändigt und in ein friedliches Zusammenleben der Menschen transformiert wird.[404] Auch für Zwingli ist die Welt nicht (allein) mit dem Evangelium regierbar.[405] Vielmehr müssen die Rechtschaffenen, d.h. diejenigen, die ihre Selbstsucht nicht ausleben, durch das weltliche Schwert vor den Bösen in Schutz genommen werden.[406]

Die menschliche Gerechtigkeit steht zwar mit der göttlichen nicht auf einer Stufe, aber auch sie ist von Gott gewollt und eingesetzt.[407] Insofern kann auch bei Zwingli von einem weltlichen Regiment Gottes gesprochen werden. Wie bei Luther, so ist auch hier die weltliche Gewalt Gottes Dienerin und „Vertreterin"[408], ein Werkzeug in der Hand Gottes zur Friedensstiftung: „in Gottes Na-

---

Ebenso ebd., S. 211: „Damit nicht aus unserer Selbstsucht Gewalttaten entstehen, dazu hat man die Obrigkeit, die den Frevelhaften zähmen soll, damit er nicht aus persönlichen Gründen einem anderen das Seine nehme."

[403] *Zwingli*: Göttliche und menschliche Gerechtigkeit, S. 181. Ein weiterer Tiervergleich folgt ebd., S. 211: „Damit wir nicht so unverschämt werden wie Hunde, soll uns diese Obrigkeit strafen; denn dazu hat sie Gesetze."

[404] Vgl. *Alfred Farner*, S. 37.

[405] Vgl. *Hamm*, S. 112.

[406] Vgl. *Zwingli*: Auslegung und Begründung der Thesen oder Artikel, S. 376.

[407] Vgl. *Hamm*, S. 111: Die menschliche Gerechtigkeit ist nach Zwingli ein „Mandat Gottes". Zur Nachrangigkeit der menschlichen gegenüber der göttlichen Gerechtigkeit siehe auch *Alfred Farner*, S. 37f.

[408] *Zwingli*: Rechenschaft über den Glauben, S. 127.

men also, nicht in ihrem eigenen Namen, straft sie, in Gottes Namen, nicht in ihrem eigenen erschlägt sie."[409] Sie ist nichts anderes „als das Schwert, womit Gott die allerschlechtesten Glieder an seinem Leib abhaut."[410] Folgerichtig kehrt auch bei Zwingli die Einschätzung wieder, dass der Dienst am und für den Staat ein Gottesdienst ist, der den Christen jedenfalls offensteht.[411]

d) Abgrenzung und Zuordnung der beiden Gerechtigkeiten bis ca. 1525

Cum grano salis lassen sich Zwinglis Ansichten über die Abgrenzung und Zuordnung der göttlichen und menschlichen Gerechtigkeit historisch in zwei Phasen unterscheiden.[412] In der ersten Phase, die etwa bis zu den Täuferunruhen ab 1525 reicht, treten die theokratischen Elemente noch hinter einer erkennbaren Unterscheidung beider Sphären zurück. In den späteren Schriften fallen die Grenzen zunehmend und das theokratische Potential von Zwinglis politischem Denken wird voll ausgeschöpft.

aa) Beschränkung der geistlichen Gewalt

Die geistliche Gewalt ist auf die Verkündigung beschränkt, sie führt nur „das Schwert des Geistes, d. h. das

---

[409] *Zwingli*: Kommentar über die wahre und falsche Religion, S. 414.
[410] *Zwingli*: Auslegung und Begründung der Thesen oder Artikel, S. 372.
[411] Vgl. *Zwingli*: Kommentar über die wahre und falsche Religion, S. 408: „Christen dürfen also eine Regierung nicht ablehnen, sondern sie sollen darauf hinarbeiten, daß die Regierung, unter der wir leben, so gottesfürchtig und so gerecht als möglich sei." Zu der identischen Einschätzung Luthers s. o. B., I., 2., f.), bb.).
[412] Etwas abweichende historische Systematisierung bei *Alfred Farner*, S. 55 ff.

Wort Gottes".[413] Das Evangelium ist das „Schwert der wahren Kirche".[414] Wie Luther, so postuliert auch Zwingli ausdrücklich die Inkompatibilität von geistlicher und weltlicher Macht: „Man darf es nicht zulassen, daß die Geistlichen irgendwelche obrigkeitliche Macht haben, die der weltlichen zuwiderläuft oder abgesondert von der weltlichen Regierung besteht; denn das erzeugt Zwietracht. Wenn sie aber durchaus weltliche Herrschaft ausüben wollen, sollen sie das Amt der Apostel und Priester Gottes aufgeben."[415] Damit wendet sich Zwingli – wie die anderen Reformatoren – gegen die mittelalterliche Zwei-Schwerter-Lehre, die der Kirche bzw. dem Papst weit reichende Befugnisse in weltlichen Dingen zuschrieb.[416] Mit dieser klaren Beschränkung der geistlichen Gewalt „kommt die Herrschaft dahin, wo sie hingehört: in die Hand von weltlichen Fürsten und Regenten."[417] Umgekehrt liegt die Kirchengewalt, d.h. die Befugnis zur äußeren Organisation des Glaubens und Kirche nicht beim Staat, der hier an seine Grenze stößt.[418]

---

[413] *Zwingli*: Auslegung und Begründung der Thesen oder Artikel, S. 357. Ebd., S. 356: Die Geistlichen sollen sich nicht zu Richtern machen, „sondern ihr Amt ist das Lehren."
[414] *Alfred Farner*, S. 5. Ebenso *Leclerc*, S. 429: Die Rolle der Geistlichkeit „besteht einzig und allein in der Belehrung; ihr einziges Schwert ist das Schwert Gottes."
[415] *Zwingli*: Auslegung und Begründung der Thesen oder Artikel, S. 351. Ähnlich *ders*.: Wer Ursache zum Aufruhr gibt, S. 405: „Laßt es nicht mehr zu, daß den Geistlichen irgendeine Staatsgewalt oder Obrigkeitsbefugnis zugestanden wird."
[416] Vgl. *Zwingli*: Wer Ursache zum Aufruhr gibt, S. 399; dazu auch *Alfred Farner*, S. 30 f.
[417] *Zwingli*: Wer Ursache zum Aufruhr gibt, S. 405.
[418] Dazu *Alfred Farner*, S. 13 f.

bb) Die Beschränkung der weltlichen Gewalt

Die Beschränkung der weltlichen Gewalt erfolgt über ihren Gegenstand. Ihre Regelungsbefugnis ist auf die „vergänglichen Güter" begrenzt.[419] Auf das Innere des Menschen, auf die Seele und den Glauben kann und darf der Staat keinen Zugriff haben. Für Zwingli ist „klar, daß die Gewalt, die die Obrigkeit über unser zeitliches Gut und Leben hat, sich nicht auf die Seele erstrecken kann."[420] Die Staats- und weltliche Strafgewalt endet beim Glauben und Gewissen, „denn das Urteil darüber liegt allein in der Hand Gottes."[421]

Wie bei Luther, so lassen sich auch bei Zwingli für die Unverfügbarkeit des forum internum – z.T. gleich lautende – Argumente ausmachen. Für Zwingli sind – soweit ersichtlich – drei Argumente maßgeblich. Mit dem ersten attestiert er den Fürsten und sonstigen Obrigkeiten eine tatsächliche Unfähigkeit, auf den Glauben der Menschen einzuwirken: „Ihr wißt genau, daß eure Amtspflicht, auf die hin euch eure Untertanen Gehorsam schwören oder huldigen, auf den Glauben sich nicht bezieht, ja nicht beziehen kann… Denn wenn einer gleich hundert Eide zu schwören gezwungen würde, daß er dies oder jenes glaube, so vermag der Eid dennoch nicht zu bewirken, daß der Schwörende weniger oder mehr glaube, als er ohne Eid im Herzen glaubt. Somit ist offenbar, daß kein Zwang den Glauben, wo er existiert, verfälschen kann."[422] In der Bewertung des Versuchs einer staatlichen Einflussnahme

---

[419] *Zwingli*: Wer Ursache zum Aufruhr gibt, S. 351.
[420] *Zwingli*: Göttliche und menschliche Gerechtigkeit, S. 202.
[421] *Zwingli*: Göttliche und menschliche Gerechtigkeit, S. 212.
[422] *Zwingli*: Wer Ursache zum Aufruhr gibt, S. 395.

auf den individuellen Glauben als „Torheit"[423] schwingt Luthers gleichgerichtetes Verdikt dieses Versuchs als „wahnsinnig" mit.[424] Alle weltlichen Machtmittel reichen an die Sphäre des Glaubens nicht heran; die weltliche Obrigkeit kann „eher die ganze Welt ausrotten..., als den Glauben in einem einzigen Menschen."[425] Daneben führt Zwingli – zweitens – auch ein epistemologisches Argument an. Es besagt, dass die Obrigkeiten nicht wissen können, welche Glaubensüberzeugungen die Menschen tatsächlich hätten: „Sowenig sie wissen, was in der Seele des Menschen vorgeht, sowenig können sie die menschliche Seele beherrschen, rechtschaffen oder böse, gläubig oder ungläubig machen."[426] Schließlich ist das dritte Argument ebenfalls bei Luther präfiguriert und besagt, dass der Glaube ein höchstpersönliches, geistgewirktes Phänomen ist, das staatlichem Zwang gänzlich entzogen ist.[427]

Wie Luther, so ist allerdings auch Zwingli davon überzeugt, dass seine reformatorische Auslegung des Evangeliums der wahren Religion entspricht. So kann auch er sich die Anerkennung mehrerer Konfessionen oder gar Religionen in einem politischen Gemeinwesen nicht vorstellen.[428] Die Empfehlungen zum Umgang mit Abweichlern bzw. Andersgläubigen verlaufen ebenfalls in auffälligem Maße parallel zu denen Luthers. Die Auseinandersetzung hat primär auf diskursiver Ebene zu erfolgen:

---

[423] *Zwingli*: Wer Ursache zum Aufruhr gibt, S. 395.
[424] S. o. B., I., 2., g.), aa.).
[425] *Zwingli*: Wer Ursache zum Aufruhr gibt, S. 423.
[426] *Zwingli*: Göttliche und menschliche Gerechtigkeit, S. 191.
[427] Dazu *Alfred Farner*, S. 87 m.w.N.
[428] Vgl. *Ley*, S. 100; *Opitz*: Ulrich Zwingli, S. 46; *Alfred Farner*, S. 87, und *Leclerc*, S. 431 m.w.N.

„Man soll sich nur an das Wort Gottes halten und dieses allein zur Sprache bringen. Es wird bestimmt seine Wirkung zeigen... Aber die Obrigkeit soll auch die Feinde Gottes schweigen heißen; doch erst, wenn sie sieht, daß diese der Wahrheit keine stichhaltigen Gründe entgegenzuhalten wissen und trotzdem durch Verschwörung, Aufstände und Einmischung der Lehre Gottes Hindernisse in den Weg legen wollen."[429] Ein staatliches Verbot der öffentlichen (!) Lehre einer abweichenden Glaubensrichtung ist demnach geboten zur Abwehr von Aufruhr.[430] Prämisse ist auch hier, dass die Obrigkeit (!) – wohl nach dem Vorbild der Disputationen – feststellt, dass eine Abweichung von der im Gemeinwesen anerkannten Lehre vorliegt. Wie bei Luther wird also die Abweichung von der „wahren" Lehre mit dem (potentiellen) Aufruhr gleichgesetzt und staatlicher Sanktionierung unterworfen.[431]

Umgekehrt dürfen staatliche Ge- oder Verbote ihrerseits nicht der „wahren" Lehre zuwiderlaufen. Das Wort Gottes – in der Lesart Zwinglis! – „will immer offenbar werden. ...Deshalb soll keine Obrigkeit sich unterstehen,

---

[429] *Zwingli*: Auslegung und Begründung der Thesen oder Artikel, S. 493.
[430] Vgl. *Zwingli*: Göttliche und menschliche Gerechtigkeit, S. 213: „Keine [Obrigkeit] ist Herr über die Gewissen der Menschen. Wenn aber in solchen Dingen *öffentlich* der staatlichen Ordnung zuwidergehandelt werden sollte, dann kann und soll die Obrigkeit die ihr anvertraute Gewalt anwenden..." (Hervorhebung vom Verf.)
[431] Die Bewertung bei *von Schulthess-Rechberg*, S. 161, Zwingli sei in Sachen Toleranz unter den hier behandelten Reformatoren „der weitherzigste", ist vor diesem Hintergrund zumindest fragwürdig.

dem Worte Gottes Widerstand zu leisten."[432] Einem dem wahren Glauben widersprechenden Ge- oder Verbot ist keine Folge zu leisten. Vielmehr sollen „die, die dem Worte Gottes Glauben schenken, eher den Tod erleiden als davon abweichen."[433] Unter vehementem Lobpreis des Martyriums räumt Zwingli an dieser Stelle den – aus seiner Sicht – Rechtgläubigen ein passives Widerstandsrecht ein. In Artikel 42 seiner „Auslegung und Begründung" der 67 Thesen für die erste Züricher Disputation geht Zwingli noch weiter. Die These lautet: *„Wenn die Vertreter der Obrigkeit aber pflichtvergessen und nicht nach der Richtschnur Christi verfahren, können sie nach dem Willen Gottes abgesetzt werden"*.[434] Die Legitimität einer solchen Absetzung wird mit Hinweisen auf einschlägige biblische Nachweise untermauert und an gewisse Verfahrenskautelen gebunden. So kann ein Herrscher, der durch „allgemeine Abstimmung" gewählt wurde auch nur durch eine konträre allgemeine Abstimmung wieder abgesetzt werden. Eine Absetzung durch „Totschlag, Krieg und Aufruhr" ist unzulässig.[435]

---

[432] *Zwingli*: Göttliche und menschliche Gerechtigkeit, S. 184; ebenso ebd., S. 192.

[433] *Zwingli*: Göttliche und menschliche Gerechtigkeit, S. 192. Ebenso *Zwingli*: Auslegung und Begründung der Thesen oder Artikel, S. 368: „Für den Fall, daß die Vorgesetzten nicht Christen sind und etwas befehlen, das gegen Gottes Willen gerichtet ist, haben die Christen die Weisung, Gott mehr zu gehorchen als den Menschen."

[434] *Zwingli*: Auslegung und Begründung der Thesen oder Artikel, S. 391; Hervorhebungen im Original.

[435] *Zwingli*: Auslegung und Begründung der Thesen oder Artikel, S. 392 ff. Dazu auch *Stephens*, S. 175.

cc) Einwirkungen auf die weltliche Gewalt

Auch bei Zwingli finden sich schon früh zahlreiche Verbindungslinien zwischen den Sphären der göttlichen und der menschlichen Gerechtigkeit. Aus der Perspektive des Staates ist eine enge Verbindung mit dem „wahren" Glauben unabdingbar. Schon Artikel 35 der Schlussthesen lautet: *„Aber die weltliche Herrschaft hat ihre Wirksamkeit und Begründung aus der Lehre und dem Handeln Christi."*[436] Für Zwingli ist klar, dass „nur in der Annäherung an die göttliche Gerechtigkeit, nur in der In-Dienst-Nahme durch den Geist Gottes …die menschliche Gerechtigkeit des Staates eine gute Gerechtigkeit, eine wahre Freiheit, eine gelungene Politik sein" kann.[437] Ein „guter" Staat, der „gute" Gesetze produziert und sanktioniert ist auf eine „gute Gesinnung" aller Beteiligten angewiesen. Daher ist für Zwingli das Staatswesen am stabilsten und damit vorzugswürdig, „in dem zugleich die wahre Religion lebt."[438] Diese generelle Verbindung von Staat und Religion wirkt sich naturgemäß auch bei den Anforderungen an eine gute Obrigkeit aus: „Einzig und allein wer ein Christ ist, kann ein rechter tüchtiger Staatsbeamter sein."[439] Hier geht Zwingli über Luthers Einschätzung, auch eine heidnische Obrigkeit könne ver-

---

[436] *Zwingli*: Auslegung und Begründung der Thesen oder Artikel, S. 352; Hervorhebungen im Original.

[437] *Hamm*, S. 117.

[438] *Zwingli*: Kommentar über die wahre und falsche Religion, S. 391.

[439] *Zwingli*: Kommentar über die wahre und falsche Religion, S. 391, der ebd. fortfährt: „Nimm dem Beamten, der sich vor den Menschen ja nicht zu fürchten braucht, die Gottesfurcht, und du hast einen Tyrannen vor dir."

nunftgemäß und damit dem Staatszweck gemäß regieren, hinaus.

Die „wahre" Religion dient dem Staat durch ihre Unterstützungs- bzw. Stabilisierungsfunktion. In der Zueignung seiner Schrift über „Göttliche und menschliche Gerechtigkeit" hebt Zwingli hervor, „daß das Evangelium Christi nicht Gegner der Obrigkeit ist und nicht Zerwürfnisse um zeitlicher Güter willen hervorbringt, sondern die Obrigkeit festigt, sie recht leitet und mit dem Volk einig macht, sofern sie christlich, d.h. nach dem Gott vorgeschriebenen Maß, vorgeht."[440] Die freie und rechte (!) Predigt von Gottes Wort steigert die Gottesfurcht, und die Gottesfurcht festigt die weltliche Obrigkeit.[441]

Schließlich kommt der geistlichen Sphäre gegenüber dem Staat eine Ermahnungsfunktion zu. Die Kirche und die Christen insgesamt „sollen darauf hinarbeiten, daß die Regierung, unter der wir leben, so gottesfürchtig und so gerecht als möglich ist."[442]

dd) *Einwirkungen auf die geistliche Gewalt*

Zwingli weist dem Staat schon in den frühen Schriften eine weit reichende cura religionis zu. Die weltliche Obrigkeit hat alles, „was Gottesfurcht und christliche Le-

---

[440] *Zwingli*: Göttliche und menschliche Gerechtigkeit, S. 160. Ähnlich *ders.*: Auslegung und Begründung der Thesen oder Artikel, S. 352: „Darum soll keine Obrigkeit befürchten, die Lehre Christi könne ihr schaden. Vielmehr wird sie sehen und erfahren, daß ihre Herrschaft und Regierung auf keine andere Art besser, ruhiger, friedlicher, ja einträglicher sein wird, als wenn das Wort Gottes ohne Unterlaß beharrlich und klar gepredigt wird."
[441] Vgl. *Hamm*, S. 117f.
[442] *Zwingli*: Kommentar über die wahre und falsche Religion, S. 408.

bensweise betrifft", nach Kräften zu fördern, und alles abzuschaffen, „was dem göttlichen Wort widerspricht".[443] Sie trägt also Sorge dafür, dass das Wort Gottes recht verkündigt wird. In elementarer Weise geschieht dies schon durch die Herstellung und Wahrung des äußeren Friedens, denn damit werden die realen Bedingungen der Möglichkeit für die rechte Wortverkündigung geschaffen.[444] Weiter gehend ist die Befugnis der christlichen Obrigkeit als praecipuum membrum ecclesiae, in Notlagen auch die Kirchenorganisation an sich zu ziehen.[445] Besonders einschneidend ist schließlich die Strafbarkeit der Gotteslästerung.[446] Insgesamt weist auch die Perspektive der geistlichen Gewalt schon in der Frühphase von Zwinglis Schaffen eine deutlich engere Verbindung von Staat und Religion auf als sie etwa in Luthers frühen Schriften nachweisbar ist.

f) Der Weg in die Theokratie

Der Weg von den frühen Spuren der Theokratie zu ihrer offenen Apologie in den Spätschriften vollzieht sich bei Zwingli vor dem Hintergrund der Täuferunruhen in Zürich und an anderen Orten. Wie bei den Wittenberger Reformatoren kommt es zu einer (noch) weiteren Ausdehnung der staatlichen Befugnisse in den Bereich des Geistlichen hinein.[447] Kirche und Gesellschaft, Staat und

---

[443] *Zwingli*: Göttliche und menschliche Gerechtigkeit, S. 212 f.
[444] Ebenso *Alfred Farner*, S. 41 ff.
[445] Dazu *Alfred Farner*, S. 85 f.
[446] *Zwingli*: Göttliche und menschliche Gerechtigkeit, S. 212.
[447] Ebenso *Alfred Farner*, S. 62: „Das Amt der weltlichen Obrigkeit dehnt sich durch das Fallen der Schranken zwischen Geistlichem und Weltlichem immer mehr auch auf das geistliche Gebiet aus."

Religion werden weitgehend deckungsgleich.[448] Damit können die Züricher Ratsherren als legitime Vertreter der christlichen Gemeinde gelten und für die Kirche sprechen und handeln.[449] In diesem Kontext steht auch der faktische Einfluss Zwinglis auf den Rat der Stadt Zürich.[450] Wie bei Melanchthon verbleibt der geistlichen Gewalt allein die Zuständigkeit für den Akt der Verkündigung und die Vornahme von Amtshandlungen.[451] Die Kirchenorganisation geht vollständig auf die weltliche Gewalt über.[452] Diese Entwicklung wird an verschiedenen historischen Begebenheiten und literarischen Äußerungen Zwinglis offenbar.

Ein erster Schritt erfolgt mit dem von Zwingli verlangten und vorbereiteten Erlass der Züricher Gottesdienstordnung von 1525 durch den Rat der Stadt. Zwar legitimierte Zwingli dieses Handeln der weltlichen Obrigkeit mit der praecipuum-membrum-Lehre.[453] Sowohl objektiv als auch in der Wahrnehmung des Rates handelte es sich aber um einen originären Akt der Staatsgewalt.

Die Verschmelzung von Staat und Religion, von weltlicher und christlicher Gemeinde wurde mit dem Ehemandat von 1526 verstetigt. Hier wurde dem Rat die Bannbefugnis und dem Ehegericht als gemischt politisch-kirchlichem Gremium die Sittenwacht übertragen.[454]

---

[448] Vgl. *Stephens*, S. 177, und *von Schulthess-Rechberg*, S. 176: „Gleichstellung von Staat und Kirche".
[449] Vgl. *Gäbler*, S. 67.
[450] Zu diesem Einfluss *Opitz*: Ulrich Zwingli, S. 57, und *Gäbler*, S. 17 f.
[451] *Gäbler*, S. 67. Zu Melanchthon s. o. B., II., 2., d., bb.
[452] Vgl. *Gäbler*, S. 67.
[453] Vgl. *Alfred Farner*, S. 104.
[454] Dazu *Opitz*: Ulrich Zwingli, S. 61, und *Alfred Farner*, S. 110.

B. Die Zwei-Reiche-Lehre im 16. Jahrhundert

Es folgten in den anschließenden Jahren einige Dekrete des Rates, die diese Entwicklung weiter vorantrieben. Darunter befanden sich das Verbot der katholischen Messe und das Gebot der Teilnahme an evangelischen Gottesdiensten.[455] Die endgültige Fusion von weltlichem und christlichem Gemeinwesen vollzog dann das Große Sittenmandat von 1530, in dem ausdrücklich die obrigkeitliche Zwangsbefugnis in Glaubens- und Kirchenfragen bekräftigt wird.[456]

Dieses Vorgehen des Rates hat Zwingli in einem Brief vom 4. Mai 1528 an Ambrosius Blarer, der die Reformation der Stadt Konstanz betrieb, legitimiert. Wenn schon die Apostel und auch sonst die Kirche religiöse Ge- und Verbote erlassen haben, „was hindert dann den Senat von Konstanz daran, da er doch christlich ist, dem Volk Verordnungen, selbst auf dem religiösen Gebiet, zu geben, sofern es sich um äußere Dinge handelt und diese Gebote mit Gottes Wort im Einklang stehen, selbst wenn sich viele darüber beklagen sollten?"[457] Zugleich enthält dieser Brief eine Rechtfertigung der Todesstrafe für religiöse Abweichler.[458]

---

[455] Dazu u.a. *Paulus*, S. 187 ff.; *Leclerc*, S. 430 ff.

[456] Vgl. *Ley*, S. 105 ff.; *Alfred Farner*, S. 128: „Nirgends wie hier bricht sich das Ethos der Verantwortung, das die weltliche Obrigkeit erfüllt, Bahn, daß die weltliche Obrigkeit nicht nur für das leibliche Wohl der Bürger, sondern auch für deren Seelenheil Gott dem Herrn Rechenschaft schuldig ist."

[457] *Zwingli*: Brief an Ambrosius Blarer vom 4. Mai 1528, S. 456; Übersetzung bei *Leclerc*, S. 432.

[458] Vgl. *Leclerc*, S. 432 f. Zur Rechtfertigung der Strafe des Ertränkens für die Wiedertäufer siehe *Paulus*, S. 192.

g) Theokratie und Prophetie

In seinen Spätschriften wird das theokratische Konstrukt komplettiert durch den Baustein der Prophetie. Dies gilt vor allem für die „Rechenschaft über den christlichen Glauben", die „Erklärung des christlichen Glaubens" und das „Vorwort zum Kommentar zu Jeremias", jeweils aus dem Jahre 1531. Zunächst wird die Verschmelzung von Staat und Kirche zementiert, denn „die christliche Stadt ist nichts anderes als die christliche Kirche."[459] Da die sichtbare Kirche „viele hochmütige und streitsüchtige Mitglieder hat, die zwar den Glauben nicht haben, sich aber nichts daraus machen, selbst wenn sie tausendmal aus der Kirche vertrieben würden, hat sie auch eine Obrigkeit nötig, ob sie nun König oder Ältestenrat ist, die die schamlos Sündigen bestraft. Denn nicht umsonst trägt sie das Schwert… Da also in der Kirche Hirten sind, die, wie man bei Jeremia sehen kann…, auch Fürsten sein können, steht es fest, daß eine Kirche ohne Obrigkeit lahm und verstümmelt ist." Vielmehr ist die Obrigkeit „notwendig zur Vervollkommnung des kirchlichen Leibes."[460] Da die Leitung des christlichen Gemeinwesens durch das bzw. gemäß dem Wort Gottes erfolgen muss, bedarf es nicht nur einer christlichen Obrigkeit, sondern eines geistlichen Prophetenamtes. Der Prophet hat das Wort Gottes zu verkünden und so auf die politischen Geschicke des Gemeinwesens einzuwirken, denn „die Gesetze und die Obrigkeit können durch keine

---

[459] So schreibt Zwingli im Vorwort zum Kommentar zu Jeremias, zitiert nach *Leclerc*, S. 436. Dazu auch *Alfred Farner*, S. 132.
[460] *Zwingli*: Erklärung über den Glauben, S. 325; dazu *Leclerc*, S. 435.

wirksamere Hilfe beim Schutz des öffentlichen Rechts unterstützt werden als durch die Predigt."[461]

Da das Wort Gottes in der Welt über allem steht und seine Verkündigung die Wahrheit offenbart und den Unglauben zum Verschwinden bringen kann, so genießt das Prophetenamt in der Ämterhierarchie des christlichen Gemeinwesens den Vorrang vor allen anderen.[462] So kann Zwingli im Vorwort zum Kommentar zu Jeremias ausführen: „Obwohl in Dingen, die die Religion angehen, der Prophet dem Magistrat und der Magistrat dem Propheten nichts nachgeben darf, gehört dennoch die Priorität dem Propheten, denn die erste Aufgabe der Lehrer ist die Belehrung, die zweite zu verbessern, was schlecht verstanden oder schlecht aufgenommen wurde. So wird der Prophet alle die Religion lehren, deren Pontifex und Eingeweihter er ist. Dann wird der Magistrat alle korrigieren, die diese Lehre nicht in die Praxis umsetzen oder ihren Verfügungen zuwiderhandeln."[463] Es ist unschwer zu erahnen, wem er selbst zu Lebzeiten das Prophetenamt in der und für die Stadt Zürich zuschrieb.

4. Zusammenfassung

Wie bei den anderen bisher behandelten Reformatoren, so begegnet auch bei Zwingli die Unterscheidung von Geistlichem und Weltlichem. Sie firmiert aber nicht unter dem Etikett der Zwei-Reiche-/Zwei-Regimenten-Lehre.

---

[461] *Zwingli*: Rechenschaft über den Glauben, S. 126; dazu *Stephens*, S. 169.
[462] Vgl. *Alfred Farner*, S. 130ff.
[463] Zitiert nach *Leclerc*, S. 436. Ebenso *Zwingli*: Erklärung über den Glauben, S. 328: „In der Kirche Christi ist die Obrigkeit ebenso notwendig wie das Prophetenamt, obwohl dieses den Vorrang hat."

Die Trennlinie ist bei Zwingli von Anfang an unscharf. Der theokratische Keim der frühen Schriften wird durch die Auseinandersetzungen u.a. mit den evangelischen Radikalen mit reichlich Nährstoff versorgt und wächst sich in den späten Äußerungen zu einem theokratischen System aus, an deren Spitze der Prophet, d.h. der Verkündiger des Gotteswortes steht. Insofern ist das Fazit von Alfred Farner aus dem Jahre 1930 immer noch aktuell und zutreffend: „Von dem alleinigen Willen beseelt, sein Reformationswerk zu halten, das von den Gefahren von innen und außen bedroht wurde, hat Zwingli die beiden Grundrichtungen, die kirchliche und die staatliche zusammengezwungen unter den *einen* Bogen der Theokratie."[464]

IV. Johannes Calvin (1509–1564)

1. Vorbemerkungen

Von Geburt Franzose führte der Lebensweg von Jean Cauvin, der sich später latinisierend Calvin nannte, von Noyon in der Picardie über Paris, Orléans und Bourges, Basel und Ferrara nach Genf, wo er ab 1536 – mit einem Intermezzo von 1538–1541 in Straßburg – dauerhaft ansässig wurde.[465] In Genf wurde der religiöse Flüchtling als Fremder aufgenommen und konnte dort als Lehrer und Pfarrer wirken. Das Bürgerrecht wurde ihm (erst) zu

---

[464] *Alfred Farner*, S. 133. (Hervorhebungen im Original.)
[465] Zu Calvins Lebensweg siehe u.a. die Biografien von *Birnstein*, *Cottret*, *McGrath*, *Opitz*: Leben und Werk Joannes Calvins, passim, *Neuser*: Calvin, passim, *Parker*, und *Strohm*: Johannes Calvin, sowie den Überblick bei *Selderhuis*: Johannes Calvin, S. 91 ff., und *Rohloff*, S. 11 ff.

seinem 50. Geburtstag zuerkannt.[466] Auch danach hat er allerdings keine politischen Ämter bekleidet. Sein Einfluss auf die Meinungs- und Willensbildung der politischen Entscheidungsorgane der Stadt war jedoch – je nach dessen Zusammensetzung – bedeutend, ab 1555 maßgeblich.[467] Ob die Verhältnisse in Genf damit zu einer von Calvin gesteuerten „religiöse(n) Diktatur" mutierten, ist gleichwohl zweifelhaft.[468]

Bemerkenswert und ein Alleinstellungsmerkmal unter den behandelten Reformatoren ist die Prägung seines Denkens nicht nur durch die Theologie, sondern auch durch ein akademisches Studium der Rechtswissenschaften.[469] Diese Prägung ist für sein reformatorisches Den-

---

[466] Aber *von Schulthess-Rechberg*, S. 37: „Trotz der gleichen Sprache war und blieb Calvin den Genfern ein Fremder." Ähnlich *Selderhuis*: Johannes Calvin, S. 95.

[467] Vgl. die Bewertung bei *Reinhardt*: Die Tyrannei der Tugend, S. 180: „...der Theologe Calvin [war] ein politischer Stratege ersten Ranges..." Zu den politischen Entscheidungsorganen der Stadt gehörten der Kleine und der Große Rat, das Kollegium der vier Bürgermeister („Syndices"), die Versammlung aller Bürger und der speziell für diplomatische Fragen zuständige Rat der Sechzig; vgl. *Strohm*: Johannes Calvin, S. 44. Zur Abhängigkeit von der Zusammensetzung des Rates und den Auseinandersetzungen Calvins mit einflussreichen Genfer Familien siehe *Strohm*: Johannes Calvin, S. 66 ff. Zum tatsächlichen Einfluss Calvins auf Genf siehe vor allem *Naphy*, S. 12 ff., und *McGrath*, S. 142 ff.

[468] So aber *Leclerc*, S. 444; zweifelnd *Strohm*: Johannes Calvin, S. 66, *Selderhuis*: Johannes Calvin, S. 95, und sogar *Reinhardt*: Die Tyrannei der Tugend, S. 61.

[469] Calvin hat kein reguläres Theologiestudium absolviert, vgl. *Strohm*: Johannes Calvin, S. 37. Zu Calvins Jurastudium und den biografischen Hintergründen siehe u.a. *Parker*, S. 45 ff., und *Strohm*: Johannes Calvin, S. 22 ff. Diese akademische Kenntnis des Rechts unterscheidet Calvin von Melanchthon, der zwar – in deutlichem Gegensatz zu Luther – eine geistige Affinität zum Rö-

ken und Handeln von großer Bedeutung, denn „Calvin der Theologe ist bis zuletzt der Jurist, sein Denken bleibt geprägt von der Strenge und Geometrie des Gesetzes, von seiner Faszinationskraft oder vom Heimweh nach ihm."[470]

Die Symbiose von material-theologischem und formal-juristischem Denken trägt und prägt sein theologisches Hauptwerk, die „Institutio Christianae Religionis" („Unterricht in der christlichen Religion").[471] Es erschien erstmals im März 1536 und kann als „wichtigstes dogmatisches Werk in der Geschichte des reformierten Protestantismus" bezeichnet werden.[472] Calvin hat es mehrfach überarbeitet und erweitert, und die Ausgabe letzter Hand stammt aus dem Jahre 1559.[473] Unterteilt in vier Bücher mit insgesamt 80 Kapiteln und in der deutschen Fassung über 850 Seiten enthält dieses Konvolut die gesamte evangelisch-reformatorische Lehre nach Calvin.[474] Im letzten Kapitel des Vierten Buches wird auch das Verhältnis von Staat und Kirche behandelt.

Wie alle anderen Reformatoren, aber bedeutend stärker als etwa Zwingli, war Calvin nicht nur vom Humanismus, sondern auch von den Schriften und dem Wirken Luthers beeinflusst. Trotz einiger Unterschiede – etwa in

---

mischen Recht, aber kein einschlägiges akademisches Studium aufzuweisen hatte.

[470] Vgl. *Cottret*, S. 37.
[471] Ebenso *Strohm*: Johannes Calvin, S. 104: Das „elementare Anliegen des reformatorischen Wirkens Calvins [wird] durch seine rechtswissenschaftliche Ausbildung beeinflusst."
[472] *Selderhuis*: Johannes Calvin, S. 96.
[473] Zur Publikationsgeschichte der „Institutio" ausführlich *McGrath*, S. 180 ff., und *Selderhuis*: Institutio, S. 197 ff. Zur Erstfassung siehe auch *Cottret*, S. 140 ff.
[474] Überblick bei *Parker*, S. 81 ff.

der Abendmahlsfrage oder der Prädestinationslehre[475] – ist die Menge der gedanklichen Gemeinsamkeiten doch erheblich. Dies gilt u. a. für die Wertschätzung des Paulus und Augustinus oder die Christologie. Allerdings hat die „bald einsetzende Konfessionalisierung …die bleibende Nähe Calvins zu Luther verdeckt."[476] Die reformatorische Unterscheidung von Geistlichem und Weltlichem findet sich auch bei Calvin. Er stand jedoch den theokratischen Tendenzen Zwinglis näher als Luthers Differenzierung.[477]

2. Die Zwei-Reiche-/Zwei-Regimenten-Lehre

a) Das Reich Gottes

Der Reich-Gottes-Gedanke wird bei Calvin angedeutet, wenn er „Christi geistliches Reich" von der „bürgerliche(n) Ordnung" unterscheidet.[478] Die Vorstellung von einem Reich Gottes ist zudem angelegt und ausgedrückt in der Beschreibung der „Erwählten" als „Volk Gottes": „Zu seinen Kindern bestimmt er also die, welche er erwählt hat, und nur ihnen gibt er sich selbst zum Vater.

---

[475] Zur Abendmahlsverständnis Calvins siehe u. a. *Janse*, S. 345 ff.; zur Prädestinationslehre Calvins siehe u. a. *Neuser*, S. 307 ff.

[476] *Strohm*: Johannes Calvin, S. 106. Ebenso ebd., S. 110 (zur Christologie): „Calvin zeigt sich als Schüler Luthers, der dessen Anliegen angesichts der eigenen Herausforderungen eigenständig weitergedacht hat."

[477] Vgl. *Anselm*: Politische Ethik, S. 203 f. Zur Adaption der Unterscheidung von geistlichem und weltlichem Regiment siehe *Strohm*: Calvin und die religiöse Toleranz, S. 226.

[478] *Calvin*: Unterricht, VI., 20, 1, S. 838. Skeptisch bzgl. der Bezeichnung „Zwei-Reiche/Zwei-Regimenten-Lehre" für Calvins Unterscheidung *Rohloff*, S. 104.

Indem er sie dann beruft, nimmt er sie in seine Hausgenossenschaft auf und eint sich selbst mit ihnen, so daß sie miteinander eins sind."[479] Die Erwählten formen die „wahre Kirche" und bilden damit das Reich Gottes.[480] Wie bei Luther[481], so werden auch bei Calvin das Reich Gottes und die wahre Kirche – d. h. die ecclesia spiritualis bzw. die unsichtbare Kirche – gleichgesetzt.[482] In der Kirche als weltlicher Institution und Organisation können faktisch auch Nicht-Christen sein.[483]

b) Das Reich der Welt

Soweit ersichtlich nimmt Calvin keine ausdrückliche Komplementär-Bestimmung zum Reich Gottes vor. Zwar teilt er den reformatorisch-anthropologischen „Erbsündenpessimismus".[484] Eine explizite, einschlägige Trennung zwischen den Erwählten und dem Rest der Menschheit sowie eine Zuordnung der „Bösen" zum weltlichen Reich finden sich jedoch nicht. Gleichwohl liegt die Vermutung nahe, dass für Calvin genau hier die Trennlinie verläuft.

c) Das geistliche Regiment

Hingegen enthält die „Institutio" eine klare Definition des geistlichen Regiments. Es handelt sich um das Regiment, „das in der Seele oder im inneren Menschen liegt und in Beziehung zum ewigen Leben steht…"[485] Da Cal-

---

[479] *Calvin*: Unterricht, III., 24, 1, S. 536.
[480] Vgl. *Bohatec*, S. 267, 274, 598.
[481] S.o. B., I., 2., c).
[482] Ebenso *Bohatec*, S. 274.
[483] Vgl. *Bohatec*, S. 289 f.
[484] Vgl. *Bohatec*, S. 20.
[485] *Calvin*: Unterricht, VI., 20, 1, S. 838.

vin zu Beginn des einschlägigen Zwanzigsten Kapitels der „Institutio" feststellt, dass er von diesem Regiment zuvor bereits „genug geredet" habe[486], ist davon auszugehen, dass damit das Wort Gottes und seine Verkündigung gemeint ist. Auch hier ist die Parallele zu Luthers Auffassung offensichtlich.[487]

d) Das weltliche Regiment

Das bürgerliche bzw. weltliche Regiment regelt die äußeren Lebensverhältnisse der Menschen mit Gesetzen und deren – ggf. zwangsweiser – Durchsetzung. Es ist nach seiner allgemeinen Definition „allein dazu bestimmt..., die bürgerliche und äußerliche Gerechtigkeit der Sitten zu gestalten."[488] Beide Regimente stehen nach Calvin nicht im Widerspruch und diese Feststellung führt ihn zu einer Konkretisierung der Aufgaben des weltlichen Regiments: „Das bürgerliche Regiment ... hat die Aufgabe, solange wir unter den Menschen leben, die äußere Verehrung Gottes zu fördern und zu schützen, die gesunde Lehre der Frömmigkeit und den (guten) Stand der Kirche zu verteidigen, unser Leben auf die Gemeinschaft der Menschen hin zu gestalten, unsere Sitten zur bürgerlichen Gerechtigkeit heranzubilden, uns miteinander zusammenzubringen und den gemeinen Frieden wie die öffentliche Ruhe zu erhalten."[489]

In dieser Beschreibung werden drei Staatszwecke erkennbar. Der Staat hat – erstens – die „Fürsorge für eine

---

[486] *Calvin*: Unterricht, VI., 20, 1, S. 838.
[487] S.o. B., I., 2., d).
[488] *Calvin*: Unterricht, VI., 20, 1, S. 838. Dazu auch *Rohloff*, S. 104 ff.
[489] *Calvin*: Unterricht, VI., 20, 2, S. 839.

rechte Regelung der Religion".[490] Er trägt Sorge dafür, dass „sich Abgötterei, Frevel gegen Gottes Namen, Lästerungen gegen seine Wahrheit und andere Ärgernisse bezüglich der Religion nicht öffentlich erheben und unter dem Volk verbreiten."[491] Neben diese cura religionis tritt – zweitens – die Verantwortung für ein sittliches, tugendhaftes Leben im Sinne der „wahren" Religion. Denn das sittliche Gesetz fordert zum einen, „Gott in reinem Glauben und reiner Frömmigkeit zu verehren" und zum anderen, „die Menschen in aufrichtiger Liebe zu umfangen."[492] Gottes- und Nächstenliebe bestimmen also das sittliche Leben, für das der Staat zu sorgen hat.[493] Schließlich und drittens kommt dem Staat auch die Funktion der äußeren Friedenssicherung zu. Staatszweck ist also auch, dass „die bürgerliche Ruhe nicht erschüttert wird, jeder das Seine unverkürzt und unversehrt behält, daß die Menschen unbeschadet untereinander Handel treiben können und daß Ehrbarkeit und Bescheidenheit unter ihnen gepflegt werden."[494] Eine Beschränkung des weltlichen Regiments auf diese äußere Friedensfunktion lehnt Calvin ausdrücklich und vehement als „Torheit" ab: „Als ob Gott in seinem Namen Obere eingesetzt hätte, um irdische Streitigkeiten zu schlichten, dabei aber ausgelassen hätte, was doch von weit ernsterer Bedeutung ist, nämlich daß er selbst auf Grund der Vorschrift seines Ge-

---

[490] *Calvin*: Unterricht, VI., 20, 3, S. 839
[491] *Calvin*: Unterricht, VI., 20, 3, S. 839.
[492] *Calvin*: Unterricht, VI., 20, 15, S. 847.
[493] Vgl. *Bohatec*, S. 11, der feststellt, dass nach Calvin der Staat nicht nur eine Rechts- sondern auch eine sittliche Gemeinschaft ist; ebd., S. 59: „...so ist der Legitimitätscharakter eines Staates vornehmlich sittlich bedingt."
[494] *Calvin*: Unterricht, VI., 20, 3, S. 839.

setzes rein verehrt werde."[495] Es bleibt aber die Erkenntnis, dass der Staat auch für Calvin unvermeidlich „zum Menschentum" dazugehört.[496]

e) Die Christen und das weltliche Regiment

Auch Calvin wirft die Frage auf, ob sich die Christen bzw. die Erwählten der weltlichen Obrigkeit unterwerfen, sie nutzen und ihr sogar dienen dürften und sollten. Seine bejahende Antwort stützt er auf zwei Argumente, die schon Luther vorgebracht hatte.[497]

Das erste Argument besagt, dass die weltliche Obrigkeit ein Werk Gottes ist, das als solches von Christen genutzt werden kann, darf und sollte. Denn die Obrigkeit ist „vergebens vom Herrn zum Schutze gegeben, wenn es uns nicht freisteht, von solcher Wohltat Gebrauch zu machen, und daraus ergibt sich deutlich, daß wir sie auch um Hilfe bitten und anrufen können, ohne damit unfromm zu sein."[498]

Das zweite Argument kommt zu dem gleichen Ergebnis mit dem Hinweis darauf, dass die weltliche Obrigkeit eine „Dienerin Gottes" ist.[499] Da „Gott in seinem Namen Obere eingesetzt" hat[500], da weltliche Ordnungen „als Gottes Ordnungen"[501] und die weltlichen Obrigkeiten als seine Werkzeuge und Statthalter aufzufassen sind[502],

---

[495] *Calvin*: Unterricht, VI., 20, 9, S. 843.
[496] Vgl. *Haußherr*, S. 5.
[497] S.o. S.o. B., I., 2., f.)
[498] *Calvin*: Unterricht, VI., 20, 17, S. 849.
[499] *Calvin*: Unterricht, VI., 20, 17, S. 849.
[500] *Calvin*: Unterricht, VI., 20, 9, S. 843.
[501] *Calvin*: Unterricht, VI., 20, 7, S. 842.
[502] Vgl. *Calvin*: Unterricht, VI., 20, 4, S. 840: Die weltliche Obrigkeit hat einen „Auftrag von Gott", sie ist „mit göttlicher Autorität ausgestattet" und tritt „überhaupt für Gottes Person" ein, „des-

kann es den Christen nicht verwehrt sein, den Staat in Anspruch zu nehmen und ihm zu dienen. Eine ausdrückliche Parallele zum Gottesdienst zieht Calvin jedoch nicht.

f) Abgrenzung und Zuordnung der beiden Reiche/Regimente

Wie bei Luther, Melanchthon und Zwingli, so liegen auch bei Calvin die Abgrenzung und die verbindende Zuordnung der beiden Reiche/Regimente dicht beieinander.

aa) Abgrenzung

„Wer ... zwischen Leib und Seele, zwischen diesem gegenwärtigen, vergänglichen Leben und jenem kommenden, ewigen zu unterscheiden weiß, der wird auch ohne Schwierigkeit begreifen, daß Christi geistliches Reich und die bürgerliche Ordnung zwei völlig verschiedene Dinge sind."[503] Geistliches und weltliches Regiment sind – als von Gott eingesetzte – gleichwertig und funktional selbstständig, so dass Übergriffe in den Bereich des jeweils anderen unzulässig sind.[504]

Als exklusives Proprium der weltlichen Gewalt gilt das Führen des weltlichen Schwertes zur Sicherung des äußeren Friedens. Weltliche Rechtsetzung und Zwangsanwendung obliegen ausschließlich dem Staat.

Den unantastbaren Bereich der geistlichen Gewalt bildet zunächst die Identifizierung der „wahren" Religion. Diese Religion ist dem Staat vorgegeben, denn es ist den Menschen nicht zuzugeben, „über Religion und die Ver-

---

sen Statthalterschaft sie gewissermaßen" ausübt. Die Bezeichnung „Werkzeug" wird verwendet von *Bohatec*, S. 185.
[503] *Calvin*: Unterricht, VI., 20, 1, S. 838.
[504] Vgl. *Bohatec*, S. 614.

ehrung Gottes nach ihrem eigenen Ermessen Gesetze zu erlassen."[505] Entsprechendes gilt für die originären kirchlichen Tätigkeiten der Wortverkündigung und Sakramentsverwaltung, die nicht in die staatliche Sphäre transferiert werden können.

bb) Zuordnung

Dieser Abgrenzung steht bei Calvin stärker als bei Luther und Melanchthon und anders als bei Zwingli eine deutliche und verbindende Zuordnung der geistlichen und weltlichen Gewalt gegenüber. Sie ist stärker als bei den Wittenbergern, weil Calvin von Anfang an eine „wunderbare Harmonie, eine innige Verbindung, eine Assoziation" zwischen den beiden Regimenten postuliert.[506] Sie ist anders als bei Zwingli, weil sie die Dominanz des Staates über die Kirche – letztlich vergeblich – umzukehren versucht.[507]

Die Bedeutung der geistlichen Sphäre, d.h. der Religion für den Staat liegt in ihrer Stabilisierungsfunktion. Wie die anderen Reformatoren geht Calvin davon aus, dass die Verbindung des Staates mit der „wahren" Religion zur Aufrechterhaltung und Absicherung der bürgerlichen Ordnung maßgeblich beiträgt.[508]

Die Bedeutung der weltlichen für die geistliche Gewalt liegt in ihrer Funktion der Religionssicherung, die Teil

---

[505] *Calvin*: Unterricht, VI., 20, 3, S. 839.
[506] Vgl. *Bohatec*, S. 612, der ebd. darauf hinweist, dass Calvin für diesen Sachverhalt das Bild von zwei Augen und Armen desselben Körpers verwendet.
[507] Dazu *Strohm*: Johannes Calvin, S. 63, und *Leclerc*, S. 441 f. Eine eindeutige Zielbestimmung von Calvins Staatsdenken findet sich bei *Haußherr*, S. 16: „Das Ziel ist der christliche Staat."
[508] Vgl. *Bohatec*, S. 612.

des Staatszwecks ist.[509] Calvin bekräftigt die u.a. von Melanchthon geteilte Auffassung, dass sich die „Amtspflicht" der Obrigkeit „auf beide Tafeln des Gesetzes" erstreckt.[510] Dafür führt er diverse Belege aus der Heiligen Schrift an, und resümierend stellt er fest, dass „keine bürgerliche Ordnung glücklich eingerichtet werden kann, wenn nicht an erster Stelle die Sorge für die Frömmigkeit steht, und daß alle Gesetze verkehrt sind, die Gottes Recht beiseite lassen und allein für den Menschen sorgen."[511]

cc) Insbesondere: Das Widerstandsrecht

Im Kontext der Abgrenzung und Zuordnung von geistlicher und weltlicher Gewalt steht auch Calvins Erörterung des Widerstandsrechts, die ausführlicher ausfällt als diejenige Luthers.[512] Der Status der weltlichen Obrigkeit als Werkzeug und Dienerin Gottes gebietet in der Regel den „schuldigen Gehorsam".[513] Dies gilt auch bei einer ungerechten und machtmissbräuchlichen Führung der Staatsgeschäfte. Denn noch in der verwerflichsten Regierung offenbart sich „jene herrliche, göttliche Macht..., die der Herr in seinem Wort den Dienern seiner Gerech-

---

[509] Vgl. *Bohatec*, S. 612: Die weltliche Obrigkeit leistet der Kirche einen „wertvollen Dienst. Sie erhält und schützt den äußeren Kultus, verteidigt die gesunde Lehre der Frömmigkeit und den Wohlstand der Kirche, fügt unser Leben in die menschliche Gesellschaft ein, hält die bürgerliche Gerechtigkeit und Sitte aufrecht, wahrt die Eintracht und den Frieden unter den Bürgern."
[510] *Calvin*: Unterricht, VI., 20, 9, S. 843.
[511] *Calvin*: Unterricht, VI., 20, 9, S. 843.
[512] Vgl. *Haußherr*, S. 57 ff., *Rohloff*, S. 104 f., 114 f., und *Strohm*: Johannes Calvin, S. 115, auch zur Fortwirkung der Calvin'schen Lehre vom Widerstandsrecht.
[513] *Calvin*: Unterricht, VI., 20, 23, S. 852.

tigkeit übertragen hat".⁵¹⁴ Im Zweifel dienen ungerechte Herrscher dazu, „die Ungerechtigkeit des Volkes zu strafen."⁵¹⁵ Im Regelfall haben wir also „keine andere Weisung als zu gehorchen und zu leiden."⁵¹⁶ Dies fällt umso leichter, als darauf vertraut werden kann, dass Gott selbst die ungerechten Herrscher zur Rechenschaft ziehen wird.⁵¹⁷

Von der Regel der Gehorsamspflicht gibt es nach Calvin eine Ausnahme. Wenn der Staat versucht, den Gehorsam gegen Gott zu vereiteln, so ist ihm selbst der Gehorsam zu versagen.⁵¹⁸ Der sich gegen Gottes Wort und Weisung erhebende Staat verwirkt seine göttliche Legitimation und damit seinen Anspruch auf Gehorsam.⁵¹⁹ In

---

⁵¹⁴ *Calvin*: Unterricht, VI., 20, 25, S. 853; vgl. ebd., VI., 20, 28, S. 854 f.: „Wenn es also feststeht, daß das Königtum jemandem übertragen ist, so wollen wir nicht daran zweifeln, daß wir ihm dienen sollen, er mag sein, wer er will. Und sobald der Herr jemanden zu königlicher Hoheit erhebt, bezeugt er uns damit seinen Willen: Er will, daß er königlich regiert!" Dazu auch *Bohatec*, S. 60: „Gott teilt den von ihm eingesetzten Obrigkeiten seine Würde, seine Majestät, seinen Stempel, sein Bild mit."
⁵¹⁵ *Calvin*: Unterricht, VI., 20, 25, S. 853.
⁵¹⁶ *Calvin*: Unterricht, VI., 20, 31, S. 856.
⁵¹⁷ Dazu *Bohatec*, S. 77.
⁵¹⁸ Vgl. *Calvin*: Unterricht, VI., 20, 32, S. 857: „Der Herr ist der König der Könige, und wo er seinen heiligen Mund aufgetan hat, da muß er allein vor allen und über alle gehört werden; dann sind wir auch den Menschen unterstellt, die uns vorgesetzt sind, aber allein in ihm. *Wenn sie etwas gegen ihn befehlen, so ist dem kein Raum zu gönnen und zählt es nicht. Und hier dürfen sie auch auf die ganze Würde, die die Obrigkeit besitzt, durchaus keine Rücksicht nehmen; denn dieser geschieht keinerlei Unrecht, wenn sie im Vergleich mit dieser einzigartigen und wahrhaftig höchsten Gewalt Gottes auf den ihr zustehenden Platz genötigt wird.*" (Hervorhebungen vom Verf.)
⁵¹⁹ Vgl. *Bohatec*, S. 79. Siehe dazu auch *Calvin*: Unterricht, VI.,

IV. Johannes Calvin (1509–1564)

diesem Fall gilt ungeschmälert das biblische Wort aus Apg 5, 29: „Man muss Gott mehr gehorchen als den Menschen." Zwischen aktivem und passivem Widerstand unterscheidet Calvin – soweit ersichtlich – nicht. Die Ausübung soll aber nicht durch Privatpersonen, sondern durch die Magistrate erfolgen.[520]

3. Die Auswirkungen der verbindenden Zuordnung von Geistlichem und Weltlichem

a) Vorbemerkung

Die enge verbindende Zuordnung trotz grundlegender Unterscheidung von Geistlichem und Weltlichem bei Calvin hat Auswirkungen auf seine Lösung für diverse Spezialprobleme. Dies gilt auch für die Fragen nach dem Umgang mit religiösen Abweichlern und nach der Kirchenorganisation. Die Antworten auf beide Fragen weisen Besonderheiten auf und können zudem an besonderen und prominenten Sachverhalten demonstriert werden.

b) Der Umgang mit Abweichlern

aa) Vorbemerkung

Wie die anderen Reformatoren, so war auch Calvin von der Richtigkeit seiner evangelischen Glaubenslehre zutiefst überzeugt. Der Gedanke religiöser Toleranz im modernen Sinn lag ihm fern.[521] Zwar lehnt er an verschie-

---

20, 32, S. 857: „Als ob Gott, indem er sterblichen Menschen die Führung des Menschengeschlechts übertrug, zu ihren Gunsten auf sein Recht verzichtet hätte!"
[520] Vgl. *Bohatec*, S. 79.
[521] Vgl. *Strohm*: Johannes Calvin, S. 83.; *ders.*: Calvin und die religiöse Toleranz, S. 219 ff. Vgl. auch das vernichtende Urteil bei *von*

denen Stellen der frühen Ausgaben der „Institutio" eine gewaltsame Bekehrung Andersgläubiger ab.[522] Aufgrund späterer Einlassungen gilt er aber als unerbittlicher Verfolger von „Ketzern" und Befürworter der Todesstrafe bei entsprechenden „Vergehen". Als Gründe werden benannt (1.) die durchgehende Orientierung des geschulten Juristen Calvin am römischen Recht, das entsprechende Sanktionen vorsah, (2.) die Hochschätzung des alttestamentlichen Gesetzes, (3.) die Auffassung, dass das wahre Sein geistlicher, nicht materieller Art sei, und (4.) die Wahrnehmung einer zunehmenden Bedrohung der Genfer Reformation.[523]

Während seines Wirkens in Genf kam es nicht nur vereinzelt zu Prozessen vor den staatlichen Gerichten wegen des Vorwurfs einer Abweichung von der offiziellen Religion in Gestalt von Calvins Lehre. So wurde etwa der Arzt Hieronymus Bolsec wegen der Leugnung von Calvins Lehre der Prädestination aus Genf verbannt.[524] Von herausragender Bedeutung und im kulturellen und ideengeschichtlichen Bewusstsein verankert bis heute sind Calvins Auseinandersetzung mit Michael Servet und die anschließende Konfrontation mit Sebastian Castellio. Beides lohnt eine genauere Betrachtung.

Schulthess-Rechberg, S. 163: „Von Calvin und seinem System können wir nichts anderes als Intoleranz erwarten, aber seine Intoleranz ist daneben taktlos, sie geht weiter, als vernünftige Argumente sie veranlassen."
[522] *Strohm*: Calvin und die religiöse Toleranz, S. 226 f. m. w. N., der darauf hinweist, dass diese Stellen in späteren Ausgaben der „Institutio" entfallen sind.
[523] *Strohm*: Calvin und die religiöse Toleranz, S. 232 ff.
[524] Dazu *Cottret*, S. 251 ff.

IV. Johannes Calvin (1509–1564)

bb) Calvin und Michael Servet

Calvin hat die Ketzerverfolgung nebst Todesstrafe im Kontext der Ereignisse um die Verurteilung und den Tod von Michael Servet ausdrücklich gerechtfertigt. Die Geschichte vom Genfer Prozess gegen Servet und Calvins Rolle ist vielfach und ausführlich erzählt worden.[525] Sie wird gelegentlich als „einer der großen Sündenfälle der Reformation" und „Verbrechen gegen die Menschlichkeit" bezeichnet.[526] Eine auf das Wesentliche reduzierte Darstellung kann damit anheben, dass Servet, der schon zuvor mit Calvin in Kontakt stand, im Januar 1553 ein Werk publizierte, das mit seinem Titel „Christianismi restitutio" an die „Institutio" Calvins erinnerte, sich im Inhalt aber deutlich davon abhob. Servet bekräftigte in dieser Schrift seine Ablehnung der seit dem Konzil von Nicäa (325) dogmatisierten Trinitätslehre und verkündete eine stark neuplatonisch und pantheistisch gefärbte Auffassung von einem weltimmanenten Gott. Diese Lehre war nach damaliger Auffassung sowohl der römisch-katholischen Kirche als auch der maßgeblichen Reformatoren eindeutig „ketzerisch". Calvin hatte schon in einem Brief an Guillaume Farel aus dem Februar 1547 in Richtung Servet gedroht: „Denn kommt er hierher, so lasse ich ihn, wenn ich irgend etwas vermag, nicht mehr lebendig fort."[527] Nachdem Servet aufgrund der „Christianis-

---

[525] Ausführliche Dokumentation bei *Plath*: Der Fall Servet, S. 33 ff. Überblick u. a. bei *Cottret*, S. 257 ff., *Reinhardt*: Die Tyrannei der Tugend, S. 164 ff., *Strohm*: Calvin und die religiöse Toleranz, S. 220 ff., und *ders.*: Johannes Calvin, S. 81 ff. Zur Biografie Servets siehe *Bainton*, passim.
[526] *Claussen*, S. 81.
[527] *Calvin*: Brief an Guillaume Farel vom 13. Februar 1547, in: Schwarz, Bd. 1, S. 332.

mi restitutio" in Frankreich auf Betreiben der Inquisition und unter tätiger Mithilfe Calvins, der Beweisstücke in Form von Briefen lieferte, verhaftet worden war, floh er ausgerechnet nach Genf. Hier wurde er in einem Gottesdienst Calvins von diesem erkannt, ebenfalls verhaftet und von den städtischen Behörden unter die Anklage der Häresie und der Störung der kirchlichen Ordnung gestellt. Nach Eingang externer Gutachten aus Basel, Bern, Schaffhausen und Zürich, die eine Hinrichtung empfahlen, wurde Servet am 27. Oktober 1553 auf dem Scheiterhaufen bei lebendigem Leibe verbrannt.

Für das Verständnis von Calvins Haltung und Verhalten ist zwischen der Rechtslage, der Motivlage und – hier besonders von Interesse – der Argumentationslage zu unterscheiden. Zunächst ist festzuhalten, dass sich der Prozess, das Urteil und dessen Vollstreckung mit der damaligen profanen Rechtslage in Einklang befanden.[528] Sowohl das römische Recht im Codex Iustinianus als auch und vor allem Art. 106 der Constitutio Criminalis Carolina von 1532 sahen für Gotteslästerung auch die Möglichkeit harter Leibesstrafen vor.[529] Zudem konnte Calvin eine Konvergenz dieser Vorschriften mit den alttestamentlichen Gesetzen zu Blasphemie und Häresie feststellen.[530]

---

[528] Vgl. *Strohm*: Calvin und die religiöse Toleranz, S. 222.
[529] Vgl. Art. 106 Peinliche Gerichtsordnung Kaiser Karls V. (Constitutio Criminalis Carolina) von 1532: „Item so eyner Gott zumist, daß gott mit bequem ist, oder mit seinen worten gott, das jm zusteht abschneidet, der almechtigkeit gottes, sein heylige mutter die jungkfrauw Maria schemdet, sollen durch die amptleut oder Richter von ampts wegen angenommen, eingelegt vmd darumb an leib, leben oder glidern, mach gelegemheyt vmd gestalt der person vnd lesterung gestrafft werden…"
[530] Zu Calvins „Hochschätzung des alttestamentlichen Ge-

IV. Johannes Calvin (1509–1564)

Die Motivlage ist komplex und naturgemäß nur unter Zuhilfenahme spekulativer Momente zu beschreiben.[531] So dürfte die angespannte persönliche Beziehung Calvins zu Servet nicht unerheblich gewesen sein. Ferner war es Calvin wichtig, seine trinitarische Rechtgläubigkeit zu erweisen, u. zw. gerade in einer Zeit, in der er in Genf unter öffentlichem Druck stand.[532] Schließlich konnte mit der Verurteilung (der Lehre) Servets einerseits die Dogmenfähigkeit der evangelischen Kirche und andererseits der Konsens mit der römisch-katholischen Kirche in der Trinitäts- und Pantheismusfrage demonstriert werden.

Die Hinrichtung Servets hat in Genf und über Genf hinaus zu einer breiten Debatte über die Gründe und Hintergründe geführt.[533] In dieser Situation sah sich Calvin veranlasst, den Vorgang argumentativ zu legitimieren. Das Resultat ist die „Defensio orthodoxae fidei…" („Verteidigung der ‚orthodoxen' Trinitätslehre gegen Servet"), die 1554 gedruckt erschien. Sie enthält neben der theologischen Auseinandersetzung mit Servets Trinitätslehre auch einen Abschnitt über die Rechtfertigung der Ketzerverfolgung nebst Todesstrafe.[534] Er hat der gesamten Schrift den Ruf eingebracht, „eine der furchtbarsten Abhandlungen [zu sein], die zur Rechtfertigung der Ket-

---

setzes" siehe u. a. *Strohm*: Johannes Calvin, S. 86, und *ders.*: Calvin und die religiöse Toleranz, S. 232.

[531] Dazu der Überblick bei *Cottret*, S. 266 ff., und *Strohm*: Calvin und die religiöse Toleranz, S. 229.
[532] Dazu *Plath*: Der Fall Servet, S. 75.
[533] Vgl. *Plath*: Der Fall Servet, S. 89 ff.
[534] Dieser Abschnitt ist (bezeichnenderweise?) in der deutschen Auswahl des Textes in der Calvin-Studienausgabe nicht enthalten, so dass auf die lateinische Fassung in den Opera Calvini oder die französische Fassung zurückgegriffen werden muss, vgl. *Calvin*: Defensio orthodoxae fidei, S. 461–481.

zerverfolgung je geschrieben worden ist."[535] Auch hier bekräftigt Calvin aber zunächst, dass das Reich Christi nicht durch Waffengewalt, sondern ausschließlich durch die Predigt des Evangeliums errichtet werden kann.[536] Gleichwohl müsse der Staat gegen diejenigen vorgehen, die die „wahre" Religion leugnen und zum Abfall von ihr aufrufen. Zur Begründung führt Calvin unter ausführlichem Rekurs auf einschlägige Bibelstellen zumindest vier Argumente an und versucht darüber hinaus, drei Einwände zu entkräften.[537]

Das erste Argument verweist auf die von Gott eingesetzte weltliche Obrigkeit. Diese von Gott selbst ver- und geordneten Instrumente zum Schutz des „wahren" Glaubens dürften nicht ungenutzt bleiben.[538] Das zweite Argument rekurriert auf die äußere Friedensfunktion des Staates. Wie andere Verbrechen, so ist auch die Gotteslästerung durch die weltliche Obrigkeit zu strafen.[539] Das dritte Argument besagt, dass staatliche Toleranz in religiösen Fragen den Bestand der „wahren" Religion gefährdet. Denn: „Wie wird die Religion da noch bestehen, woran kann die wahre Kirche erkannt werden, was wird schließlich Christus selbst sein, wenn die Lehre der Frömmigkeit unsicher und zweifelhaft wird?"[540] Wenn

---

[535] *Leclerc*, S. 456.
[536] *Calvin*: Defensio orthodoxae fidei, S. 468.
[537] Dazu *Bohatec*, S. 619 ff.; *Plath*: Der Fall Servet, S. 149 ff., *Leclerc*, S. 456 ff., und *Strohm*: Johannes Calvin, S. 83 ff.
[538] Vgl. *Bohatec*, S. 620 f.
[539] *Calvin*: Defensio orthodoxae fidei, S. 474. Übersetzung bei *Plath*: Der Fall Servet, S. 153: „Gibt es denn etwas Absurderes, als dass ein Richter Diebstahl streng bestraft, Gotteslästerung dagegen freien Lauf lässt?"
[540] *Calvin*: Defensio orthodoxae fidei, S. 464; Übersetzung bei *Plath*: Der Fall Servet, S. 150.

aber die „wahre" Religion zweifelhaft werde, dann – so das vierte Argument – gerate der Staat selbst ins Wanken. Ohne einendes und einheitliches religiöses Band könne kein Gemeinwesen existieren.[541] Religiöse Pluralität und individuelle Religionsfreiheit liefen dem Zweck und dem Bestand des Staates zuwider.

Der erste von Calvin behandelte Einwand beharrt darauf, dass der Glaube keiner Verteidigung durch die weltliche Gewalt bedarf. Calvin entgegnet, dass Gott sich der Hilfe der weltlichen Gewalt als seines Werkzeuges bedienen könne.[542] Der zweite Einwand besagt, dass die staatliche Ketzerverfolgung gegen das Verbot des Glaubenszwangs verstoße. Calvin hält ihm entgegen, dass es hier nicht um Glaubenszwang gehe, sondern um die Bestrafung von Gotteslästerung zur Bewahrung von Staat und Kirche.[543] Der dritte Einwand schließlich verweist auf einen vermeintlichen Widerspruch zwischen der staatlichen Strafgewalt in Glaubensdingen und dem christlichen Gebot der Nächstenliebe und Sanftmut. Dagegen führt Calvin zunächst eine Reihe von biblischen Belegen

---

[541] *Calvin*: Defensio orthodoxae fidei, S. 474.
[542] Dazu *Leclerc*, S. 457 m. w. N.
[543] *Calvin*: Defensio orthodoxae fidei, S. 470. In der Übersetzung bei *Plath*: Der Fall Servet, S. 151: „Also wird die fromme Obrigkeit Wächterin sein über die Lehre der Frömmigkeit; nicht allein um die weniger Freiwilligen zum Glauben zu zwingen, sondern damit Christus nicht aus ihrem Herrschaftsgebiet, in welchem sie durch seine Gnade regiert, verbannt wird; damit sein heiliger Name nicht straflos dem Spott unterliegt, durch dessen Glanz ihre Herrschaft erst ehrenvoll wird; damit die Gottlosen nicht ihren Mutwillen treiben können mit der Lehre dessen, der ihr Reich ruhig zusammenhält; damit nicht die Schwachen, denen sie kraft göttlichen Befehls als Wächter vorangestellt ist, ins Verderben gezogen werden..."

an, so auch die Geschichte von der Vertreibung der Händler aus dem Tempel durch Jesus Christus (Mt 21, 12 f.). Sodann verkehrt er die Substanz dieses Einwands geradezu in ihr Gegenteil, denn in der Versagung der staatlichen Sanktionsmöglichkeiten liege der eigentliche Verstoß gegen die Nächstenliebe. Über seine Kritiker ruft er aus: „Die Schafe stellen sie zur Beute, damit die Wölfe sie schonen. Die Seelen töten sie mit dem Gift verkehrter Lehren, und die gesetzliche Macht des Schwertes soll von ihren Leibern ferngehalten werden? Soll der Leib Christi zerfetzt werden, damit eines faulen Gliedes Gestank unberührt bleibe?"[544]

Nach dieser Legitimation der staatlichen Ketzerverfolgung wendet sich Calvin der Frage nach dem Strafmaß zu. Nicht in jedem Fall hält er die Todesstrafe für angebracht. „Aber sobald die Religion in ihren Grundfesten erschüttert wird, sobald verabscheuungswerte Lästerungen gegen Gott vorgebracht, durch gottlose und unheilvolle Lehren die Seelen ins Verderben gezogen werden; schließlich: sobald man offen vom einigen Gott und seiner reinen Lehre abzufallen sucht, da muss einfach zum äußersten Heilmittel gegriffen werden, damit das tödliche Gift nicht weiter um sich greift."[545] Dieser Fall war nach seiner Ansicht in der Person von Michael Servet eingetreten.

cc) *Calvin und Sebastian Castellio*

Die Causa Servet gab Anlass zu einer der berühmtesten Kontroversen der Neuzeit um Toleranz und Religions-

---

[544] *Calvin*: Defensio orthodoxae fidei, S. 471 f.; Übersetzung bei *Plath*: Der Fall Servet, S. 152.
[545] *Calvin*: Defensio orthodoxae fidei, S. 477; Übersetzung bei *Plath*: Der Fall Servet, S. 153 f.

freiheit.⁵⁴⁶ In diversen Schriften formulierte der frühere Vertraute und Mitarbeiter Calvins, Sebastian Castellio (ursprünglich Sebastién Châtillion⁵⁴⁷) seinen Einspruch gegen die Ketzerverfolgung und entwickelte schon im 16. Jahrhundert eine „moderne Züge tragende(.) Toleranzkonzeption".⁵⁴⁸ Hervorzuheben ist das Manifest der Toleranz „Über die Ketzer und ob man sie verfolgen soll" und die unmittelbar gegen Calvins „Defensio orthodoxae fidei" gerichtete Schrift „Contra libellum Calvini". Beide datieren aus dem Jahr 1554; das Buch gegen Calvin konnte jedoch erst 1612 in den Niederlanden erstmals erscheinen.⁵⁴⁹ Die Auseinandersetzung zwischen Castellio und Calvin mit seinen Anhängern gilt als paradigmatische geistige Konfrontation zweier antagonistischer Prinzipien: der Toleranz, Glaubens- und Gewissensfreiheit einerseits und dem mit staatlicher Gewalt durchgesetzten Dogmatismus der Kirche andererseits.⁵⁵⁰ Im Rückblick über die Jahrhunderte neigt sich die Waage der Sympathie vielfach und zu Recht auf die Seite Castellios. In diesem Kontext bilden die Schlussworte von Stefan Zweigs literarischer Aufbereitung des Themas aus dem Jahre 1936

---

⁵⁴⁶ Diese Bewertung findet sich bei *Leclerc*, S. 447. Die Konfrontation mit Castellio wird auch in allen Biografien über Calvin behandelt; vgl. statt vieler *Cottret*, S. 271 ff., *Strohm*: Calvin und die religiöse Toleranz, S. 230 ff., und *ders.*: Johannes Calvin, S. 78 f., 85 f.
⁵⁴⁷ Zur Lebensgeschichte des Sebastian Castellio siehe vor allem die einschlägigen Biografien von *Guggisberg* und *van Veen*.
⁵⁴⁸ *Forst*, S. 167.
⁵⁴⁹ *Plath*: Einführung, S. 14.
⁵⁵⁰ Vgl. *Stammler*: Einführung S. 12: „auf der einen Seite die Freiheit des Gewissens und des Glaubens und auf der anderen der Herrschaftsanspruch der reinen, unverfälschten Lehre, eines radikalen Dogmatismus der Kirche als einer Institution, die unter allen Umständen zu schützen sei – und zwar mit Hilfe staatlicher Gewalt."

ein schweres Gewicht: „Denn mit jedem neuen Menschen wird ein neues Gewissen geboren und immer wird eines sich besinnen seiner geistigen Pflicht, den alten Kampf aufzunehmen um die unveräußerlichen Rechte der Menschheit und der Menschlichkeit, immer wieder wird ein Castellio aufstehen gegen jeden Calvin und die souveräne Selbstständigkeit der Gesinnung verteidigen gegen alle Gewalten der Gewalt."[551] Ob die obige „zu Recht"-Bewertung auch zu Recht erfolgte, kann sich nur an den vorgebrachten Argumenten Castellios gegen die Zulässigkeit der Ketzerverfolgung erweisen. Diese zahlreichen Argumente können systematisch in drei Kategorien unterteilt werden: ohne Anspruch auf Vollständigkeit lassen sich elf direkte Argumente, vier Gegen- und vier Folgenargumente unterscheiden.

Vor der Wiedergabe und Bewertung dieser Argumente ist zu klären, gegen welchen Sachverhalt sie sich genau richten. Die argumentative Wendung gegen die Ketzerverfolgung setzt die Klärung des einschlägigen Ketzer-Begriffs voraus. Castellio unterscheidet ausdrücklich zwischen Ketzern und Gottlosen. Letztere sind „die Verächter und Lästerer Gottes, Feinde und Spötter jeglicher Religion, die an die Heilige Schrift nicht mehr, um nicht zu sagen weniger, glauben als an profane Schriften."[552] Hingegen gilt als Ketzer, wer zwar auf dem geistigen Boden des Christentums steht[553], im Übrigen aber „anders

---

[551] *Zweig*, S. 227. Zu dem Buch von Stefan Zweig siehe u. a. die Anmerkungen von *Stammler*: Einführung, S. 17 ff.
[552] *Castellio*: Gegen Calvin, S. 223 f.
[553] Vgl. *Castellio*: Gegen Calvin, S. 228: „Sie glauben nämlich alle an denselben Gott und an denselben Herrn und Retter Christus."

denkt als wir."⁵⁵⁴ Jede christliche Konfession betrachtet die Anhänger der jeweils anderen als Ketzer. „Wer heute leben will, muss also nachgerade so viele Glaubensüberzeugungen und Religionen haben, wie es Gemeinwesen oder Sekten gibt. Ihm wird es gehen, wie einem Reisenden, der durch die Lande zieht: Immer wird er sein Geld wechseln müssen; denn welches hier gültig ist, wird dort nicht angenommen – es sei denn es wäre aus Gold."⁵⁵⁵ Die goldene Münze ist die christliche Religion, die jedoch „bis heute verschiedene Prägungen" erfahren hat.⁵⁵⁶ Wer nicht in dieser Goldwährung zahlen kann, gilt nicht nur als Ketzer bzw. Irrender⁵⁵⁷, sondern als Gottloser. Für diesen Personenkreis gelten die Argumente gegen die Ketzerverfolgung nicht. Vielmehr verläuft für Castellio an der Grenze zum Christentum zugleich die Grenze der Toleranz.⁵⁵⁸ Die Gottlosen überantwortet Castellio ausdrücklich der Bestrafung durch die weltliche Gewalt.⁵⁵⁹ Christlicher Milde entspräche dann eine Gefängnisstrafe mit der Möglichkeit der Besserung⁵⁶⁰; aber auch weiter gehende Maßnahmen bis hin zur Todesstrafe scheinen

---

⁵⁵⁴ *Castellio*: Martinus Bellius an Christoph Herzog von Württemberg, S. 65.
⁵⁵⁵ *Castellio*: Martinus Bellius an Christoph Herzog von Württemberg, S. 65 f.
⁵⁵⁶ *Castellio*: Martinus Bellius an Christoph Herzog von Württemberg, S. 66.
⁵⁵⁷ Zur Gleichsetzung von „Ketzern" und „Irrenden" siehe *Castellio*: Gegen Calvin, S. 227.
⁵⁵⁸ Dazu u. a. *van Veen*, S. 128, und *Forst*, S. 170.
⁵⁵⁹ *Castellio*: Gegen Calvin, S. 227: „Wenn sie Gott leugnen, wenn sie Gott lästern, wenn sie offen die heilige Lehre der Christen schmähen und das heilige Leben der Frommen verachten, überlasse ich sie der Obrigkeit zur Bestrafung – doch nicht wegen ihrer Religion, die sie ja nicht haben, sondern wegen ihrer Gottlosigkeit."
⁵⁶⁰ *Castellio*: Gegen Calvin, S. 227.

nicht ausgeschlossen, wenn Castellio ausruft: „Sollen doch meinetwegen die zugrunde gehen, die offen zur Abkehr vom einzigen Gott aufrufen."[561]. Castellios Toleranzbegründung ist also weder religionsneutral noch grenzenlos.[562]

Das erste direkte Argument gegen die Zulässigkeit der Ketzerverfolgung wird dem Gedankenfundus der Zwei-Reiche-/Zwei-Regimenten-Lehre entnommen. Geistliche und weltliche Gewalt sind auch für Castellio „himmelweit voneinander verschieden".[563] Während die geistliche Gewalt sich auf das Innere, den Geist des Menschen bezieht und das geistliche Regiment durch das Wort Gottes geführt wird[564], ist die weltliche Gewalt auf die Sphäre der äußeren Handlungen beschränkt. „Die Lehre zu verteidigen ist nicht die Aufgabe der Obrigkeit (was hat das Schwert mit der Lehre zu tun?), sondern des Lehrers."[565] In diesem Zusammenhang fällt auch der wohl berühmteste Satz Castellios: „Einen Menschen töten heißt nicht eine Lehre verteidigen, sondern einen Menschen töten."[566] Für die weltlichen Obrigkeiten gilt: „Begnügt

---

[561] *Castellio*: Gegen Calvin, S. 194. Eine Deutung in Richtung der Zulässigkeit der Todesstrafe findet sich auch bei *Plath*: Einführung, S. 38.

[562] In diesem Zusammenhang stellt *Forst*, S. 169, zu Recht fest, dass Castellio „kein religiöser Skeptiker" ist.

[563] *Castellio*: Widerlegung, S. 184.

[564] Vgl. *Castellio*: Widerlegung, S. 185: „Ist aber euer Wort zu schwach, so lasst die leben, die ihr mit eurer Waffe nicht überwinden könnt…"

[565] *Castellio*: Gegen Calvin, S. 131.

[566] *Castellio*: Gegen Calvin, S. 131. Ähnlich zuvor schon *ders.*: Die Waffen der Christen, S. 315: „Wenn wir aber jemanden nicht besiegen können, nennen wir ihn Ketzer und töten ihn. Das bedeutet nicht, einen Ketzer zu besiegen, sondern einen Menschen zu töten."

euch mit dem Schwert, das euch Gott übergeben hat, bestraft die Räuber, bestraft die Verräter und Falschzeugen und andre dieses Schlags. Was die Religion betrifft, so schützt die Frommen vor dem Unrecht, das ihnen von anderen geschieht. Dies ist euer Amt; die Lehre der Theologie lässt sich nicht mit dem Schwert traktieren…"[567] Die Verbindung von Staatsgewalt und Religion bedeutet eine unzulässige Vermischung der beiden Regimente; es „hieße, den Himmel auf die Erde herabzuziehen."[568]

Das zweite Argument besagt, dass sich die meisten theologischen Streitigkeiten nicht objektiv entscheiden lassen, weil über die Auslegung vieler Schriftstellen „noch nicht genug Klarheit herrscht."[569] Wenn sich aber nicht bestimmen lasse, welche Ansicht die richtige sei, dann könne auch nicht die eine als rechtgläubig und die andere als ketzerisch qualifiziert werden.[570]

Darauf aufbauend sei – drittens – nicht auszumachen, wer ein Ketzer sei und wer nicht.[571] Daher bestünde die reale Gefahr, „dass einer für einen Ketzer gehalten wird, der keiner ist."[572] Diese Gefahr habe sich auch schon viel-

---

[567] *Castellio*: Schaden, S. 166. Ebenso *ders.*: Widerlegung, S. 197: „Es soll also, kurz gesagt, die Obrigkeit die Guten vor Gewalt und Unrecht schützen, nicht aber mit Gewalt Gute machen oder die Religion dem Schwert übergeben."
[568] *Castellio*: Widerlegung, S. 196.
[569] *Castellio*: Schaden, S. 163; ebenso *ders.*: Widerlegung, S. 176.
[570] Dazu *van Veen*, S. 121, die ebd., S. 206 darauf hinweist, dass Castellio, indem er erklärte, „dass vieles in der Bibel undeutlich oder mehrdeutig sei und dass die Kontroversen über Taufe, Abendmahl, Rechtfertigung oder Prädestination nicht mit Hilfe der Bibel entschieden werden könnten, …Grundüberzeugungen der Reformation in Frage" stellte.
[571] Vgl. *van Veen*, S. 123.
[572] *Castellio*: Martinus Bellius an Christoph Herzog von Württemberg, S. 61.

fach realisiert; nicht zuletzt sei Jesus selbst zunächst für einen Ketzer gehalten worden.[573] Wie hier, so zeige die Erfahrung auch in anderen Fällen, dass die Anwendung der Kategorien Ketzer/rechtgläubig jedenfalls Irrtümern und Schwankungen unterliegen kann. Mit eindringlichen Worten möchte Castellio diese Möglichkeit des Irrtums abwehren: „Ich, der ich sehe, wie viel unschuldiges Blut seit Erschaffung der Welt unter dem Deckmantel der Religion vergossen wurde und dass beinahe immer die Gerechten getötet wurden, ehe man sie für solche erkannte, ich fürchte, dass das gleiche zu unsrer Zeit geschieht: das ist, dass wir jene als Ungerechte töten, die unsere Nachfahren als Gerechte verehren werden."[574] An dieser Stelle kann auch darauf hingewiesen werden, dass Castellio eine skeptische Haltung gegenüber der Behauptung objektiver Wahrheiten hatte und den Zweifel als Grundhaltung favorisierte.[575]

Wie zuvor Luther[576], so macht auch Castellio mit dem vierten direkten Argument geltend, dass die staatliche Ketzerverfolgung und der damit verbundene Glaubenszwang sinnlos seien.[577] Die weltliche Obrigkeit müsse notwendig scheitern, wenn sie das Denken und den Glauben der Menschen erkennen und lenken wolle, denn „an den Geist kann jenes Schwert nicht rühren."[578] Der Bereich des Glaubens ist allein Gott vorbehalten.[579]

---

[573] *Castellio*: Widerlegung, S. 191.
[574] *Castellio*: Widerlegung, S. 173.
[575] Vgl. *Castellio*: Die Kunst des Zweifelns, passim. Dazu *van Veen*: S. 189, und S. 210 ff.
[576] S.o. B., I., 2., g), bb).
[577] Dazu *van Veen*, S. 184 ff.
[578] *Castellio*: Schaden, S. 167.
[579] Vgl. *van Veen*, S. 187, unter Bezugnahme auf Castellios Schrift „Conseil à la France désolé" von 1562: „Wie könne jemand

Ferner wirft Castellio den Befürwortern und Betreibern der staatlichen Ketzerverfolgung unlautere Motive vor. Sie handelten aus „Neid", „Ehrgeiz", „Habgier", "Sinnenlust", „Eifer" und „Bosheit".[580] Dazu geselle sich Opportunismus, denn es sei offensichtlich und bemerkenswert zugleich, dass die einst religiös Verfolgten, „einmal zur Macht gelangt", bedenkenlos zu den repressiven Mitteln ihrer einstigen Verfolger griffen.[581] Gemeint sind Zwingli und Calvin.[582]

Gegen die Ketzerverfolgung spreche auch – so das sechste Argument – das Gebot der Reziprozität. Es basiert auf der moralischen Grundregel, anderen nicht anzutun, was man selbst nicht erleiden möchte.[583] Deshalb sei es widersinnig, wenn sich die Konfessionen gegenseitig verfolgten.[584]

Das siebte direkte Argument besagt, dass eine Abwägung von Ketzerverfolgung und Toleranz zugunsten der Toleranz ausfällt, denn das Risiko einer ewigen Verdammnis sei bei der Ketzerverfolgung ungleich höher. „Viele haben schwere Strafen erhalten wegen ihrer Grau-

---

sich anmaßen, über das Herz anderer Menschen zu urteilen? Ein solches Urteil steht allein Gott zu."

[580] *Castellio*: Schaden, S. 167 f.

[581] *Castellio*: Widerlegung, S. 173. Ebenso *van Veen*, S. 184, unter Wiedergabe eines Gedankens aus Castellios Schrift „Conseil à la France désolé" von 1562.

[582] *Castellio*: Gegen Calvin, S. 231: „Denn bevor Zwingli und Calvin und andere Verfolger an die Macht kamen, traten sie demütig und maßvoll auf und verurteilten die Verfolger. Nun aber, da sie satt, einflussreich und durch die Macht hochmütig geworden sind, treten sie überheblich auf und schlagen ihre schwachen Mitknechte..."

[583] Vgl. *Forst*, S. 170.

[584] Vgl. *van Veen*, S. 186, unter Wiedergabe eines Gedankens aus Castellios Schrift „Conseil à la France désolé" von 1562

samkeit, keiner wegen seiner Milde. Viele werden verdammt werden beim Jüngsten Gericht, weil sie Unschuldige getötet haben; niemand wird verdammt werden, weil er nicht getötet hat."[585]

Mit dem achten Argument wird der Reigen der originär biblischen Argumente eröffnet. Unter Rekurs auf Mt 26, 51–54 erinnert Castellio daran, dass „Christus sich nicht mit Waffen [hat] verteidigen lassen, wiewohl er dazu, hätte er es gewollt, leicht zwölf Legionen Engel hätte aufbieten können."[586] Christi Botschaft sei die Liebe und das Medium sei das Wort.

Im Übrigen lasse sich u.a. aus Lk 23, 34 lernen, dass Christus den Irrenden vergibt und nicht zu ihrer Verfolgung aufruft. Dies – so das neunte Argument – gelte auch in Glaubensfragen, denn: „Wer immer Verfolgung leidet um des Glaubens willen, der hat entweder die rechte Meinung, oder er irrt. Hat er die rechte Meinung, so darf ihm kein Leid geschehen; irrt er, so soll ihm Vergebung werden."[587]

In die gleiche Richtung weist der Hinweis auf Mt 13, 28f. und das Gebot Christi, neben und im Weizen auch das „Unkraut" – hier als Bild für die religiös Irrenden – stehen zu lassen. Es obliege Gott allein, es am Ende der Zeit „auszujäten".[588]

Mit dem elften direkten Argument rückt Castellio die staatliche Ketzerverfolgung schließlich in den Verant-

---

[585] Castellio: Schaden, S. 165.
[586] Castellio: Widerlegung, S. 173.
[587] Castellio: Schaden, S. 169.
[588] Castellio: Schaden, S. 165: „Folgt lieber den Sanfteren, die euch raten, das Unkraut stehenzulassen bis zur Ernte. Denn wer es vorher ausjäten will, jätet Christi Gebot aus, der befiehlt, es stehenzulassen [Mt 13, 28f.]"

wortungsbereich des Teufels. Während Christus Nächstenliebe, Sanftmut und Barmherzigkeit gepredigt habe, könne die Ketzerverfolgung mit ihren grausamen Strafen nur „auf Geheiß und Eingebung des Satans" geschehen.[589] Nicht die religiösen Abweichler, sondern deren Verfolger seien die Handlanger des Teufels.[590]

Das erste Gegenargument wendet sich gegen die Gleichsetzung von religiösem Dissidententum und weltlichen Straftaten wie Mord, Diebstahl etc. Hier liege eine unzulässige Vermischung von Geistlichem und Weltlichem vor, denn eine „geistliche Sünde" könne nur „mit dem geistlichen Schwert" geahndet werden.[591]

Castellio wendet sich – zweitens – vehement gegen die starke Betonung des Alten Testamentes, wenn es um die Legitimation der Ketzerverfolgung geht. „Beliebt es nun, den Alten nachzueifern, so wollen wir auch selber mittun und das Neue Testament verwerfen und zum Alten zurückkehren und alle töten, die zu töten Gott befohlen hat."[592]

Gegen die Berufung auf geltendes weltliches Recht wendet er ein, dass die Verfechter der Ketzerverfolgung damit „den Tyrannen auch gegen sich selbst ein Schwert

---

[589] *Castellio*: Martinus Bellius an Christoph Herzog von Württemberg, S. 71.
[590] Dazu *van Veen*, S. 123 m. w. N.
[591] *Castellio*: Widerlegung, S. 186.
[592] *Castellio*: Widerlegung, S. 181; ebenso ebd., S. 178 f.: „Sollte man dies [die einschlägigen Vorgaben des AT] nachahmen wollen, so müssen wir auch die ganzen Familien der Ketzer umbringen oder, besser noch, zurückkehren zu Mose und uns beschneiden lassen und Christus verwerfen… und mit den Juden unter dem Schatten des Gesetzes… auf einen andren warten."

in die Hand geben."⁵⁹³ Die Berufung auf staatliches Recht sei daher zur Sicherung des Glaubens kontraproduktiv.

Schließlich betont Castellio gegen die weit reichende Zuweisung der cura religionis an die weltliche Obrigkeit aufgrund einer Analogie zum Eltern/Kind-Verhältnis nochmals die Unterscheidung von Geistlichem und Weltlichem. Die Sorge für die christliche Religion obliege allein der geistlichen Gewalt, denn „der Vater der Christen ist nicht die Obrigkeit."⁵⁹⁴

Die Reihe der vier Folgenargumente wird mit einem Argument eröffnet, das ebenfalls schon bei Luther begegnet.⁵⁹⁵ Es besagt, dass staatliche Einwirkung auf die Glaubensüberzeugungen der Menschen nicht zum Erfolg, sondern allenfalls zur Heuchelei führen könne. Das Resultat sei, dass sich die Menschen „aus Furcht… zu einer bestimmten Religion bekennen, die sie im Herzen weiterhin verachten."⁵⁹⁶

Ferner führe die fortwährende Beschäftigung mit der Ketzerverfolgung zu einer Vernachlässigung des eigentlichen Auftrages der Kirche.⁵⁹⁷

Das dritte Folgeargument besagt, dass die Ketzerverfolgung das Christentum insgesamt in Verruf bringt und ihm schadet, weil sie eine abschreckende Wirkung entfalte. „Denn wer wollte wohl Christ werden, wenn er sieht, dass jene, die Christi Namen bekennen, von den Christen selbst ohne jedes Erbarmen mit Feuer und Wasser und

---

[593] *Castellio*: Widerlegung, S. 186.
[594] *Castellio*: Widerlegung, S. 192.
[595] S.o. B., I., 2., g), bb).
[596] *van Veen*, S. 186, unter Wiedergabe eines Gedankens aus Castellios Schrift „Conseil à la France désolé" von 1562
[597] *Castellio*: Martinus Bellius an Christoph Herzog von Württemberg, S. 70.

IV. Johannes Calvin (1509–1564)

Schwert zu Tode gebracht und grausamer behandelt werden als irgendwelche Räuber oder Wegelagerer?"[598]

Schließlich argumentiert Castellio, dass die Ketzerverfolgung nicht zu einem dauerhaften religiösen Frieden, sondern im Gegenteil zu Aufruhr und einer Perpetuierung der Auseinandersetzungen führen müsse und werde. So würden sich die verschiedenen Konfessionen ad infinitum bekämpfen, und das religiös motivierte Töten würde kein Ende nehmen, „bis wir uns alle gegenseitig verwundet und getötet haben."[599] Im Übrigen zeige die Erfahrung, dass die Ketzerverfolgung immer ihrerseits Aufruhr erzeuge, „wo es aber keine Verfolgungen gibt, so verschieden die Religionen auch sein mögen, bleibt alles ruhig."[600]

Die umfangreiche Darstellung und Erörterung der Position und Argumente Castellios ist aufgrund ihrer Bedeutung, die weit über die Reformationszeit hinaus reicht, gerechtfertigt. Ob die These zutrifft, dass diese Bedeutung „nach Jahrhunderten der Ächtung und des Totschweigens durch führende Kreise der Protestanten und Calvinisten" erst wieder freigelegt werden müsse, mag dahinstehen.[601] Unbestritten ist, dass mit den Schriften Castellios „eine neue Stufe im neuzeitlichen Diskurs der Toleranz erreicht wird".[602] Die Unterscheidung von

---

[598] *Castellio*: Martinus Bellius an Christoph Herzog von Württemberg, S. 70.
[599] *Castellio*: Gegen Calvin, S. 226. Ebenso *ders.*: Schaden, S. 167.
[600] *Castellio*: Schaden, S. 171.
[601] So *Stammler*: Vorwort, S. 7. Dagegen spricht, dass die Calvin/Castellio-Kontroverse seit langem und zumeist ausführlich (wenngleich gelegentlich tendenziös) in den einschlägigen Calvin-Biografien (z.B. *Cottret*, S. 271 ff.) und Monografien zum Thema Toleranz (z.B. *Forst*, S. 166 ff.) behandelt wird.
[602] *Forst*, S. 166,

geistlichem und weltlichem Regiment bzw. von Staat und Religion wird hier – u.a. durch Berufung auf den Luther der Obrigkeitsschrift[603] – konsequent durchgeführt und nicht durch Modifikationen aufgeweicht. Wie den Wittenberger Reformatoren ein Georg Frölich erwachsen ist[604], so tritt den Schweizer Reformatoren ein Sebastian Castellio entgegen, der allerdings eindringlicher und beharrlicher als Frölich und vor allem argumentativ nachhaltiger die Unterscheidung von Geistlichem und Weltlichem, von Staat und Religion gegen die Vermischungstendenzen der reformatorischen Hauptströmungen – insbesondere gegen Calvin – verteidigt. Auch wenn Castellio in seinem religiös fundierten Denken ein Kind seiner Zeit ist, befindet er sich jedoch gedanklich näher am modernen Denken als die prominenten Adressaten seiner Kritik. Schließlich liefert er – gemeinsam mit Georg Frölich – den Beleg dafür, dass die Ideen von Toleranz, Religions- und Gewissensfreiheit schon in der Reformationszeit gedacht werden konnten, sofern nur – wie in Luthers frühen Schriften – die Konsequenzen aus den reformatorischen Grundüberzeugungen für das Verhältnis von Staat und Religion gezogen und nicht – aus welchen Motiven und mit welchen Argumenten auch immer – modifiziert und verwässert wurden. Nicht zuletzt erinnert sein viel zitierter und hier wiederholter Satz: „Einen Menschen töten heißt nicht eine Lehre verteidigen, sondern einen Menschen töten"[605] an die Würde des einzelnen Menschen, die hier zwar religiös begründet wird, aber auf den Menschenwürdegedanken der Aufklärung

---

[603] In *Castellio*: Über Ketzer, S. 73 ff., bildet ein Auszug aus Luthers Obrigkeitsschrift die erste Referenz.
[604] S.o. B., I., 3., b), cc).
[605] Nochmals *Castellio*: Gegen Calvin, S. 131,

und des modernen Religionsverfassungsrechts vorausweist.[606] Er dient bis heute als Mahnung gegen religiösen Fanatismus jedweder Couleur.[607] Insofern erweist sich Castellio als unverzichtbares Glied in der Gedankenkette, die von der Reformation zum modernen Religionsverfassungsrecht des 21. Jahrhunderts führt.

c) Kirchenorganisation und landesherrliches Kirchenregiment

aa) Landesherrliches Kirchenregiment?

Die grundlegende Unterscheidung von geistlicher und weltlicher Gewalt hätte bei Calvin die Folgerung nahe legen können, dass die Organisation der Kirche ausschließlich eine Angelegenheit der geistlichen Gewalt ist. Die enge verbindende Zuordnung beider Sphären, die sich insbesondere in dem auf die religiösen und sittlichen Belange sich erstreckenden Staatszweck manifestiert, führt ihn jedoch zu einer anderen, wenn auch differenzierten Auffassung. Die Trennlinie verläuft zwischen der äußeren normativen Rahmensetzung für Religion und Kirche einerseits und innerkirchlichen Handlungen andererseits.

Calvin trägt keine Bedenken, dem Staat die Verantwortung für den Erlass von Kirchenrecht zu übertragen. Die weltliche und zugleich (rechtgläubige!) christliche Obrigkeit kann und soll die Kirchenorganisation kraft weltlicher Gesetzgebungsakte regeln. Zur Begründung dieser engen Verknüpfung von geistlicher und weltlicher Sphäre greift Calvin auf die von Melanchthon entwickelte Rechtsfigur des praecipuum membrum ecclesiae zu-

---
[606] Vgl. *Forst*, S. 171.
[607] Ebenso u. a. *Stammler*: Vorwort, S. 8.

rück.⁶⁰⁸ Wie Melanchthon und abweichend von Luther begreift Calvin diese staatliche Regelungsbefugnis nicht nur als Notrecht bzw. Not*hilfe*recht zugunsten der Kirche. Vielmehr betont er wiederholt, dass es sich um ein ständiges Recht der weltlichen Obrigkeit handelt, sofern sie eine christliche ist.⁶⁰⁹

In Abweichung vom Konstrukt des landesherrlichen Kirchenregiments, das im Zuge der Reformation für die deutschen evangelischen Territorien maßgeblich werden sollte, kommt es bei Calvin aber nicht zu einer Personenidentität in der Spitze der geistlichen und der weltlichen Gewalt. Der Genfer Rat wird nicht zum Summepiskopus. In dem vom Staat vorgegebenen normativen Rahmen soll die Kirche möglichst durch eigene Organe handeln. Diese Überzeugung Calvins und die Schwierigkeiten, sie in Genf durchzusetzen, können – ebenso wie die grundsätzliche staatliche Befugnis zur Regelung der Kirchenangelegenheiten – paradigmatisch am prominenten Beispiel der Genfer Kirchenordnung, den Ordonnances ecclésiastiques, illustriert werden.

bb) Insbesondere: Die Ordonnances ecclésiastiques

Schon bei seiner Rückkehr nach Genf im Jahre 1541 hatte Calvin vom Kleinen Rat (!) den Erlass einer Kirchenordnung mit Regelungen zur Kirchenzucht gefordert. Der von Calvin erarbeitete Entwurf durchlief die politischen

---

⁶⁰⁸ Vgl. *Bohatec*, S. 616 ff. Zum Begriff des praecipuum membrum ecclesiae bei Melanchthon s. o.

⁶⁰⁹ Vgl. *Bohatec*, S. 619: Calvin „trennt sich aber von Luther in der Auffassung, daß das Schutzrecht der Fürsten kein bloßes Notrecht sei, das eintritt, wo die Kirche ihre Aufgabe nicht bewältigen kann oder will. Immer wieder schärfte er ein, daß es ein ständiges Recht des Magistrates ist, der Kirche immer kräftig beizustehen…"

Entscheidungsgremien der Stadt und wurde mit Änderungen, die die Position der weltlichen Gewalt stärkten, im November 1541 erstmals erlassen.[610] Im Jahre 1561 wurde eine überarbeitete Fassung verkündet.[611] Inhaltlich regelten die Ordonnances ecclésiastiques zunächst die vier Ämter der Pastoren, Doktoren, Ältesten und Diakone, die Calvin als notwendige kirchliche Ämter identifiziert hatte.[612] Ferner wurden Regeln für die Gottesdienste und weitere kirchliche Handlungen aufgestellt.[613] Von besonderer Bedeutung für Calvin war der Abschnitt über die Kirchenzucht.[614] Tatsächlich umfasste die Kirchenordnung das gesamte private und soziale Leben, das auf dieser Grundlage einer intensiven Kontrolle unterworfen wurde.[615]

Der staatliche Anspruch und die staatliche Befugnis zum Erlass der Kirchenordnung wird schon in der Präambel, die Calvins Text vorangestellt wurde, eindrücklich formuliert: „Wir Bürgermeister, Kleiner und Großer Rat ... – haben es ... für richtig befunden, die geistliche Leitung, so wie unser Herr sie durch sein Wort dargelegt hat, in eine angemessene Form zu bringen, damit sie bei uns Eingang und Beachtung findet. So haben wir ange-

---

[610] Vgl. *Cottret*, S. 200f., und *Opitz*: Einleitung, S. 227. Dazu auch *Haußherr*, S. 20ff.

[611] Vgl. *Strohm*: Johannes Calvin, S. 91. Zum Inhalt siehe auch die Übersichten bei *Cottret*, S. 199ff., und *Parker*, S. 165ff.

[612] *Calvin*: Die Kirchenordnung von 1561, S. 238ff. Zu den vier Ämtern *Calvin*: Unterricht, IV., 3, S. 589ff.

[613] *Calvin*: Die Kirchenordnung von 1561, S. 259ff.

[614] *Calvin*: Die Kirchenordnung von 1561, S. 265ff. Zur Bedeutung der Kirchzucht für Calvin siehe *Kingdon*, S. 350. Gegen eine Überbewertung der Kirchenzucht in Calvins Denken und Handeln siehe *Parker*, S. 169.

[615] Vgl. *Strohm*: Johannes Calvin, S. 64; kritisch *Leclerc*, S. 444.

ordnet und verfügt, dass in unserer Stadt und in unserem Herrschaftsgebiet die folgende Kirchenordnung zu befolgen und einzuhalten ist; sie ist nach unserer Einsicht aus dem Evangelium Jesu Christi abgeleitet."[616] Die Beurteilung der Evangeliumsgemäßheit der Kirchenordnung hätte Calvin sicher nicht dem weltlichen, sondern dem geistlichen Regiment zugewiesen. Mit dem Erlass durch die weltliche Obrigkeit war er aber ebenso sicher einverstanden, hatte er sie doch 1541 selbst dazu aufgefordert.

Als Organ bzw. Gremium, das die Einhaltung der religiös-sittlichen Ge- und Verbote überwachen sollte, wurde das Konsistorium eingesetzt. Mitglieder waren die Pfarrer und zwölf Älteste, die jährlich gewählt und ggf. wiedergewählt wurden. Die Ältesten mussten nicht nur aus dem Kreis der Laien, sondern aus der Mitte der maßgeblichen politischen Entscheidungsgremien kommen: zwei aus dem Kleinen Rat, vier aus dem Rat der Sechzig und sechs aus dem Rat der Zweihundert.[617] Das Konsistorium hatte überwiegend Ermahnungen auszusprechen.[618] Zivilrechtliche und strafende Befugnisse kamen ihm nicht zu; dies wurde in den Ordonnances ecclésiastiques ausdrücklich festgehalten.[619] Allerdings zählte neben den Ehesachen auch die empfindlich, weil sozial demütigend wirkende Exkommunikation zu den Sank-

---

[616] *Calvin*: Die Kirchenordnung von 1561, S. 239.
[617] Vgl. *Parker*, S. 167.
[618] Vgl. *McGrath*, S. 151: Das Konsistorium war ein „Instrument zur Überwachung religiöser Frömmigkeit."
[619] *Calvin*: Die Kirchenordnung von 1561, S. 273: „Bei alledem sollen die Pfarrer keinerlei richterliche Gewalt haben, und das Konsistorium soll der Machtbefugnis des Rates und der ordentlichen Justiz keinen Abbruch tun, so dass die zivile Macht unangetastet bleibt." Hier wird die Unterscheidung von geistlichem und weltlichem Regiment besonders deutlich.

tionsmaßnahmen in seiner Hand.[620] Insgesamt war das Konsistorium materiell ein Kirchengericht, formal aber „ein ständiger Ausschuss der Stadtregierung".[621] Dies manifestierte sich nicht zuletzt in dem Umstand, dass der vorsitzende Bürgermeister mit seinem Amtsstab als Zeichen der weltlichen Gewalt die wöchentlichen Sitzungen leitete. An diesem Status des Konsistoriums nahm Calvin Anstoß, denn seiner Ansicht nach war das Konsistorium ein rein kirchliches Gremium, an dem die staatlichen Amtsträger nur als membra ecclesiae partizipieren konnten.[622] Als Calvins Einfluss auf Genf nach den Unruhen von 1555 nahezu unangefochten geworden war[623], wurde die Kirchenordnung u.a. in diesem Punkt geändert: Der vorsitzende Bürgermeister sollte fortan bei den Sitzungen des Konsistoriums den Amtsstab nicht mehr führen.[624]

4. Zusammenfassung

Calvin hat in seinem bedeutenden reformatorischen Werk und im gedanklichen Fahrwasser von Luther und Zwingli die Unterscheidung von geistlichem und weltlichem Regiment adaptiert. Der Staatszweck geht aber mit der Sorge für die „wahre" Religion und das sittliche Leben der Menschen weit über eine bloße, auf das äußere Zusammenleben beschränkte Friedenssicherungsfunktion hinaus. Diese funktionale Verbindung von Staat und Religion führt zur Theokratie, der sich Calvin aber – an-

---

[620] Zur sozialen Bedeutung der Exkommunikation mit dem Ausschluss vom Abendmahl siehe u.a. *Cottret*, S. 202.
[621] *Kingdon*, S. 351.
[622] Vgl. *Opitz*: Einleitung, S. 233.
[623] Zu dieser Entwicklung siehe *Strohm*: Johannes Calvin, S. 89 ff.
[624] Vgl. *Strohm*: Johannes Calvin, S. 91.

ders als Zwingli – nicht von der Dominanz des Staates her nähert, sondern von der Dominanz des Geistlichen und Sittlichen. Daraus resultiert die Forderung, dass zwar der Staat sich ungeschmälert an geistlichen Vorgaben zu orientieren hat, die Handhabung der innerkirchlichen Organisation aber – allerdings im Rahmen staatlicher Regelungen – der geistlichen Sphäre vorbehalten bleiben soll. Die theokratischen Tendenzen führen Calvin schließlich konsequent zu einem restriktiven Umgang mit religiös Andersdenkenden, der sich im Prozess und in der Hinrichtung des Antitrinitariers Michael Servet tragisch manifestiert. Die nachfolgende und bis heute nachhallende Kontroverse mit Sebastian Castellio hat gezeigt, dass der Gedanke an Toleranz, Glaubens- und Gewissensfreiheit schon in der Reformationszeit präsent war, von den Hauptströmungen der Reformation aber nicht aufgegriffen und transportiert wurde. In Calvins Denken finden sich jedenfalls „nur wenig Ansatzpunkte für religiöse Toleranz".[625]

V. Fazit

Ein Fazit zur Unterscheidung von Geistlichem und Weltlichem im Kontext der Zwei-Reiche-/Zwei-Regimenten-Lehre in der Reformation des 16. Jahrhunderts kann kurz ausfallen. Der kursorische Blick auf das Werk von vier herausragenden Reformatoren offenbart die ganze Bandbreite reformatorischer Ansichten zum Thema. Während Luther, wenn auch unter extremer Ausschöpfung des Rahmens zugunsten der weltlichen Gewalt, weitgehend

---

[625] *Strohm*: Calvin und die religiöse Toleranz, S. 231.

V. Fazit

in diesem Rahmen verbleibt, gehen schon Melanchthon und mit ihm die evangelischen Juristen seiner Zeit darüber hinaus und weisen dem Staat ein originäres Recht auf die Bestimmung der Religion und der Gestalt der Kirche zu. Noch weiter gehen die Schweizer Reformatoren, die mit der Verschmelzung von politischer und religiöser Gemeinde die Unterscheidung zwischen Geistlichem und Weltlichem weitgehend aufheben. In den Schriften der (damaligen) Außenseiter Georg Frölich und Sebastian Castellio wird aber erkennbar, dass die Reformation nicht nur die Weichen für das moderne Religionsverfassungsrecht der Neuzeit auf der Grundlage der Religions- und Gewissensfreiheit gestellt, sondern einen Markstein auf dem direkten Weg in das 21. Jahrhundert gesetzt hat.[626] Dies gilt letztlich auch für die Unterscheidung von Geistlichem und Weltlichem bei Luther.[627] Ideengeschichtlich und realpolitisch bedurfte es allerdings einiger Umwege und der Aufnahme weiteren gedanklichen Gepäcks.[628] So kann und muss das Fazit

---

[626] Vgl. *di Fabio*: Die Dialektik der Neuzeit, S. 152: Die „zentrale Lehre von den zwei Regimenten lässt aus der Vorstellungswelt des mittelalterlichen Investiturstreits die neuzeitliche Trennung von Staat und Kirche werden."

[627] Zur Bedeutung der Unterscheidung von Geistlichem und Weltlichem bzw. „von religiöser und politischer Ebene" für die Entwicklung des modernen säkularen Staates siehe auch – allerdings ohne Rekurs auf Luther und die Reformation – *Böckenförde*: Der säkularisierte Staat, S. 17.

[628] Vgl. *Heinz Schilling*, S. 627: „...Pluralität und Toleranz waren nicht die Kinder, sondern allenfalls die Urenkel der Reformation." Skeptischer das Fazit bei *Martin Heckel*: Die Menschenrechte, S. 1139: „Die Freiheit und Gleichheit des modernen Staats- und Rechtssystems stammt nicht aus der reformatorischen Theologie…" Ähnlich *Schorn-Schütte*: Die Reformation, S. 8, die in der Reformation gerade nicht die „Entflechtung von Religion und Poli-

nicht nur kurz, sondern auch ambivalent ausfallen: Aus der Rückführung auch der weltlichen Gewalt auf Gottes Handeln in der Welt resultiert eine faktische Sakralisierung des Staates[629]; zugleich weist die sich vom sacrum imperium abhebende Unterscheidung von Geistlichem und Weltlichem aber auf die neuzeitliche Ausdifferenzierung von Staat und Religion voraus. Der Durchbruch zur Moderne vollzog sich aber endgültig erst in und mit der Aufklärung des 18. Jahrhunderts.[630]

---

tik im Sinne einer Freisetzung der Individuen" sieht, sondern vielmehr eine Steigerung der „Verflechtung von Religion und Gesellschaft im Sinne einer Einbindung des Einzelnen in die christliche Gesellschaft, wodurch die Kontrolle ebenso verstärkt werden konnte wie die Verchristlichung der Lebensführung". Siehe auch *Anselm*: Politische Ethik, S. 198: Die reformatorische Unterscheidung von Geistlichem und Weltlichem gerät mit „der Aufklärung und dem modernen politischen Denken ...in die Krise, bleibt aber in der deutschen protestantischen Theologie dominant." Ähnlich *di Fabio*: Die Dialektik der Neuzeit, S. 165.

[629] Vgl. *Anselm*: Politische Ethik, S. 204, der insofern von einem „problematische(n) Erbe der Reformation an die nachfolgenden Epochen bis in die Gegenwart hinein" spricht.

[630] Ebenso *Pollack*, S. 88, 108 ff., der ebd., S. 104, der Reformation ein „Innovationspotential" zuschreibt.

C. Staat und Religion vom 16. bis zum 21. Jahrhundert

I. Vorbemerkung

Die maßgeblichen Reformatoren hatten mit jeweils unterschiedlicher Akzentuierung die Unterscheidung von Geistlichem und Weltlichem, von Religion und Staat theologisch fundiert. Bevor die Suche nach Spuren dieser Unterscheidung im aktuellen Religionsverfassungsrecht beginnen kann, ist der Frage nachzugehen, ob und ggf. in welchem Ausmaß und in welcher Akzentuierung sie auf die historische Entwicklung des Verhältnisses von Staat und Religion eingewirkt hat. Gab es einen Übergang von der reformatorischen Rechts- und Staatstheologie zum Staatsrecht oder hat die Zwei-Reiche-/Zwei-Regimenten-Lehre das reformatorische Gedankengebäude nie verlassen? Es ist also ein Blick auf das (deutsche) Religionsverfassungsrecht seit der Reformation zu werfen. Dieser Blick kann nur ein Überblick sein, der die Perspektive auf das Religionsverfassungsrecht des Grundgesetzes freilegt. Zudem liegt dort, wo es konfessionell bedingte Unterschiede gibt, der Fokus auf dem Religionsverfassungsrecht der evangelischen Gebiete.[1]

---

[1] Struktur und Kerngedanken der nachfolgenden Ausführungen finden sich bereits in *Unruh*: Religionsverfassungsrecht, Rn. 20ff.

II. Auswirkungen der Reformation im 16. Jahrhundert

Die Reformation war im Ansatz eine theologische Bewegung, die jedoch erhebliche Auswirkungen auch auf die Reichsverfassung und damit das Religionsverfassungsrecht gezeitigt hat.[2] Als innerkirchlicher Reinigungsprozess war sie angetreten, die Besinnung der Kirche auf ihre eigentlichen, geistlichen Aufgaben zu forcieren. Diese Intention Luthers wurde jedoch – wie gesehen – u. a. von Melanchthon durch die Rückbindung der Reformation an die weltliche Obrigkeit relativiert.

Die Auswirkungen der Reformation auf das Heilige Römische Reich Deutscher Nation im Allgemeinen und das Religionsverfassungsrecht im Besonderen waren – und sind bis heute – enorm. Diese Bedeutung kommt in der Bezeichnung des aktuellen Religionsverfassungsrechts als „Reformationsfolgenrecht" adäquat zum Ausdruck.[3] Da sich die Reformation zwar unter den weltlichen Ständen des Reiches (Fürsten, Städte etc.) verbreiten konnte, aber auch auf einen ebenso verbreiteten Widerstand der papsttreuen Kirche und der weltlichen Obrigkeiten traf, war ein nachhaltiger Glaubenskonflikt zunächst in den deutschen Territorien, dann auch in ganz Europa die Folge. Da jedoch weiterhin die Einheit von weltlicher Herrschaft und Religion wie selbstverständlich vorausgesetzt wurde, führte die (nicht intendierte) Glaubensspaltung zugleich zu einer tief gehenden „Verfassungsstörung" im

---

[2] Dazu etwa *Martin Heckel*: Zur Entwicklung des deutschen Staatskirchenrechts, S. 366 ff.; *Link*: Kirchliche Rechtsgeschichte, § 10; *de Wall/Muckel*, S. 23 ff.
[3] *Heinig*: Öffentlich-rechtliche Religionsgesellschaften, S. 74.

II. Auswirkungen der Reformation im 16. Jahrhundert

Reich.[4] Bedeutsam wurde schließlich die Entscheidung der Reformatoren neben und nach Luther, mangels eigener evangelischer Organisationsstrukturen die jeweiligen Landesfürsten zu „(Not-) Bischöfen" bzw. zur geistlichen Obrigkeit zu erklären und sich institutionell an die weltliche Gewalt zu binden. Damit wurde für die und in den deutschen Territorien – gegen die Intention Luthers, aber in Anlehnung an Melanchthon und zahlreiche evangelische Juristen des 16. Jahrhunderts – dem landesherrlichen Kirchenregiment und der Herausbildung von (evangelischen) Landeskirchen der Weg bereitet. Im konfessionellen Zeitalter und dann für lange Zeit kam es wiederum zu einer engen Verbindung von Staat und Religion.[5]

1. Der Augsburger Religionsfriede (1555)

Nicht erst seit Luthers Tod, aber danach mit besonderer Vehemenz war es zu gewaltsamen Auseinandersetzungen zwischen den rivalisierenden religiösen Parteien gekommen, die auch im Passauer Vertrag von 1552 nicht nachhaltig befriedet werden konnten.[6] In der Mitte der 1550'er Jahre hatte Deutschland eine „Dekade reichspolitischer Wirrnis" hinter sich.[7] Alle Versuche des Kaisers Karl V.

---

[4] Vgl. *Martin Heckel*: Deutschland im konfessionellen Zeitalter, S. 42 f.

[5] Vgl. *Martin Heckel*: Deutschland im konfessionellen Zeitalter, S. 13. Überblick auch bei *Moeller*: Geschichte, S. 265 ff.

[6] Zum Passauer Vertrag siehe statt vieler *Willoweit*: Deutsche Verfassungsgeschichte, § 19, I., S. 129 f.; *Georg Schmidt*: Geschichte des Alten Reiches, S. 91 f.

[7] *Gotthard*, S. 159. Für *Martin Heckel*: Deutschland im konfessionellen Zeitalter, S. 39, lag das Ziel in der „Aufrichtung einer politisch-säkularen Friedensordnung zwischen den beiden großen Konfessionen" vor dem Hintergrund divergierender religiöser Wahrheits- bzw. Absolutheitsansprüche.

vom Wormser Edikt (1521) bis zum Interim (1548) und auch die theologischen Bemühungen von Religionsgesprächen bis zum Konzil von Trient, das 1545/46 begann, hatten nicht zur Bekenntniseinheit im Reich geführt.[8] Zum Augsburger Reichstag 1555 reisten die Teilnehmer daher mit der dreifachen Intention an, einen dauerhaften, einen nur politischen und nicht auch religiösen sowie einen autonomen und nicht von Kaiser Karl V. oktroyierten Frieden zu schaffen.[9] Es galt zudem die „Umsetzung des politischen und kirchlichen Ergebnisses der deutschen Reformationsbewegung in Paragraphen".[10]

Der Augsburger Religionsfriede vom 25. September 1555 ist das Ergebnis komplizierter Verhandlungen zwischen König Ferdinand, der mit Vollmacht Kaiser Karls V. handelte, und den deutschen Reichsständen. Er bildet „eine etablierte Epochenzäsur der deutschen Geschichte"[11] und brachte eines der wichtigsten Verfassungsgesetze (leges fundamentales) des alten Reiches hervor.[12] Seine grundlegende Bedeutung bestand in der Etablie-

---

[8] Zu dieser Vorgeschichte des Augsburger Religionsfriedens siehe *Martin Heckel*: Deutschland im konfessionellen Zeitalter, S. 33 ff., und *Bernd Christan Schneider*: Artikel „Augsburger Religionsfrieden", Sp. 140 f.
[9] Vgl. *Gotthard*, S. 5, 171.
[10] *Lutz*, S. 357.
[11] *Gotthard*, S. 1. Ähnlich *Link*: Staat und Kirche in der neueren deutschen Geschichte, S. 16; *Schnabel-Schüle*, S. 211, und *Martin Heckel*: Deutschland im konfessionellen Zeitalter, S. 34: „Mit dem Frieden von 1555 begann eine neue Epoche des Reiches und eine neue Ordnung des Staatskirchenrechts."
[12] *Bernd Christian Schneider*: Artikel „Augsburger Religionsfrieden", Sp. 140 ff.; *Martin Heckel*, Der Augsburger Religionsfriede, S. 961 ff.; *ders.*: Deutschland im konfessionellen Zeitalter, S. 33; *ders.*: Artikel „Augsburger Religionsfriede", Sp. 957 f.; *ders.*: Vom Religionskonflikt zur Ausgleichsordnung, S. 13; *Link*: Kirchliche

rung einer rechtlichen Koexistenzordnung für sich gegenseitig ausschließende Konfessionen.[13] Von dem Versuch, die religiöse Wahrheitsfrage zu entscheiden, wurde von vorherein abgesehen; „die Religion *bleibt* gespalten, die Theologen mögen sich weiterzanken."[14] Die religiöse „Wiedervereinigung" bleibt als Utopie im Hintergrund präsent, wird aber nicht zum politischen Ziel des Augsburger Reichstags erhoben.[15] Zwei Kernelemente der hier beschlossenen Koexistenzordnung sind entscheidend.[16]

Mit dem Ius reformandi – der „Essenz des Religionsfriedens"[17] – wurde den Reichsständen das Recht zuer-

---

Rechtsgeschichte, § 12; *de Wall/Muckel*, S. 28 ff. Grundlegend und ebenso umfassend wie anschaulich *Gotthard*, passim.

[13] So statt vieler *Georg Schmidt*: Geschichte des Alten Reiches, S. 101; *Martin Heckel*: Deutschland im konfessionellen Zeitalter, S. 45, *Schorn-Schütte*: Die Reformation, S. 88 ff., *Munsonius*: Von der Glaubenseinheit zur Glaubensfreiheit, S. 15 ff., und *Schnabel-Schüle*, S. 211. Den Aspekt der rechtlichen Begrenzung der Religion durch den Augsburger Religionsfrieden betont *Kaufmann*: Geschichte der Reformation, S. 701. *Klueting*, S. 200, spricht von einem „nicht zu überschätzende(n) Säkularisierungsvorgang".

[14] *Gotthard*, S. 7; Hervorhebung im Original. Ebenso *Klueting*, S. 197, und *Martin Heckel*: Deutschland im konfessionellen Zeitalter, S. 45: „Die religiöse Wahrheitsfrage blieb *in der Schwebe*." Hervorhebung im Original.

[15] *Gotthard*, S. 90: „Die Utopie der Wiedervereinigung wird im Religionsfrieden nicht aufgegeben, aber für den Moment doch hintangestellt." Zum „Fernziel" der religiösen Wiedervereinigung siehe *Martin Heckel*: Deutschland im konfessionellen Zeitalter, S. 43.

[16] Die nachfolgende, geraffte Darstellung ist sich der Berechtigung des einschlägigen Diktums von *Gotthard*, S. 4. bewusst und reicht sie hier weiter: „In wenigen Sätzen..., auch auf einer oder eineinhalb Druckseiten, läßt sich der Religionsfrieden nicht sinnvoll würdigen..."

[17] *Gotthard*, S. 292.

kannt, ihre Konfession zu wechseln und den Bekenntnisstand sowie die Ordnung der Kirche in ihrem Territorium zu bestimmen. Dieses Recht war umfassend, d. h. es betraf einheitlich alle Untertanen. Geringfügige Ausnahmen wurden für die Reichsstädte mit gemischtkonfessioneller Bevölkerung, die bikonfessionell blieben[18], und zum Schutz der Katholiken normiert.[19] Das Ius reformandi ist später – wohl von Joachim Stephani zu Beginn des 17. Jahrhunderts – mit der Formel „cuius regio eius religio" umschrieben worden.[20] Damit wird zugleich das landesherrliche Kirchenregiment reichsrechtlich sanktioniert.[21] Im Disput über die Frage, ob die normative Vorgabe des „wahren" Glaubens ein originäres oder ein Notrecht der weltlichen Obrigkeit sei, hatte sich 1555 die Auffassung Melanchthons durchgesetzt[22]; mit Luthers Theologie war und ist das landesherrliche Kirchenregiment in Gestalt des Ius reformandi nicht vereinbar.[23] Was

---

[18] Dazu *Gotthard*, S. 137ff.; *Martin Heckel*: Deutschland im konfessionellen Zeitalter, S. 48.
[19] Dazu ausführlich *Gotthard*, S. 100ff.; kurz *Schnabel-Schüle*, S. 214. Zum „Geistlichen Vorbehalt" für die Katholiken siehe auch *Kaufmann*: Geschichte der Reformation, S. 700; *ders.*: Erlöste und Verdammte, S. 299; *Wallmann*, S. 86.
[20] *Martin Heckel*: Staat und Kirche, S. 237; *Georg Schmidt*: Geschichte des Alten Reiches, S. 100; *Kaufmann*: Geschichte der Reformation, S. 700; *Wallmann*, S. 86; *Willoweit*: Deutsche Verfassungsgeschichte, § 19., II., 1., S. 130f.; *Klueting*, S. 198; *Grethlein*, S. 33f. Zu den interpretationsbedürftigen Relativierungen dieses Prinzips im Augsburger Religionsfrieden selbst siehe *Gotthard*, S. 127ff.
[21] Statt vieler *Gotthard*, S. 171; zu den konkreten Elementen und Auswirkungen des landesherrlichen Kirchenregiments auf der Grundlage des Augsburger Religionsfriedens siehe *Klueting*, S. 202ff.
[22] Vgl. *Witte Jr.*, S. 176.
[23] Nunmehr grundlegend und ausführlich *Bernd Christian Schneider*: Ius reformandi, S. 51ff., 122ff., 138f.

II. Auswirkungen der Reformation im 16. Jahrhundert

mit der kursächsischen Visitationsordnung von 1528 auf den Weg gebracht, von Luther kritisiert und von Melanchthon legitimiert worden war[24], wurde 1555 zu geltendem Reichsverfassungsrecht.

In der Konsequenz des Ius reformandi kam es schließlich auch zum Wegfall der geistlichen Jurisdiktionsgewalt der katholischen Bischöfe über die Landesherren und Untertanen in den evangelischen Territorien.[25] Damit war zugleich das Ketzerrecht gegenüber den Anhängern der Confessio Augustana reichsrechtlich beseitigt.[26]

Das korrespondierende Ius emigrandi gewährte allen andersgläubigen Untertanen das Recht, ohne spürbaren Vermögensverlust auszuwandern.[27] Darin lag noch keine Anerkennung der individuellen Religionsfreiheit[28], wohl aber – als eine ihrer Vorstufen – die Festschreibung der religiösen Freizügigkeit.[29] Das Ius emigrandi brachte

---

[24] S.o. B., I., 3., c), cc) zu Luther bzw. B., II., 3., b) zu Melanchthon.

[25] Dazu *Gotthard*, S. 112 ff.

[26] Vgl. *Martin Heckel*: Deutschland im konfessionellen Zeitalter, S. 49.

[27] Dazu ausführlich *Gotthard*, S. 118 ff.; zu den Vorläufern der Regelung von 1555 ebd., S. 216 ff. Ob das formale Versprechen der ökonomischen Realisierbarkeit des Auswanderungsrechts tatsächlich eingehalten wurde, ist zweifelhaft; vgl. *Blickle*, S. 213: „Konkret hieß Auswanderung, wo sie gestattet wurde, oft wirtschaftlicher Ruin."

[28] Der insbesondere von den Protestanten vorgetragene Gedanke einer „allgemeinen Freistellung" des Glaubens konnte sich 1555 (noch) nicht durchsetzen; vgl. *Gotthard*, S. 103 ff. Zum Begriff der „Freistellung" im Kontext des Augsburger Religionsfriedens ebd., S. 331 f.

[29] Für eine solche Vorwirkung u.a. *Martin Heckel*: Staat und Kirche, S. 216; *ders.*: Deutschland im konfessionellen Zeitalter, S. 48: „…diese Religionsfreiheit im Gewande des religiösen Freizügigkeitsrechts ist das erste allgemeine Grundrecht, das das Reich

noch keine Kultusfreiheit, erlaubte aber, sich dem territorialen Glaubenszwang zu entziehen.³⁰

Im Hinblick auf das Verhältnis von Staat und Religion bewegt sich der Augsburger Religionsfrieden in den von den Reformatoren – und hier insbesondere von Melanchthon – vorgezeichneten Bahnen. Der jeweils maßgebliche Glaube wurde von der weltlichen Obrigkeit festgelegt. Weder der Ruf Castellios nach Toleranz noch der Gedanke einer individuellen und umfassenden Religionsfreiheit wurden gehört bzw. gedacht³¹ Gleichwohl und quasi gegen die Intention ihrer Urheber hat der Augsburger Religionsfrieden diesen Ideen wertvolle und nachhaltige Impulse gegeben.³²

Realpolitisch hat der Augsburger Religionsfriede die im europäischen Vergleich spezifische Gestalt des alten Reiches bis zu seinem Ende im Jahre 1806 maßgeblich ge-

---

durch das geschriebene Verfassungsrecht jedem Deutschen garantierte." Ähnlich *Willoweit*: Deutsche Verfassungsgeschichte, § 19 II., 1., S. 131; skeptischer *Gotthard*, S. 10 f., mit dem Hinweis darauf, dass dem Auswanderungsrecht der Andersgläubigen ein Ausweisungsrecht der Obrigkeit gegenüberstand; diese Aussage relativierend wiederum *Klueting*, S. 199.

³⁰ Vgl. *Gotthard*, S. 534.
³¹ Vgl. *Gotthard*, S. 500: „Auf der Agenda von 1555 stand ,Befriedung des Reichsverbands', nicht ,Toleranz', ,Säkularisierung' oder ,natürliches Menschenrecht'". Zur Toleranz nochmals deutlich ebd., S. 567: „Der Religionsfrieden ist ein politischer Friede, nicht Resultat eines theologisch erarbeiteten Toleranzkonzepts. Toleranz stand nicht auf der Augsburger Tagesordnung." *Frost*, S. 174, hingegen beschreibt den Augsburger Religionsfrieden als „Toleranz im Sinne einer strategisch-pragmatisch motivierten Koexistenz-Konzeption", räumt aber ebd. ein, dass beide Seiten sich weiterhin auf ihren religiösen Wahrheitsanspruch beriefen und gegenseitig ihre Berechtigung absprachen.
³² *Gotthard*, S. 500 ff.

II. Auswirkungen der Reformation im 16. Jahrhundert

prägt. Er hat auf der Ebene des Reiches zu einer religionsverfassungsrechtlichen Neutralität und Parität[33] bzgl. der beiden christlichen Hauptkonfessionen (der evangelisch-lutherischen und der römisch-katholischen) geführt.[34] Anders als in den übrigen europäischen Staaten wurde die konfessionelle Geschlossenheit nicht auf gesamtstaatlicher Ebene, sondern in den einzelnen Territorien hergestellt.[35] Der Grundgedanke der Einheit von weltlicher Herrschaft und Religion wurde daher noch nicht aufgegeben, sondern es bildeten sich in den Territorien jeweils verschiedene Verbindungen der beiden Elemente heraus. Mit dieser „föderalistischen Lösung der Bekenntnisfrage"[36] ging – wie bereits erwähnt – zugleich die Etablierung des landesherrlichen Kirchenregimentes einher, die insbesondere für die evangelische(n) Kirche(n) bis 1918 bestimmend war. Die Fernwirkungen insbesondere des Ius reformandi sind bis heute spürbar an der „Buntscheckigkeit der bundesdeutschen Konfessionslandkarte."[37] Mit der Erkenntnis, dass sich die Bildung

---

[33] Dazu *Martin Heckel*: Parität, S. 112; *ders*.: Die religionsrechtliche Parität, S. 233 ff.; *ders*.: Deutschland im konfessionellen Zeitalter, S. 60 ff. Skeptisch gegenüber dem Element der Parität *Willoweit*: Deutsche Verfassungsgeschichte, § 19, II., 2., S. 132; *Stern*: Staatsrecht, Bd. V., S. 37; *Gotthard*, S. 163 ff. m. w. N.

[34] Der Aufstieg des Calvinismus war 1555 (noch) nicht im Fokus; vgl. *Gotthard*, S. 124, und *Kaufmann*: Erlöste und Verdammte, S. 299.

[35] Dazu die Bewertung von *Frost*, S. 175: „…die äußere Toleranz hatte innere Intoleranz als Kehrseite, die dem Ziel interner Herrschaftsstabilisierung diente."

[36] *Jeand'Heur/Korioth*, Rn. 15. *Gotthard*, S. 100, spricht von einer „Territorialisierung der Reformation" bzw. ebd., S. 517, von einer „territoriale(n) Parzellierung der Konfessionalisierung".

[37] *Gotthard*, S. 19; ebd.: „Des Ius reformandi wegen sind noch heute Bundesländer, Landstriche, auch einzelne Ortschaften über-

des modernen Staates in Deutschland über die konfessionalisierten Territorien und nicht über die zumindest partiell religiös neutralisierte Reichsebene vollzog, gerät auch die insbesondere von Ernst-Wolfgang Böckenförde vertretene These von der „Entstehung des Staates als Vorgang der Säkularisation" unter Druck.[38] Es dränge sich die Vermutung auf, „daß weniger die Säkularisierung als vielmehr Konfessionalisierung das Signum der frühneuzeitlichen Epoche ist; daß die Staatsgewalt sich nicht durch Distanzierung von der Religion, sondern eher durch verschärfte Identifikation mit einer bestimmten Glaubensrichtung ge- und verstärkt hat."[39] Gleichwohl behält die Säkularisierungsthese auf der Reichsebene, in der Ideengeschichte der Staatsdenkens und in der realhistorischen Langzeitperspektive ihre Berechtigung.[40] Mit der Suspendierung der religiösen Wahrheitsfrage auf Reichsebene war der „Nucleus für ein modernes Religionsrecht gelegt".[41] Dies wird sich insbesondere bei der Betrachtung des Religionsverfassungsrechts des Grundgesetzes zeigen.[42]

---

wiegend katholisch oder von evangelischen Menschen bewohnt." Ähnliches Ergebnis bei *Martin Heckel*: Deutschland im konfessionellen Zeitalter, S. 64.

[38] *Böckenförde*: Die Entstehung des Staates als Vorgang der Säkularisation, S. 92 ff.

[39] So *H. Dreier*: Kanonistik und Konfessionalisierung, S. 7. I.E. ebenso etwa *Hillgruber*: Staat und Religion, S. 7 ff., und *Möllers*: Staat als Argument, S. 214 ff.

[40] Vgl. *H. Dreier*: Kanonistik und Konfessionalisierung, S. 11 f.

[41] *Heinig*: Verschärfung oder Abschied von der Neutralität?, S. 134.

[42] S.u. D.

2. Der Westfälische Friede (1648)

Der Augsburger Religionsfriede vermochte den schwelenden Konflikt zwischen den Konfessionen nicht dauerhaft in friedlichen Bahnen zu halten.[43] Das lag nicht zuletzt an seiner mangelnden Textklarheit, die das Resultat der Methode des „Dissimulierens" sowie der „Kunst verschleiernder Formelkompromisse"[44] war und unterschiedlichen Interpretationen Nahrung gab.[45] „Der Augsburger Religionsfrieden hat *Lücken*, *Unschärfen* und *Widersprüche*."[46] Während die katholische Seite den provisorischen Charakter des Regelwerks betonte, das seine Gültigkeit mit der Wiederherstellung des alten Zustandes verlieren würde, wurde es von den Protestanten als Grundstein für ein dauerhaftes und auszubauendes religionsverfassungsrechtliches Konstrukt empfunden. Nicht zuletzt der Antagonismus dieser Sichtweisen kulminierte dann im Dreißigjährigen Krieg, der mit dem

---

[43] Zu den Gründen und Ereignissen siehe ausführlich *Gotthard*, S. 579 ff., und *Martin Heckel*: Deutschland im konfessionellen Zeitalter, S. 67 ff.

[44] *Martin Heckel*: Deutschland im konfessionellen Zeitalter, S. 37 bzw. S. 44.

[45] Zu den Interpretationsproblemen siehe *Gotthard*, S. 11 ff; zur mangelnden Textklarheit ebd., S. 53: „Ohne im Letzten einig zu sein, hat man sich 1555 zu einem ‚Frieden' zusammengerauft – wo es nicht anders ging, auf Kosten der Klarheit und Wahrheit. Ein Text von umfassender Präzision hätte nie die Zustimmung aller oder beinahe aller Reichstagsteilnehmer gefunden." Ähnlich u. a. *Bernd Christan Schneider*: Artikel „Augsburger Religionsfrieden", Sp. 142 f.

[46] *Gotthard*, S. 272 (Hervorhebungen im Original) mit Erläuterungen ebd., S. 271 ff. Ähnlich *Martin Heckel*: Deutschland im konfessionellen Zeitalter, S. 50 f.

Westfälischen Frieden vom 24. Oktober 1648 beendet wurde.[47]

Wie der Augsburger Religionsfrieden, so war auch der Westfälische Frieden eine Reichsfriedensordnung in Gestalt eines Reichsgrundgesetzes.[48] Es handelt sich um einen „zweite(n) Religionsfrieden"[49], der in den Verträgen zwischen dem Kaiser, Schweden und den Reichsständen in Osnabrück (Instrumentum Pacis Osnabrugense; IPO) einerseits und zwischen dem Kaiser und Frankreich in Münster (Instrumentum Pacis Monasteriense; IPM) andererseits geregelt wurde.[50] Neben seine völker- und reichsrechtliche Bedeutung trat seine Funktion als religionsverfassungsrechtliches Fundament des Reiches. Mit dem Westfälischen Frieden wurde der „Schlußstrich unter das hundertjährige rechtliche Ringen um die Reichs-Religionsverfassung gezogen".[51]

Ausgangs- und Orientierungspunkt war der Augsburger Religionsfrieden[52]; er wurde in Art. V § 1 IPO ausdrücklich bestätigt. Unter Einbeziehung der Refor-

---

[47] Überblick bei *Georg Schmidt*: Der Dreißigjährige Krieg, passim; *Burckhardt*, passim, und *Arndt*, passim.
[48] Vgl. *Georg Schmidt*: Geschichte des Alten Reiches, S. 180, 186, und *Martin Heckel*: Deutschland im konfessionellen Zeitalter, S. 196: „Reichsfundamentalgesetz".
[49] *Westphal*, S. 106; *Gotthard*, S. 479, der ebd., zum Konnex mit dem Augsburger Religionsfrieden fortfährt: „Die Bestimmungen von 1555 wurden in Westfalen auf den Prüfstand gestellt und je nachdem bestätigt oder aber korrigiert."
[50] Zur Vorgeschichte und den Formalien siehe u.a. *Westphal*, S. 11 ff.; *Kaufmann*: Art. „Westfälischer Friede", Sp. 1494, und *Georg Schmidt*: Art. „Westfälischer Frieden", Sp. 2692 f.
[51] *Martin Heckel*: Deutschland im konfessionellen Zeitalter, S. 198.
[52] Vgl. *Westphal*, S. 15; *Munsonius*: Von der Glaubenseinheit zur Glaubensfreiheit, S. 19 ff.

mierten (vor allem der Calvinisten) als Untergruppe der Protestanten[53] wurde der Kompromiss von 1555 fortgeschrieben, präzisiert und nach Möglichkeit verbessert.[54] So wurde etwa die Suspendierung der geistlichen Jurisdiktion weiterhin garantiert (Art. V § 48 IPO). Von besonderer Tragweite waren die erstmals ausdrücklich fixierte religionsverfassungsrechtliche Parität (Art. V § 2 IPO) sowie der Ausschluss des Mehrheitsprinzips in Religionsfragen (Itio in partes, Art. V § 52 IPO).[55] Der Grund für die partielle Suspendierung des Majoritätsprinzips lag im Bedürfnis – insbesondere der Protestanten – nach Schutz vor konfessionsfremder Dominanz.[56] Voraussetzung für die Itio in partes war die Herausbildung religiöser Parteien in Gestalt des Corpus

---

[53] Dazu *Martin Heckel*: Deutschland im konfessionellen Zeitalter, S. 207.
[54] Vgl. *Willoweit*: Deutsche Verfassungsgeschichte, § 21, II., 1., S. 148 f.; *Martin Heckel*: Deutschland im konfessionellen Zeitalter, S. 198 f. Überblick bei *Kaufmann*: Art. „Westfälischer Friede", Sp. 1494 f. Zur Intention einer Verbesserung der Regelung von 1555 siehe *Gotthard*, S. 479 ff.
[55] Zur Parität siehe *Kaufmann*: Art. „Westfälischer Friede", Sp. 1495; *Westphal*, S. 107. Zur Itio in partes siehe *Martin Heckel*: Itio in partes, S. 636 ff.; *ders.*: Deutschland im konfessionellen Zeitalter, S. 204 ff.; *Klueting*, S. 352 f.; *Westphal*, S. 107, und *Link*, Art. „Itio in partes", Sp. 333: „Trennung des Reichstags nach Religionsparteien (Corpus Catholicorum und Corpus Evangelicorum), wenn eine Seite die zu beschließende Frage zur Religionssache erklärte". Zur Kontroverse um das Mehrheitsprinzip in Glaubensfragen nach dem Augsburger Religionsfrieden von 1555 siehe *Gotthard*, S. 438 ff. Überblick über den Westfälischen Frieden bei *Link*: Kirchliche Rechtsgeschichte, § 15, II.; *Martin Heckel*: Vom Religionskonflikt zur Ausgleichsordnung, S. 25 ff.; *Georg Schmidt*: Art. „Westfälischer Frieden", Sp. 2693 ff.; *Zippelius*, S. 89 ff.
[56] Vgl. *Martin Heckel*: Deutschland im konfessionellen Zeitalter, S. 119: „Durch das Majoritätsprinzip drohte aus der paritätischen

Evangelicorum und des Corpus Catholicorum, die vor dem Dreißigjährigen Krieg schon in den entsprechenden Bünden der Union und der Liga vorgeformt waren.[57] Verfahrensrechtlich bedeutete die Itio in partes, dass sich in Religionsfragen die beiden Religionsparteien gegenübertraten und eine Einigung finden mussten; die jeweilige Minderheit hatte ein Vetorecht, das zum Kompromiss zwang.[58] Diese Verfahrensregelung hat maßgeblich zur Befriedung der religiösen Spannungen beigetragen.[59] Die Schwierigkeit, diese Rechtsfigur mit Leben zu füllen, lag aber gerade darin begründet, dass das Leben zu Beginn des 17. Jahrhunderts noch ein eng verwobenes Konglomerat politscher, religiöser, gesellschaftlicher und rechtlicher Aspekte war. Eine nachhaltige Ausdifferenzierung stand trotz der gedanklichen Trennung von Geistlichem und Weltlichem in der Reformation noch aus; sie wurde ideengeschichtlich erst mit der Aufklärung des 18. Jahrhunderts eingeleitet. Zuvor war nicht klar zu entscheiden, wann eine Glaubens- und wann eine rein „weltliche" Frage zu verhandeln war.[60]

Vereinbarung von 1555... im Wege einer stetigen Verfassungswandlung ein akzentuiert katholisches Fundamentalgesetz zu werden."

[57] Dazu *Martin Heckel*: Deutschland im konfessionellen Zeitalter, S. 115 ff.

[58] *Martin Heckel*: Deutschland im konfessionellen Zeitalter, S. 205, der ebd., darauf hinweist, dass sich damit „das Reichskirchenrecht ab 1648 von einem Konfliktsystem zur Ausgleichsordnung" entwickelte.

[59] Vgl. das Loblied des Art. V § 52 IPO bei *Martin Heckel*: Deutschland im konfessionellen Zeitalter, S. 205 f.!

[60] Ebenso *Martin Heckel*: Deutschland im konfessionellen Zeitalter, S. 121: „...die causa religionis ließ sich nicht eingrenzend definieren, so sehr sich die Juristen darum bemühten."

II. Auswirkungen der Reformation im 16. Jahrhundert

Ferner wurde für die territoriale Konfessionsgebundenheit der status quo des „Normaljahres" 1624 und für den Besitz an Kirchen und Kirchengut sowie den „Geistlichen Vorbehalt" des Konfessionswechsels der „Normaltag" des 1. Januar 1624 festgelegt (Art. V §§ 30ff. IPO).[61] Trotz der mit der Fixierung eines „Normaljahres" verbundenen Einschränkung des Ius reformandi[62] blieben Konfessionszwang und konfessionelle Geschlossenheit der Territorien bis zum Ende des alten Reiches (1806) weit gehend erhalten. Dieser Konfessionszwang wurde aber durch ein triadisch differenziertes System der Religionsausübung signifikant relativiert.[63] Der nach Maßgabe des Jahres 1624 im jeweiligen Territorium offiziellen Konfession wurde das *exercitium publicum* mit Kirchen, Glockengeläut, Prozessionen, staatlich legitimierten Pastoren und offiziellem Staatsbekenntnis eingeräumt. Der jeweils anderen Konfession wurde das *exercitium privatum* in Bethäusern und mit privaten Predigern zugestanden. Die übrigen Anhänger der beiden Religionsparteien waren auf Hausandachten (*devotio domestica*) beschränkt. Die sog. Sekten blieben unberücksichtigt (Art. VII § 2 S. 4 IPO). Es ist offensichtlich, dass dieses Ergebnis – wie schon das ungeschmälerte Ius reformandi von

---

[61] Ausführlich *Fuchs*, passim. Vgl. auch *Martin Heckel*: Deutschland im konfessionellen Zeitalter, S. 200f.; *Klueting*, S. 351 f.
[62] Vgl. *Kaufmann*: Art. „Westfälischer Friede", Sp. 1496; *Martin Heckel*: Deutschland im konfessionellen Zeitalter, S. 201 f.; *Westphal*, S. 107f., und *Gotthard*, S. 488 ff., der ebd., S. 490, Anm. 945, konstatiert: „Die Formel ‚cuius regio eius religio' taugte nicht mehr als Synonym fürs Ius reformandi." Zum Ius reformandi im Westfälischen Frieden siehe ausführlich *Bernd Christian Schneider*: Ius reformandi, S. 403 ff.
[63] Dazu *Martin Heckel*: Deutschland im konfessionellen Zeitalter, S. 202 f.

1555 – in einem eklatanten Widerspruch zur Trennung von Geistlichem und Weltlichem bei Luther steht. Vielmehr ist von Martin Heckel mit einer gewissen Berechtigung die These vertreten worden, dass sich in diesem Konfessionellen Zeitalter das „‚Konstantische System' der Verchristlichung der Welt ...noch einmal in einer letzten, unerhörten Steigerung vollendet...‟[64] Freilich wurden in diesem Zeitalter mit den Entdeckungen Keplers, Galileis und Newtons sowie der rationalen Philosophie eines Descartes schon die Weichen für ein verändertes Weltbild gestellt.

Die Auswirkungen des Westfälischen Friedens sind – wie diejenigen des Augsburger Religionsfriedens – bis heute erkennbar. Für die Befriedung der religiösen Spannungen war er gleichwohl von unschätzbarem und nachhaltigem Wert.[65] Sein Grundgedanke einer rechtlichen Rahmensetzung für die Koexistenz und Parität divergierender religiöser Wahrheits- und Absolutheitsansprüche hat auch im 21. Jahrhundert nicht an Aktualität eingebüßt.[66]

---

[64] *Martin Heckel*: Deutschland im konfessionellen Zeitalter, S. 222.
[65] Vgl. *Heinig*, Ordnung der Freiheit, S. 19 f.: „Die staatskirchenrechtliche Urerfahrung schlechthin ist die Klugheitslehre des Westfälischen Friedens, dass wechselseitige Anerkennung und Berechtigung (auf der reichsrechtlichen Ebene) ein probates Mittel zur Schaffung und Sicherung des religiösen Friedens ist." *Stern*: Staatsrecht, Bd. IV/2, S. 1405: Der Westfälische Friede stellt „gewissermaßen den Grundtypus moderner völkerrechtlicher Verträge mit religionsrechtlichem Inhalt dar."
[66] Statt vieler *Steiger*, S. 43 ff., und *Link*: Staat und Kirche, S. 11 ff.

III. Staat und (evangelische) Kirche im 17. und 18. Jahrhundert

Die Fortentwicklung des Verhältnisses von Staat und Kirche nach dem Westfälischen Frieden fand nicht auf der Ebene des Reiches, sondern in den Territorien statt. Insofern ist zwischen den evangelischen und den katholischen Gebieten zu differenzieren. Im Folgenden liegt der Fokus auf den evangelischen Territorien. So bleiben etwa der Josephinismus des ausgehenden 18. Jahrhunderts in Österreich sowie der Reichsdeputationshauptschluss zu Beginn und der „Kulturkampf" mit Bismarck gegen Ende des 19. Jahrhunderts ausgespart, die allesamt im Wesentlichen die römisch-katholische Kirche betrafen und eine partielle Vorwirkung für das aktuelle Religionsverfassungsrecht entfalteten.[67]

1. Das landesherrliche Kirchenregiment

In den evangelischen Gebieten entstand durch den Wegfall der katholisch-universalistischen Kirchenverfassung schon im 16. Jahrhundert ein Vakuum bzgl. der Wahrnehmung der Bischofsrechte, das die Landesherren als „(Not-) Bischöfe" ausfüllen sollten und wollten.[68] Sie wurden – vor allem nach Maßgabe der Lehre Melanchthons – zu Inhabern der Kirchengewalt im Sinne der iura in sacra, die im Gegensatz zu den ebenfalls dem Landesherrn zugeschriebenen iura circa sacra als gesteigerte Kirchenaufsicht stand.[69] Als Inhaber dieser iura in sacra

---

[67] S.o. C., I.. Überblick bei *Unruh*: Religionsverfassungsrecht, Rn. 25 ff.
[68] Vgl. *Honecker*: Evangelisches Kirchenrecht, S. 49 f.
[69] Dazu *Johannes Heckel*: Cura religionis – iura in sacra – iura

übten sie das landesherrliche Kirchenregiment aus: der Landesherr wurde zum Summepiskopus.[70] Diese Entwicklung wurde im 17. und 18. Jahrhundert nicht etwa hinterfragt, sondern mit unterschiedlichen religionsverfassungsrechtlichen Theorien legitimiert.[71]

a) *Episkopaltheorie*

Der im 16. und 17. Jahrhundert vorherrschende Episkopalismus war „die Erste eigene Theorie, die die evangelische Jurisprudenz zur Begründung und Erklärung des Kirchenregiments fand."[72] Ihre Begründer, insbesondere die Brüder Joachim und Matthias Stephani[73], folgerten aus der Suspendierung der katholischen Rechtsprechungsgewalt durch den Augsburger Religionsfrieden den insofern reichsrechtlich fundierten Übergang der bischöflichen Rechte auf den Landesherrn. Die übergegangenen Rechte wurden als kirchliche, nicht als territoriale Rechte aufgefasst. Sie waren also von der originären territorialen Staatsgewalt zu unterscheiden und vom Landesherrn treuhänderisch auszuüben.[74] Hier scheint die Qualifizie-

---

circa sacra, passim, und *Anke*, Rn. 7. Zu den einzelnen Aufgabenbereichen siehe etwa *Willoweit*: Das landesherrliche Kirchenregiment, S. 365 f.

[70] Vgl. *Grethlein*, S. 34. Zum Begriff siehe nochmals *de Wall*: Art. „Landesherrliches Kirchenregiment", Sp. 1380 ff.

[71] Zum Folgenden siehe u. a. *Klueting*, S. 207 ff. Kurzer Überblick auch bei *Otto*: Neuere Geschichte des evangelischen Kirchenrechts, Rn. 7, und *Honecker*: Evangelisches Kirchenrecht, S. 51.

[72] *Martin Heckel*: Staat und Kirche, S. 81.

[73] Dazu *Johannes Heckel*: Das Episkopalsystem, S. 387 ff. m. w. N. Überblick bei *Munsonius*: Evangelisches Kirchenrecht, S. 26.

[74] *Link*: Art. „Episkopalismus/Episkopalsystem", Sp. 1375 f.

III. Staat und (evangelische) Kirche im 17. und 18. Jh. 183

rung der iura in sacra als originäre Rechte des Landeherrn, die Melanchthon vornahm, relativiert zu sein.

b) Territorialtheorie

Die anschließend vom 18. bis in das 19. Jahrhundert hinein dominierende Theorie des Territorialsystems ersetzte die reichsrechtliche Übertragung als Legitimationsgrund für das landesherrliche Kirchenregiment durch die territoriale Souveränität.[75] Sie wurde insbesondere durch die Souveränitätslehren von Jean Bodin und Thomas Hobbes beeinflusst.[76] Maßgebliche Vertreter waren u. a. Samuel Pufendorf, Christian Thomasius und Christan Wolff. Als Kennzeichen der staatlichen Souveränität wurde ihre Unteilbarkeit erkannt, sodass für einen exemt-autonomen Rechtsbereich der Kirche kein Raum blieb.[77] Davon unberührt blieb die Vorstellung, dass der souveräne Landesherr selbstverständlich an den göttlichen (Rechts-)Willen gebunden sei.

c) Kollegialtheorie

Die zeitlich jüngste Theorie des Kollegialsystems entstammt dem Zeitalter der Aufklärung und des rationalen Natur- bzw. Vernunftrechts, in dem die Einheit von Staat und Religion in Frage gestellt wurde.[78] Grundlegend

---

[75] Dazu *Schlaich*: Der rationale Territorialismus, S. 269 ff; *Anke*, Rn. 7. Überblick auch bei *Munsonius*: Evangelisches Kirchenrecht, S. 27.
[76] Zu den Souveränitätslehren des 16. und 17. Jahrhunderts siehe u. a. *Münkler/Straßenberger*, S. 126 ff. Zu Jean Bodin nach wie vor lesenswert *Bermbach*, S. 134 ff.; zu Thomas Hobbes siehe das instruktive „Porträt" von *Höffe*, S. 209 ff., und *Euchner*, S. 353 ff. m. w. N.
[77] Vgl. *Link*: Art. „Territorialismus/Territorialsystem", Sp. 165 f. Überblick bei *Munsonius*: Evangelisches Kirchenrecht, S. 27.
[78] Grundlegend *Schlaich*: Kollegialtheorie, S. 13 ff., und *ders.*:

wirkten hier die Arbeiten von Christoph Matthaäi Pfaff und Johann Lorenz von Mosheim. Die Kirche wurde aufgefasst als Gesellschaft freier und gleicher Individuen, die sich zu gemeinsamer Religionsausübung zusammengeschlossen haben. Sie wurde zu einem collegium von Gläubigen, zu einem Verein neben anderen. Die Kirchengewalt in Gestalt der iura in sacra wurde damit auf eine neue Legitimationsbasis gestellt, denn Ausgangspunkt war nicht mehr die Institution der Kirche als solche, sondern – entsprechend der zeitgenössischen sowie der aktuellen Staats- und Verfassungstheorie – das Individuum, das sich mit anderen Individuen auf der Grundlage eines (hypothetischen) Vertrages zur Kirche zusammenschließt. Dieser Paradigmenwechsel in der Begründungsstruktur hatte Folgen für die Ausgestaltung der Kirchenhoheit als „Vereinshoheit". Sie verblieb zwar beim Landesherrn, aber nur als von den Kirchengliedern übertragene Kirchenhoheit, die er treuhänderisch auszuüben hatte. Der Landesherr war und blieb an den „Vereinszweck", d.h. das Wohl der Kirche, und die „Vereinssatzung" in Gestalt der jeweiligen Kirchenordnung, gebunden. Das Summepiskopat beruhte im Ergebnis also nicht – wie im Territorialsystem – auf staatlicher Souveränität, sondern auf einem originär kirchlichen Rechtstitel.

In der Praxis des 17. und 18. Jahrhunderts konnte sich diese Theorie des Kollegialsystems zwar nicht gegen die Territorialtheorie durchsetzen. Auch das Preußische Allgemeine Landrecht von 1794 als bedeutendste zeitgenössische Kodifikation des Religionsverfassungsrechts beruht – trotz seiner Vorwirkung für die Parität der Reli-

---

Die Kirche als Anstalt und Verein, S. 174 ff. Dazu auch *Link*: Art. „Kollegialismus", Sp. 1482 ff.

gionsgemeinschaften auf Territorialebene – nicht auf der Kollegialtheorie.[79] In und mit ihren Grundgedanken bahnen sich aber eine aufklärerisch inspirierte Abkehr von der originären Verbindung von Staat und Religion und damit auch eine Abkehr von Melanchthon an. Durch die neue Grundlegung und Zuordnung der iura in sacra und der iura circa sacra hindurch werden schon einige Elemente des modernen Religionsverfassungsrechts sichtbar.

IV. Staat und (evangelische) Kirche im 19. Jahrhundert

Mit der territorialen und religionsverfassungsrechtlichen Neuordnung des Reichsgebietes auf der Grundlage des Reichsdeputationshauptschlusses von 1803[80] samt ihrer Bestätigung auf dem Wiener Kongress von 1815[81] wird zugleich das Ende des alten Reichsreligionsverfassungsrechts markiert. Der im Zuge dieser Neuordnung eingetretene Verlust der konfessionellen Geschlossenheit der Territorien erforderte eine grundsätzliche Neuausrichtung dieses Rechtsgebiets. Sie führte im 19. Jahrhundert über eine zunehmende Entflechtung bis an die Schwelle der vollständigen, wenn auch freundlichen Trennung von Staat und Religion. Inhaltliche Kennzeichen dieser Ent-

---

[79] Dazu grundlegend *Landau*, S. 175 ff.; *Strätz*, S. 156 ff., sowie *Link*: Staat und Kirche in der neueren deutschen Geschichte, S. 24 ff.; *Morlok/Rosner*, Sp. 1150.
[80] Dazu u. a. *Martin Heckel*: Vom Religionskonflikt zur Ausgleichsordnung, S. 37 ff.
[81] Dazu u. a. *Nipperdey*, S. 89 ff.; *Willoweit*: Deutsche Verfassungsgeschichte, § 30, S. 227 ff.

wicklung sind neben der Beseitigung der kirchlichen Gerichtsbarkeit in temporalibus vor allem die tendenzielle (für die evangelische Kirche zögerliche) Ausweitung des kirchlichen Selbstbestimmungsrechts und die allmähliche Durchsetzung der uneingeschränkten individuellen Religionsfreiheit über Art. 16 der Deutschen Bundesakte von 1815, §§ 144–151 der Reichsverfassung der Paulskirche von 1848/49[82] und Art. 12, 15 der Verfassungsurkunde für den preußischen Staat von 1850.[83]

Aufgrund des Fortbestands des landesherrlichen Kirchenregiments mit dem Landesherrn als Summus Episkopus verblieb die evangelische Kirche in viel stärkerem Maße als die katholische im Einflussbereich des Staates. Gleichwohl lässt sich die Geschichte des 19. Jahrhunderts (auch) aus evangelischer Sicht als Prozess der fortschreitenden organisatorischen Verselbstständigung beschreiben.[84] Nach dem Aufbrechen der konfessionellen Geschlossenheit der Territorien wurde auch hier eine deutlichere Unterscheidung zwischen Staat und Religion erforderlich. So gewannen die von der Kollegialtheorie besonders betonte Differenzierung zwischen iura in sacra und iura circa sacra sowie die damit verbundene Unterscheidung der Rolle des Landesherrn als Inhaber der Staats- und der Kirchengewalt wieder an Bedeutung. Das Resultat bestand zumeist in einer behördlichen Trennung der Aufgabenerfüllung, vor allem in der Schaffung von mit Juristen und Theologen besetzten Konsis-

---

[82] *Kühne*, S. 470 ff.
[83] *Jeand'Heur/Korioth*, Rn. 27 ff.
[84] Dazu *Martin Heckel*: Das Auseinandertreten von Staat und Kirche, S. 173 ff.; *Benn*, S. 2 ff., und *Unruh*: Grundlagen und Grundzüge evangelischer Kirchenverfassung, Rn. 16 ff.

torien.⁸⁵ Auch in Preußen wurde im Jahre 1850 mit dem Evangelischen Oberkirchenrat eine separate Zentralbehörde zur Wahrnehmung der kirchenregimentlichen Aufgaben und Rechte geschaffen.⁸⁶ Parallel zu dieser Entwicklung erfolgte die Verselbstständigung des evangelischen Kirchenverfassungsrechts.⁸⁷ Mit dem Erlass von Kirchenverfassungen (etwa der vorbildhaften preußischen Kirchengemeinde- und Synodalordnung von 1873), der Einrichtung von Synoden und der einsetzenden kirchlichen Gesetzgebung ging die „konstitutionelle Machtbeschränkung"⁸⁸ des Summus Episkopus einher.⁸⁹ Im Ergebnis war schon gegen Ende des 19. Jahrhunderts die institutionelle Trennung von staatlicher und kirchlicher Administration erreicht.

V. Staat und Religion im 20. Jahrhundert

1. Staat und Religion in der Weimarer Reichsverfassung

Die Geschichte des Religionsverfassungsrechts im 20. Jahrhundert ist geprägt von der zunehmenden Trennung von Staat und Kirche. Besonders radikal erfolgte sie in Frankreich mit dem Gesetz vom 9. Dezember 1905, das den Laizismus zur Rechtsnorm erhob.⁹⁰ In Deutschland konnten sich vergleichbare Strömungen nach der Revolution von 1918 nicht durchsetzen. Die Verhandlungen über

---

[85] *Thomas Barth*, Sp. 1617.
[86] Dazu *Link*: Kirchliche Rechtsgeschichte, § 21, Rn. 8 ff.
[87] Dazu nochmals *Unruh*: Grundlagen und Grundzüge evangelischer Kirchenverfassung, Rn. 16 ff.
[88] *von Campenhausen/de Wall*, S. 29.
[89] Umfassend dazu *Ris*, passim.
[90] *Walter*, S. 162 ff.

die Weimarer Reichsverfassung, die am 11. August 1919 in Kraft trat, führten zum sog. „Kulturkompromiss", der zur conditio sine qua non des gesamten Verfassungswerkes wurde und bis heute das deutsche Religionsverfassungsrecht prägt.[91]

Mit der Monarchie war 1918 zugleich das landesherrliche Kirchenregiment weggefallen.[92] Nach über 350 Jahren der nicht zuletzt auf Melanchthons Staatstheologie fußenden Verbindung von Staat und Religion war der Weg frei für eine grundlegend neue normative Fundierung des Religionsverfassungsrechts; eine Rückbesinnung auf den Keim der Unterscheidung zwischen Geistlichem und Weltlichem, den (der junge) Luther gesetzt hatte, wurde (wieder) möglich: „Weimar bedeutet für das deutsche Staatskirchenrecht (bzw. das Religionsverfassungsrecht) die entscheidende Epochenwende."[93] Das Resultat bestand im Weimarer System der „hinkenden Trennung von Staat und Kirche".[94] Zunächst wurde mit der Zentralnorm des Art. 137 Abs. 1 WRV („Es besteht keine Staatskirche"), d. h. mit einem Federstrich des Ver-

---

[91] *Gusy*, S. 321 ff.; *Könemann*, S. 9, 16 ff., die (ebd., S. 59) zwar betont, dass die Kirchenartikel der Weimarer Reichsverfassung „keines der von den Parteien im Wahlkampf und später in den Nationalversammlung vertretenen kirchenpolitischen Programme vollständig verwirklichten", aber (ebd., S. 63) zugleich konstatiert, dass im „Spannungsverhältnis der beiden weltanschaulichen Flügelparteien der Weimarer Koalition – Zentrum und SPD – ...das Zentrum ..., gemessen an der Realisierung ihrer Ziele, als Gewinner" hervorgegangen sei.

[92] Dazu und zu den Folgen siehe *Bullinger*, S. 73 ff., und *Munsonius*: Von der Glaubenseinheit zur Glaubensfreiheit, S. 29 ff.

[93] *Martin Heckel*: Kontinuität und Wandlung des deutschen Staatskirchenrechts, S. 347.

[94] *Stutz*, S. 54, Anm. 2.

V. Staat und Religion im 20. Jahrhundert

fassunggebers, das über viele Jahrhunderte bestehende Bündnis von Thron und Altar beendet; darauf wird zurückzukommen sein.[95] Die letzten Reste des landesherrlichen Kirchenregiments wurden beseitigt und die Wiedereinführung des Staatskirchentums untersagt. Eine Gesamtschau der weiteren religionsverfassungsrechtlichen Normen der Weimarer Reichsverfassung zeigt, dass mit Art. 137 Abs. 1 WRV – anders als seinerzeit in Frankreich – keine feindselige, sondern eine freundschaftliche Trennung von Staat und Religion gemeint war. Beide blieben in vielfältiger Weise miteinander verbunden.[96] Bezeichnend für diese anhaltende Verbindung ist die Regelung des Art. 137 Abs. 5 WRV. Danach behielten die bereits etablierten Kirchen ihren Status als öffentlich-rechtliche Körperschaften; zugleich wurde aber auch anderen Religionsgemeinschaften der Zugang zum Körperschaftsstatus eröffnet. Insgesamt war diese Trennung für die zuvor verbundenen Seiten vorteilhaft.[97] Sie befreite den Staat von den Bindungen an die Kirchen und verpflichtete ihn zu Neutralität und Parität im Umgang mit allen Religionsgemeinschaften. Sie brachte den Religionsgemeinschaften aber auch die Freiheit vom Staat, die sich vor allem in ihrem Selbstbestimmungsrecht in allen (!) eigenen Angelegenheiten (Art. 137 Abs. 3 WRV) manifestierte. Die Nähe zur Zwei-Reiche-/Zwei Regimenten-Lehre Luthers ist offensichtlich!

Die Weimarer Staatsrechtslehre war mit den Umwälzungen nach 1918 (auch) im Bereich des Religionsverfas-

---

[95] S.u. D., III.
[96] Aus damaliger zeitgenössischer Perspektive u. a. *Stier-Somlo*: Deutsches Reichs- und Landesstaatsrecht, S. 500f.; *ders*.: Politik, S. 73: „vorsichtige teilweise Trennung".
[97] *von Campenhausen/de Wall*, S. 32.

sungsrechts – ebenso wie die Kirchen und die anderen Religionsgemeinschaften – unvorbereitet konfrontiert worden und entwickelte nur langsam konsolidierte Auffassungen zum Verständnis der Kirchenartikel der Weimarer Reichsverfassung.[98] Auch die Umsetzung des neuen Religionsverfassungsrechts gestaltete sich schwierig. Nach der zunächst herrschenden Korrelatentheorie, war der öffentlich-rechtliche Status der Kirchen an die Fortsetzung der gesteigerten Staatsaufsicht geknüpft.[99] In der Spätphase der Weimarer Republik konnte sich jedoch die zuerst von Godehard Josef Ebers vertretene und zutreffende Ansicht durchsetzen, dass mit dem Verbot der Staatskirche die Legitimation für eine die allgemeine Staatsaufsicht übersteigende Kirchenhoheit entfallen war.[100] Diese inhaltlich an die reformatorische Unterscheidung von Geistlichem und Weltlichem anknüpfende Erkenntnis – wie überhaupt die Vorzüge des Weimarer Religionsverfassungsrechts – konnten erst nach 1945 (wieder) fruchtbar gemacht werden.

2. Staat und Religion in totalitären Systemen

a) Staat und Religion im Nationalsozialismus

Die großen Kirchen haben der Machtergreifung durch die Nationalsozialisten keinen nennenswerten Widerstand entgegengesetzt. Zunächst verhielt sich das neue

---

[98] Zur staatsrechtlichen Diskussion der Weimarer Kirchenartikel siehe *Könemann*, S. 75 ff. (insbesondere zu Stier-Somlo, Giese, W. Kahl, Anschütz, J. Heckel und Ebers).
[99] Vgl. *Könemann*, S. 381 ff.
[100] *Ebers*, S. 299 ff.; dazu *Könemann*, S. 282 ff., die ebd. S. 389, feststellt, dass sich die Auffassung von Ebers „nach und nach" durchgesetzt hat,

Regime aus taktischen Gründen kooperativ. Als weithin sichtbares Zeichen konnte das Reichskonkordat mit dem Heiligen Stuhl vom 20. Juli 1933 gelten. Aber auch die evangelische(n) Kirche(n) standen den neuen Machthabern keineswegs ablehnend gegenüber. Insbesondere das Projekt einer reichseinheitlichen Deutschen Evangelischen Kirche (DEK; Kirchenverfassung vom 11. Juli und Reichsgesetz vom 14. Juli 1933) erschien anfangs attraktiv. Nach Abschluss der Konsolidierungsphase ging das nationalsozialistische Regime aber zunehmend offen gegen Religion und Kirchen vor.[101] Zwei Phasen lassen sich unterscheiden.

In der ersten Phase wurde der Versuch einer Gleichschaltung der evangelischen Kirchen in der DEK unternommen. Treibende Kraft war die von den Nationalsozialisten unterstützte Bewegung der „Deutschen Christen", der es mit Hilfe der SA gelang, die sog. „braunen Synodalwahlen" im Jahre 1933 für sich zu entscheiden und mit Ludwig Müller eine Vertrauensperson Hitlers zum Reichsbischof wählen zu lassen. Gegen diese auf die Einführung des Führerprinzips in der Kirche gerichtete Gleichschaltung formierte sich alsbald der innerkirchliche Widerstand, der sich in dem von Martin Niemöller gegründeten Pfarrernotbund und in der Bekennenden Kirche organisierte und zum sog. Kirchenkampf führte.[102] Die auf der 1. Bekenntnissynode der Bekennenden Kirche in Barmen am 31. Mai 1934 verabschiedete Barmer Theologische Erklärung[103] reklamierte u. a. die Freiheit

---

[101] Dazu *Bormann*, S. 243 ff.; *Scholder*, passim, und *Link*: Kirchliche Rechtsgeschichte, § 29, III., Rn. 13 ff.

[102] *Link*: Staat und Kirche in der neueren deutschen Geschichte, S. 143 ff.

[103] *Nicolaisen*, Sp. 1111 ff.

der Kirche zu einer bekenntnisbezogenen, eigenverantworteten Ordnung und wies alle Totalitätsansprüche des Staates zurück: „Wir verwerfen die falsche Lehre, als dürfe die Kirche die Gestalt ihrer Botschaft und ihrer Ordnung ihrem Belieben oder dem Wechsel der jeweils herrschenden weltanschaulichen und politischen Überzeugungen überlassen" (3. These). Die 2. Bekenntnissynode von Berlin-Dahlem, die nur wenige Monate später stattfand, besiegelte den Bruch der Bekennenden Kirche mit den „Deutschen Christen" und berief unter Hinweis auf ein kirchliches Notrecht eigene kirchenleitende Organe. Damit war der Versuch einer umfassenden Gleichschaltung gescheitert.

Das nationalsozialistische Regime ging daraufhin in der zweiten Phase seinerseits zum offenen Kampf gegen die Kirchen über. Fortan wurde das Ziel einer vollständigen Zurückdrängung der Religion aus dem öffentlichen Leben (Entkonfessionalisierung) verfolgt. Es kam u. a. zu einem Verbot der Doppelmitgliedschaft in kirchlichen und nationalsozialistischen Organisationen, zu massiven Beschränkungen der kirchlichen Jugendarbeit, der Wohlfahrts- und Krankenpflege, zur Zurückdrängung des Religionsunterrichts und der Anstaltsseelsorge, zur Aufhebung theologischer Fakultäten, zum Ausschluss der Religionsgemeinschaften von Rundfunk und Presse und weiteren einschränkenden Maßnahmen. Als Paradigma „nationalsozialistischen Religionsverfassungsrechts" darf die „Verordnung über religiöse Vereinigungen und Religionsgesellschaften im Reichsgau Wartheland" vom 13. September 1941 gelten. Charakteristika dieses „Modells Warthegau" waren über die bereits genannten Maßnahmen hinaus u. a. die rechtliche Einstufung der Religionsgesellschaften als privatrechtliche

Vereine, deren Mitgliedschaft nur durch Beitrittserklärung Volljähriger (und nicht durch Taufe!) begründet werden konnte, die Eigenfinanzierung durch Beiträge ohne Möglichkeit der Zwangseintreibung sowie überhaupt das Verbot kirchlicher Aktivitäten außerhalb des Gottesdienstes. Die in diesem Modell kulminierenden Vorstellungen zum Religionsverfassungsrecht haben die Trennung von Geistlichem und Weltlichem nicht – wie das landesherrliche Kirchenregiment – durch Vereinnahmung seitens des Staates, sondern durch die angestrebte Vernichtung des Religiösen durch den Staat aufzulösen versucht. Dieser Versuch hat das nationalsozialistische Regime um keinen Tag überdauert.

b) Staat und Religion in der DDR

Die weltanschauliche Ausrichtung der Rechts- und Gesellschaftsordnung der DDR am Marxismus-Leninismus stand einer Neutralität des Staates gegenüber den Religionsgemeinschaften im Wege und führte im Ergebnis zu einer nachhaltigen Religions- und Kirchenfeindlichkeit. Die Unterscheidung von Geistlichem und Weltlichem wurde – insofern ähnlich wie unter dem Nationalsozialismus – mit dem Versuch einer Abschaffung der Religion negiert. Gleichwohl wurde die Religionsfreiheit zumindest formal anerkannt, und die Kirchen wurden z.T. als Verhandlungspartner akzeptiert.

Im Einzelnen hat das Verhältnis des Staates zur Religion verschiedene Stadien durchlaufen.[104] Während die Religionsgemeinschaften in der Anfangsphase eine relative Freiheit genossen, da die DDR-Verfassung von 1949 eine den Kirchenartikeln der Weimarer Reichsverfassung

---

[104] Überblick bei *Otto*: Staatskirchenrecht in der DDR, S. 269 ff.

weit gehend entsprechende Regelung getroffen hatte, verschlechterten sich die Beziehungen bis zu einem zweiten Kirchenkampf, der von staatlicher Seite mit offen atheistischer Propaganda geführt wurde. In dieser Phase zerbrach auch die Einheit der EKD, die bis 1969 auch die auf dem DDR-Gebiet befindlichen Gliedkirchen umfasst hatte. Gegen Ende der DDR etablierte sich ein System friedlicher Koexistenz, bis die Kirchen zu einem gewichtigen Faktor der friedlichen Revolution von 1989/90 wurden.[105] Sie führte auch die Bürgerinnen und Bürger der nunmehr „Neuen Bundesländer" zum Religionsverfassungsrecht des Grundgesetzes.

---

[105] Zum Stichwort der „Kirche im Sozialismus" siehe *Thumser*, passim.

D. Reformation und Grundgesetz

I. Vorbemerkungen
1. Zur Kontinuität der Zwei-Reiche-Lehre

Die reformatorische Lehre von den beiden Reichen und Regimenten war seit ihrer Entstehung bei Luther und den anderen Reformatoren im Protestantismus der nachfolgenden Jahrhunderte präsent.[1] Bis weit in das 20. Jahrhundert hinein dominierte eine – nicht zwingende bis verfehlte – konservative Deutung, die dem Protestantismus zuweilen den Vorwurf einbrachte, eine strikt obrigkeitshörige Haltung zu verbreiten.[2] Als Beispiel aus dem 19. Jahrhundert kann die Abwehr von Liberalismus und

---

[1] Vgl. *Anselm*: Zweireichelehre, S. 778 ff.

[2] Zu diesem Vorwurf und seiner substantiellen Fragwürdigkeit u.a. *Anselm*: Zweireichelehre, S. 778; aktuell auch *Leonhardt/von Scheliha*, S. 12. Er ist schon im Ansatz, d.h. schon angesichts der Obrigkeitsschrift Luthers verfehlt, der aufgrund der darin beschriebenen Grenzen der weltlichen Gewalt eine „obrigkeitskritische Grundrichtung" (*Kohnle*, S. 64) eingeschrieben ist. Ebenso *Heinig*: Protestantismus und Demokratie, S. 232, Anm. 20: „Es gehört zur Tragik des deutschen Protestantismus, dass er das differenztheoretische Modernisierungsmoment seiner theologischen Tradition für eine Ethik des Politischen lange Zeit verkannt hat…" Differenziert zum Vorwurf der Obrigkeitshörigkeit *Dörfler-Dierken*, S. 141: „Es hat, trotz der unübersehbaren Neigung von Lutheranern, der jeweiligen Obrigkeit – vor allem aufgrund der Furcht vor anarchischen Verhältnissen und Chaos – gehorsam zu sein, Widerspruch und Widerstand zu allen Zeiten gegeben."

Sozialismus bei Adolph von Harleß gelten; und aus dem ersten Drittel des 20. Jahrhunderts mag die Umformung der Obrigkeitslehre in die Idee des Volksstaates bei Emanuel Hirsch als Beleg dienen.[3] Diese Deutung war in erheblichem Maße verantwortlich für die problematische Haltung vieler evangelisch-lutherischer Christen in der Weimarer Republik und im Nationalsozialismus.[4]

Ein erstes und nachhaltig bedeutsames Zeichen der Abkehr von dieser Deutung war die Barmer Theologische Erklärung aus dem Jahre 1934.[5] Einflussreich waren auch die beiden reformiert und christologisch fundierten Schriften „Rechtfertigung und Recht" (1938) und „Christengemeinde und Bürgergemeinde" (1946) von Karl Barth, der schon maßgeblich an der Entstehung der Barmer Theologischen Erklärung mitgewirkt hatte.[6] Die Barmer Theologische Erklärung nimmt in ihrer fünften These auf die Unterscheidung von Geistlichem und Weltlichem Bezug, eröffnet der Kirche aber gegenüber dem

---

[3] Zu beiden *von Scheliha*: Die „Zwei-Reiche-Lehre" im deutschen Protestantismus des 20. Jahrhunderts, S. 183 ff.

[4] Ebenso *Dörfler-Dierken*, S. 153; ebd., S. 154 ff., zum Thema „Lutheraner im Widerstand gegen den Nationalsozialismus"; siehe dazu auch *Heinig*: Protestantismus und Demokratie, S. 232 ff. m. w. N.

[5] S. o. C., V., 2. Zur Bedeutung der Barmer Theologischen Erklärung für die politische Ethik des Protestantismus siehe *von Scheliha*: Protestantische Ethik des Politischen, S. 219 ff. m. w. N. Siehe auch die Überblicke bei *Nowak*, passim (zur Weimarer Republik), und *Strohm*: Die Kirchen im Dritten Reich, passim (zum Nationalsozialismus).

[6] Vgl. *K. Barth*: Rechtfertigung und Recht, S. 9 ff, und *ders.*: Christengemeinde und Bürgergemeinde, S. 3 ff. Zur politischen Ethik von Karl Barth siehe u. a. *Heinig*: Gerechtigkeit im demokratisch legitimierten Recht, S. 98 ff., und *ders.*: Protestantismus und Demokratie, S. 237 ff.

I. Vorbemerkungen

Staat ein kritisches Potenzial.[7] Auch weitere Deutungen nach 1945 vollzogen insofern eine gewisse Kehrtwende.[8] So wird die (evangelische) Kirche etwa bei Wolfgang Huber zum kritischen Gegenüber der weltlichen Herrschaft und zum Motor demokratischer Freiheit.[9] Ein exponiertes und zudem kirchlich autorisiertes Dokument der neueren Lesart der Zwei-Reiche-/Zwei-Regimenten-Lehre ist die EKD-Demokratiedenkschrift aus dem Jahre 1985.[10] Sie markiert „eine wichtige Zäsur im politischen Denken des Protestantismus".[11] Die affirmative Haltung der evangelische(n) Kirche(n) zum demokratischen Verfassungsstaat des Grundgesetzes[12] beruht auf

---

[7] Vgl. *Anselm*: Politische Ethik, S. 213 f. Die fünfte These der Barmer Theologischen Erklärung lautet: „Wir verwerfen die falsche Lehre, als solle und könne der Staat über seinen besonderen Auftrag hinaus die einzige und totale Ordnung menschlichen Lebens werden und also auch die Bestimmung der Kirche erfüllen. Wir verwerfen die falsche Lehre, als solle und könne sich die Kirche über ihren besonderen Auftrag hinaus staatliche Art, staatliche Aufgaben und staatliche Würde aneignen und damit selbst zu einem Organ des Staates werden."

[8] Dazu u.a. *Anselm*: Zweireichelehre, S. 781 f.; *ders.*: Politische Ethik, S. 215 ff., und *Heinig*: Protestantismus und Demokratie, S. 232 ff.

[9] *Wolfgang Huber*, S. 190 ff. Dazu *von Scheliha*: Die „Zwei-Reiche-Lehre" im deutschen Protestantismus des 20. Jahrhunderts, S. 204.

[10] Dazu *Anselm*: Zweireichelehre, S. 778; *ders.*: Politische Ethik, S. 226 ff.; *Heinig*: Protestantismus und Demokratie, S. 245 ff., und *von Scheliha*: Die „Zwei-Reiche-Lehre" im deutschen Protestantismus des 20. Jahrhunderts, S. 200 ff.; *ders.*: Protestantische Ethik des Politischen, S. 214 ff., jeweils m.w.N.

[11] *Anselm*: Politische Ethik, S. 227.

[12] Deutlich auch der *Rat der EKD*: Christentum und politische Kultur, S. 8: „ Die Grundelemente des demokratischen und sozialen Rechtsstaates entsprechen in ihrer Zielrichtung dem christ-

der Abkehr von der einseitigen Verortung der „Sündhaftigkeit" und Begrenzungsbedürftigkeit bei den Untertanen zugunsten der Erkenntnis, dass auch in den Regierenden jeweils justus et peccator zusammenkommen.[13] Sie ist materiell vermittelt über den gemeinsamen Schlüssel- und Brückenbegriff der Menschenwürde, der sowohl das Fundament des christlichen Menschenbildes als auch über Art. 1 Abs. 1 GG das verfassungstheoretische wie verfassungsrechtliche Fundament des Grundgesetzes bildet.[14] In *formeller* Hinsicht ist das Verhältnis von Kirche und demokratischem Verfassungsstaat durch die Differenz im jeweiligen Auftrag bestimmt: „Die klare Unterscheidung zwischen dem geistlichen Auftrag der Kirche und dem weltlichen Auftrag des Staates ist die bleibende Voraussetzung für die Bereitschaft zur Demokratie. ...

lichen Verständnis des Menschen, der in Verantwortung vor Gott wahrgenommenen Freiheit, die aus dem christlichen Glauben folgt, und dem Gebot der Nächstenliebe."

[13] Vgl. *Anselm*: Politische Ethik, S. 226.

[14] Vgl. *EKD-Denkschrift*, S. 13: Der Gedanke der Menschenwürde ist „inhaltlich eine Konsequenz der biblischen Lehre von der Gottebenbildlichkeit des Menschen als Geschöpf Gottes (Gen 1, 17)." Zum Begriff der Menschenwürde aus evangelischer Perspektive siehe *v. Scheliha*: Menschenwürde, S. 241 ff., und *Munsonius*: Menschenwürde – ein evangelischer Beitrag, S. 55 ff. Zur Menschenwürde gem. Art. 1 Abs. 1 GG als verfassungstheoretische Grundlage des Grundgesetzes siehe *Unruh*: Der Verfassungsbegriff des Grundgesetzes, S. 340 ff. Zur Schlüsselfunktion des Begriffs der Menschenwürde für die EKD-Demokratiedenkschrift siehe auch *von Scheliha*: Die „Zwei-Reiche-Lehre" im deutschen Protestantismus des 20. Jahrhunderts, S. 200. Kritisch zur These von der Menschenwürde als „Säkularisat christlicher Glaubenssätze" mit beachtlichen Argumenten *H. Dreier*, S. 79 ff. (Zitat ebd., S. 87), der aber ebd., S. 88, einräumt, dass der Konsens über die Validität der Menschenwürde heute auf vielen Schultern ruhe, auch denen der Kirche(n).

I. Vorbemerkungen

Die Unterscheidung von Kirche und Staat entspricht daher dem Selbstverständnis der Kirche ebenso wie dem der Demokratie. ...Erst die Unterscheidung zwischen dem Auftrag der Kirche und dem Auftrag des Staates erlaubt und ermöglicht eine positive Beziehung zwischen beiden."[15] Der Auftrag des Staates lautet: „...Recht zu schützen, Frieden zu wahren, dem Bösen zu wehren und das Gute zu fördern."[16] Hier wird und bleibt die reformatorische Unterscheidung von Geistlichem und Weltlichem greifbar. Diese Aufgabenbeschreibung führt aber nicht zu einer Verabsolutierung der oder sogar jeder Staatsgewalt. In ausdrücklicher Abkehr vom bisherigen Verständnis der Zwei-Reiche-/Zwei-Regimenten-Lehre, jedenfalls vom Verständnis in der Reformationszeit, wird die Fehlbarkeit (auch) der Regierenden hervorgehoben.[17] In der EKD-Denkschrift werden aus diesem Umstand drei Postulate gefolgert: die politische Verantwortung der Bürgerinnen und Bürger, die kritische (!) Solidarität der Christinnen und Christen mit dem demokratischen Verfassungsstaat und die Anerkennung der Religionsfreiheit.[18] Mit letzterem Postulat wird nicht nur die Brücke zum Religionsverfassungsrecht des Grundgesetzes aus der Richtung der evangelische(n) Kirche(n) gebaut, sondern zugleich überschritten.[19]

---

[15] *EKD-Denkschrift*, S. 12 f.
[16] *EKD-Denkschrift*, S. 15.
[17] Dazu *von Scheliha*: Die „Zwei-Reiche-Lehre" im deutschen Protestantismus des 20. Jahrhunderts, S. 200.
[18] *EKD-Denkschrift*, S. 16 f.
[19] Die Kompatibilität von Zwei-Reiche-/Zwei-Regimenten-Lehre und grundgesetzlichem Religionsverfassungsrecht wird auch konstatiert bei *Munsonius*: Kirche und Staat, S. 81, 96.

2. Zum Religionsverfassungsrecht des Grundgesetzes

Nach anfänglichen Diskussionen im Parlamentarischen Rat wurden die einschlägigen Artikel der Weimarer Reichsverfassung – mit Ausnahme der Art. 135 und Art. 140 WRV – über Art. 140 GG in das Religionsverfassungsrecht des Grundgesetzes inkorporiert.[20] Obwohl es sich insofern nicht um das Resultat eines vertieften Überlegungsprozesses, sondern wiederum um einen Kompromiss handelte, war der Hintergrund nunmehr ein anderer: War es nach 1918 um eine Entflechtung ohne radikale Trennung von Staat und Religion gegangen, so musste nach 1945 die Konsequenz aus dem Kirchenkampf gezogen und die Freiheit der Kirchen in das menschenwürde- und grundrechtsbasierte System des Grundgesetzes eingepasst werden. Es galt eine Alternative zu finden zu der Dominanz des Weltlichen über das Geistliche im landesherrlichen Kirchenregiment einerseits und der Verdrängung bis zur Vernichtung des Geistlichen durch eine totalitäre Weltlichkeit andererseits. Entscheidend wurde und ist, dass auch das Grundgesetz von der reformatorisch vorgeprägten Unterscheidung von Geistlichem und Weltlichem ausgeht. Dies gilt ungeachtet der unangefochtenen Erkenntnis, dass sich diese Unterscheidung in der für den modernen demokratischen Verfassungsstaat relevanten Form erst im Zuge der Aufklärung und ihrer politischen Philosophie – etwa mit der Staatsphilosophie Kants[21] – voll entfaltet hat. Gleichwohl gilt, dass „wesentliche Aspekte des gegenwärtigen Staatsverständnisses in

---

[20] Zur Entstehungsgeschichte des Art. 140 GG auch *Stern*: Staatsrecht, Bd. IV/2, S. 1201 ff.
[21] Dazu *Unruh*: Die Herrschaft der Vernunft, passim; zum Verhältnis von Staat und Religion bei Kant siehe ebd., S. 21 ff.

Deutschland, sofern sie das Verhältnis des Staates zu den Religionsgemeinschaften betreffen, als *Langzeitwirkungen der von Martin Luther angestoßenen Reformation* verstanden werden können."[22] Spuren der Zwei-Reiche-/Zwei-Regimenten-Lehre lutherischer Provenienz finden sich auch in diversen einschlägigen Artikeln des grundgesetzlichen Religionsverfassungsrechts. Eine absolute Kongruenz liegt aber nicht vor. Insbesondere finden die verfassungstheoretischen und verfassungsrechtlichen Grundpfeiler wie etwa die Volkssouveränität, Demokratie und Grundrechte, Rechts- und Sozialstaat bei Luther keine Entsprechung.[23] Im Folgenden sollen – über die Jahrhunderte hinweg und ohne Anspruch auf Vollständigkeit – anhand von drei dogmatischen Beispielen aus dem Religionsverfassungsrecht sowie zwei Annexthemen Kontinuitäten und Differenzen demonstriert werden.

II. *Das Grundrecht der Religionsfreiheit (Art. 4 GG)*

1. *Status und Schutzaspekte*

Das Grundrecht auf Religionsfreiheit aus Art. 4 Abs. 1 und 2 GG ist Ausgangspunkt und Fundamentalnorm des Religionsverfassungsrechts des Grundgesetzes.[24] Die über Art. 140 GG inkorporierten „Weimarer Kirchenartikel" stehen in einem dienenden, grundrechtsfördernden Verhältnis zum Grundrecht auf Religionsfreiheit.[25]

---

[22] *Leonhardt/von Scheliha*, S. 9 (Hervorhebungen vom Verf.).
[23] Vgl. *Härle*: „Niemand soll in eigener Sache Richter sein", S. 311 ff.
[24] Vgl. *Unruh*: Religionsverfassungsrecht, Rn. 6.
[25] *Unruh*: Religionsverfassungsrecht, Rn. 68.

Art. 4 Abs. 1 und 2 GG beschreibt ein einheitliches Grundrecht der Religionsfreiheit mit drei sich z. T. überlagernden Schutzaspekten.[26] Mit der *Freiheit des Glaubens* wird die Bildung und Beibehaltung einer religiösen Überzeugung, d. h. das forum internum geschützt.[27] Mit der *Freiheit des religiösen Bekenntnisses* wird das Recht gewährleistet, die eigene religiöse Überzeugung in vielfältiger Form kommunikativ nach außen zu tragen. Dazu gehört das Recht, „auszusprechen oder zu verschweigen, dass und was man glaubt oder nicht glaubt."[28] Die *Freiheit der Religionsausübung* umfasst – mit den Worten des BVerfG – „das Recht des Einzelnen, sein gesamtes Verhalten an den Lehren seines Glaubens auszurichten und seiner inneren Glaubensüberzeugung gemäß zu handeln."[29] Eine Beschränkung dieses Schutzaspektes auf die Kultusfreiheit greift zu kurz.[30] Zur Freiheit der Religionsausübung gehört auch das Recht, sich zu Religionsgemeinschaften zusammenzuschließen, die sich ihrerseits auf das Grundrecht der Religionsfreiheit berufen können.

Unmittelbar aus diesem Grundrecht folgt das *Gebot der religiös-weltanschaulichen Neutralität des Staates*.[31] Es enthält ein Beeinflussungs-, ein Identifikations- und

---

[26] Grundlegend BVerfGE 24, 236 (245). Ebenso u. a. *von Campenhausen/de Wall*, S. 54. Gegen eine Reduktion des Schutzbereichs durch die Aufspaltung in separate Schutzbereiche des Grundrechts siehe *Unruh*: Religionsverfassungsrecht, Rn. 79 m. w. N.
[27] Vgl. *Classen*, Rn. 146.
[28] BVerfGE 12, 1, 4.
[29] BVerfGE 32, 98, 106; ebenso BVerfGE 93, 1 (5); 108, 282 (297). Zustimmend u. a. *von Campenhausen/de Wall*, S. 54.
[30] Für eine solche Beschränkung u. a. *Kästner*, S. 980, und *Waldhoff*: Neue Religionskonflikte und staatliche Neutralität, D 73 f.; dagegen *Unruh*: Religionsverfassungsrecht, Rn. 86 f. m. w. N.
[31] Dazu *Unruh*: Religionsverfassungsrecht, Rn. 90 m. w. N.

ein Bewertungsverbot auch gegenüber den Religionsgemeinschaften. Dies bedeutet einerseits mit den Worten von Horst Dreier: „Das Recht eines freiheitlichen Verfassungsstaates hat weder distinkte religiöse oder weltanschauliche Wertvorstellungen durchzusetzen noch kann es sich zur Begründung seiner Geltung auf theologische oder religiöse Argumente berufen. Es muß vielmehr auf Gründen und Erwägungen beruhen, die allgemein akzeptiert werden können, ohne die weltanschaulichen oder religiösen Prämissen einer insofern notwendig partikularen Gruppenüberzeugung teilen zu müssen."[32] Das Neutralitätsgebot ist andererseits nicht gleichbedeutend mit einem vermeintlichen Gebot kritischer Distanz gegenüber der Religion.[33] Das BVerfG versteht es als Gebot einer offenen Neutralität, das die staatliche – auch finanzielle – Förderung von Religion und Religionsgemeinschaften nicht grundsätzlich ausschließt.[34]

Schließlich umfasst das Grundrecht aus Art. 4 GG nicht nur ein Recht auf Abwehr staatlicher Eingriffe in die Religionsfreiheit, sondern auch eine Schutzpflicht des Staates, die Bedingungen der Möglichkeit von Religion und Religionsausübung zu sichern.[35]

---

[32] *H. Dreier*, S. 26.
[33] Dazu nochmals *H. Dreier*, S. 33: „Aus dem Gebot weltanschaulich-religiöser Neutralität folgt keineswegs die inhaltliche Wertungsaskese rechtlicher Normen, wohl aber die Möglichkeit und Notwendigkeit ihrer säkularen Begründung." Zu diesem Distanzierungsmodell s. u. V., 3.
[34] BVerfGE 41, 29 (50); 108, 282 (300); 123, 148 (180). Zum Konzept der „übergreifenden offenen Neutralität", das dem Religionsverfassungsrecht zugrunde liegt, siehe auch *Böckenförde*: Der säkularisierte Staat, S. 14 ff.
[35] Dazu *Unruh*: Religionsverfassungsrecht, Rn. 104; zum Be-

2. Schranken

Art. 4 Abs. 1 und 2 GG enthält zwar keine expliziten Schranken.[36] Auch ohne expliziten Schrankenvorbehalt ist die Religionsfreiheit unter dem Grundgesetz aber nicht schrankenlos gewährleistet. Maßgeblich sind sog. *verfassungsimmanente Schranken*, d. h. Grundrechte Dritter oder sonstige Rechtsgüter mit Verfassungsrang. Auch Einschränkungen des Neutralitätsgebotes können gerechtfertigt sein, etwa wenn eine Religionsgemeinschaft Integrität und Persönlichkeit ihrer Mitglieder durch Gewalt und Misshandlung verletzt oder den Austritt durch strafbewehrte Nötigung zu verhindern sucht.[37]

3. Kontinuität und Differenz

Begriff und Bedeutung der Grundrechte im demokratischen Verfassungsstaat waren den Reformatoren fremd.[38] Gleichwohl führt die reformatorische Unterscheidung von Geistlichem und Weltlichem und insbesondere die Unterscheidung der beiden Regimente bei Luther unmittelbar zum Postulat der Begrenzung staatlicher Macht, vor allem im Hinblick auf die Religion.[39] Insofern sind

---

griff der Schutzpflicht *ders.*: Zur Dogmatik der grundrechtlichen Schutzpflichten, S. 20 f.

[36] Eine Schrankenübertragung aus Art. 140 GG i. V. m. Art. 136 Abs. 1 WRV ist unstatthaft. Für eine solche Schrankenübertragung u. a. *Kästner*, S. 982 f.; dagegen *Unruh*: Religionsverfassungsrecht, Rn. 120 ff. m. w. N.

[37] Beispiele bei *Unruh*: Religionsverfassungsrecht, Rn. 131 ff. m. w. N.

[38] Statt vieler *von Scheliha*: Religion und Sachpolitik, S. 244.

[39] Vgl. *von Scheliha*: Religion und Sachpolitik, S. 250: „Das Politische und das Glaubensleben sind tatsächlich zwei unterschiedliche Sphären, deren Einheit nur in Gott verbürgt ist."

zumindest einige Impulse dieser Unterscheidung(en) auch aktuell spürbar. Eine Gemeinsamkeit mit der Dogmatik zum Grundrecht der Religionsfreiheit im und unter dem Grundgesetz liegt in der Erkenntnis von der Schutzbedürftigkeit bzw. Unantastbarkeit des religiösen forum internum: Zum Glauben kann, soll und darf niemand gezwungen werden – so hallt die Stimme Martin Luthers über die Jahrhunderte hinweg nach bis in das Grundgesetz.[40]

Gleiches gilt im Grundsatz für den Gedanken, dass der Staat *der*, nicht nur *einer* Religion positiv gegenübersteht und ihre Ausübung schützt. Begriff und Funktion der cura religionis schwingen in der Schutzpflichtendimension (auch) des Grundrechts aus Art. 4 Abs. 1 und 2 GG nach.[41]

Aus der Reformationszeit ist schließlich der Gedanke bekannt, dass das öffentliche religiöse Bekenntnis und die Religionsausübung Schranken unterliegen. Allerdings werden die Grenzen durch Art. 4 Abs. 1 und 2 GG deutlich weiter gezogen. Die Ineinssetzung von abweichender Lehre, Gotteslästerung und strafbewehrtem Aufruhr gilt unter dem Grundgesetz nicht. Die Religionsfreiheit schützt alle Religionen und Religionsgemeinschaften in gleicher Weise und beschränkt sie (nur) durch andere Verfassungswerte.

---

[40] S.o. B., I., 2., g), bb. Siehe dazu auch *Stümke*, S. 231 ff.
[41] Vgl. *von Scheliha*: Religion und Sachpolitik, S. 247.

III. Das Verbot der Staatskirche (Art. 140 GG i. V. m. Art. 137 Abs. 1 WRV)

1. Der Gewährleistungsgehalt

Eine tragende Säule des Verhältnisses von Staat und Religion unter dem Grundgesetz wird durch Art. 137 Abs. 1 WRV geformt; er lautet schlicht: *„Es besteht keine Staatskirche."* Mit diesem Paukenschlag der Verfassunggebung von 1919, der im Grundgesetz nachklingt, wurden die letzten Reste des landesherrlichen Kirchenregiments in den evangelischen Kirchen beseitigt.[42] Aus dieser Trennung von Staat und Kirche(n) folgt jedenfalls das grundsätzliche Verbot institutioneller und funktioneller Verbindungen beider Sphären.[43]

Streit besteht hingegen über die normative Reichweite des Trennungsgebotes. Im Ergebnis ist nicht von einer strikten, sondern von einer *freundlichen Trennung* auszugehen, die eine sachlich begründete Berührung von Staat und Religion sowie eine Kooperation von Staat und Religionsgemeinschaften nicht ausschließt und in einigen Bereichen sogar verfassungsrechtlich vorschreibt.[44] So begreift das BVerfG das Verbot der Staatskirche zutreffend (nur) als Verbot institutioneller bzw. organisatorischer Verbindungen.[45] Daraus folgen u. a. die Verbote der Einführung staatskirchlicher Strukturen und der

---

[42] Vgl. *Anschütz*, S. 630 f. Vgl. auch die Einschätzung der Zäsur von 1918 bei *Dibelius*, Nachspiel, S. 15: „Der christliche Staat ist zu Ende. Von Chlodwig bis 1918 reicht, wenigstens für das deutsche Volk, eine Epoche". Zuvor hatte *Dibelius*: Das Jahrhundert der Kirche, S. 75 ff., diese Zäsur bereits als das „befreiende Gewitter" für die evangelische Kirche beschrieben.

[43] Vgl. *Unruh*: Religionsverfassungsrecht, Rn. 141 m. w. N.

[44] *Unruh*: Religionsverfassungsrecht, Rn. 144.

[45] BVerfGE 19, 206 (216); 93, 1 (17); 108, 282 (299).

staatlichen Einflussnahme auf die religiösen Inhalte und Aktivitäten der Religionsgemeinschaften. Auch diese institutionelle bzw. organisatorische Trennung schließt aber eine Kooperation beider Sphären nicht aus.

2. *Kontinuität und Differenz*

Der reformatorische Gedanke der Unterscheidung von Geistlichem und Weltlichem bildet offensichtlich den Nucleus auch des Art. 137 Abs. 1 WRV. Die Kontinuität ist allerdings ambivalent.

Einerseits führen die religiös fundierte und untrennbare Verbindung von weltlichem und geistlichem Regiment in ihrem Status als Regierweisen Gottes[46] sowie die Aussage, dass keines ohne das andere bestehen könne[47], zu der Erkenntnis, dass es für Luther trotz seiner Unterscheidung von Geistlichem und Weltlichem keine dem Art. 137 Abs. 1 WRV äquivalente Trennung von Kirche und Staat geben kann.[48] Andererseits lassen sich dieser Unterscheidung und dem (lutherischen) Begriff des Regiments Impulse abspüren, die genau in diese Richtung weisen. Denn mit der Bestimmung des weltlichen Regiments als unmittelbare (!) Regierweise Gottes wird zugleich der das vorreformatorische Staatsverständnis prägende Konnex von Kirche (!) und weltlicher Herrschaft i. S. d. Zwei-Schwerter-Lehre aufgebrochen.[49] Das Nebeneinander der beiden Regimente insbesondere in

---

[46] S.o. B., I., 1., d), bb.
[47] S.o. B., I., 2., h), aa.
[48] Ebenso *Kohnle*, S. 65: „Eine – modern gesprochen – Trennung von Kirche und Staat kann es nach Luthers Verständnis also nicht geben."
[49] Zur Zwei-Schwerter-Lehre s. o. B., I., 1., c), bb.

Luthers Zwei-Reiche-/Zwei-Regimenten-Lehre eröffnet die Möglichkeit, den Staat als weltlichen Staat zu denken, der Religion und Religionsgemeinschaften weder negiert noch sich ihnen unterordnet, sondern mit ihren je eigenen, d.h. geistlichen Aufgabenbereichen anerkennt.[50] In dieser Lesart wird die Nähe der reformatorischen Unterscheidung von Geistlichem und Weltlichem zur freundlichen Trennung von Staat und Religion unter dem Grundgesetz greifbar.

Demgegenüber ist die Verbindung von Staat und Religion im landesherrlichen Kirchenregiment, die in der Reformation gedanklich vorbereitet und im Augsburger Religionsfrieden reichsrechtlich fixiert worden ist, offensichtlich mit dem Grundgesetz nicht vereinbar. Dies gilt für die Notfall-Variante Luthers in gleicher Weise wie für die Perpetuierungsvariante der anderen Reformatoren. Das Urteil über Luthers Unterscheidung zwischen Geistlichem und Weltlichem jenseits des Notbischofstheorems fällt hingegen anders, nämlich positiv aus. Denn mit der Trennung von Staat und Religion durch Art. 137 Abs. 1 WRV und dessen Transformation in das Grundgesetz wird religionsverfassungsrechtlich – spät – geerntet, was Luther im 16. Jahrhundert gedanklich gesät hat.[51]

---

[50] Ebenso *Stümke*, S. 222 f.; vgl. ebd., S. 231: „Die Existenz von zwei gleichberechtigten, aber in ihrer Form und in ihren Zielen unterschiedenen Regimenten steht gegen eine totale Dominanz sei es der Kirche oder des Staates."

[51] I.E. ebenso *Holl*, S. 380, im Jahre 1921: „Heute ist das landesherrliche Kirchenregiment gefallen. Auch wer ihm die Anerkennung nicht versagt, daß es in schwierigen Zeiten sich redlich um die Kirche bemüht hat, wird eine Genugtuung darüber empfinden, daß die Entwicklung jetzt endlich auf die Bahnen zurücklenkt, die Luther eingeschlagen wissen wollte. ...Man möchte wünschen, daß die Selbständigkeit, die die Kirche nunmehr gewonnen hat, für sie

IV. Das Selbstbestimmungsrecht der Religionsgemeinschaften (Art. 140 GG i. V. m. Art. 137 Abs. 3 WRV)

Gemäß Art. 137 Abs. 3 WRV ordnet und verwaltet jede Religionsgesellschaft ihre Angelegenheiten selbstständig innerhalb der Schranken des für alle geltenden Gesetzes. Dieses Selbstbestimmungsrecht gilt für alle Religionsgemeinschaften, u. zw. unabhängig von ihrem Rechtsstatus.

1. Ordnen und Verwalten der eigenen Angelegenheiten

Sachlich geschützt sind das Ordnen und Verwalten der eigenen Angelegenheiten der Religionsgemeinschaften – und damit der gesamte Bereich ihrer Aufgaben und Tätigkeitsbereiche. Das *selbstständige Ordnen* umfasst die eigenständige Rechtsetzung der Religionsgemeinschaften in eigenen Angelegenheiten.[52] Das *selbstständige Verwalten* betrifft die freie Betätigung der jeweiligen religionsgemeinschaftlichen Organe zur Verwirklichung ihrer Aufgaben.[53] Dazu gehören auch Bestimmungen über die interne Organisation, insbesondere über die Leitung der Religionsgemeinschaften. Zu den *eigenen Angelegenheiten* der Religionsgemeinschaften gehören unumstritten die Bereiche von Lehre und Kultus sowie von Verfassung und Organisation, die Ausbildung der Geistlichen sowie

---

auch eine Wiedergeburt im Geiste Luthers zur Folge hätte." Zur Legitimationswirkung der Zwei-Reiche-/Zwei-Regimenten-Lehre für eine staatsunabhängige Kirche siehe auch *Leonhardt*, S. 110.

[52] Statt vieler *Jeand'Heur/Korioth*, Rn. 180.
[53] *von Campenhausen/de Wall*, S. 101.

D. *Reformation und Grundgesetz*

das Mitgliedschaftsrecht inklusive der Rechte und Pflichten der Mitglieder.[54]

2. *Kontinuität und Differenz*

Das Selbstbestimmungsrecht der Religionsgemeinschaften erinnert an Luthers grundlegende Überzeugung, dass die Regelung religiöser und interner Angelegenheiten in den Zuständigkeitsbereich der Kirche gehört. Auch die Kirchenreform ist in der Regel innerkirchlich zu vollziehen. Schon die Ausnahme für den „Notfall", d. h. die Einsetzung der staatlichen Regierung als „Notbischöfin" ist aber vom Grundgesetz nicht mehr gedeckt. Ein staatlich verantwortetes Kirchenhandeln wäre eindeutig verfassungswidrig, weil es dem Neutralitäts- und dem Trennungsgebot zuwiderliefe. Dieser Befund gilt in noch stärkerem Ausmaß für die Ansicht von Melanchthon und anderen, der Staat dürfe im Regel- und nicht nur im Ausnahmefall die innerkirchlichen Angelegenheiten selbst regeln.

V. *(Re-) Sakralisierung, Distanzierung und Freiheitsorientierung*

1. *Religionsverfassungsrecht im Wandel?*

Das soeben in seinen Grundzügen skizzierte Religionsverfassungsrecht des Grundgesetzes, dessen Wurzeln in die Weimarer Reichsverfassung reichen, hatte sich in den ersten Jahrzehnten der Bundesrepublik in einer bemerkenswerten Ruhe und von einem weitreichenden Konsens in Jurisprudenz und Wissenschaft getragen entwi-

---

[54] Dazu *Unruh*: Religionsverfassungsrecht, Rn. 157 ff. m. w. N.

V. (Re-) Sakralisierung, Distanzierung und Freiheit 211

ckeln können. Diese Ruhe ist einer (verfassungs-) rechtlichen, (verfassungs-) politischen und gesellschaftlichen Relevanz gewichen, die das Religionsverfassungsrecht von der Wahrnehmungsperipherie in das Zentrum der Aufmerksamkeit nicht nur der Fachwelt, sondern der Gesamtgesellschaft gerückt hat.[55] Die Gründe für diese Entwicklung sind vielfältig.[56] So werden die aktuellen Rahmenbedingungen für das Religionsverfassungsrecht einerseits bestimmt von einer zunehmenden Säkularisierung und Individualisierung der Gesellschaft, die ihr Wertesystem nicht mehr primär auf ein religiöses Fundament stellt.[57] Andererseits wird eine „Wiederkehr der Religion" diagnostiziert[58], die zu einer verstärkten Nachfrage der religiösen Angebote der Religionsgemeinschaften führt.[59] Beide tendenziell gegenläufigen Annahmen lassen sich jedenfalls in der Diagnose einer postsäkularen Gesellschaft zusammenführen, „die sich auf das Fortbestehen religiöser Gemeinschaften in einer sich fortwährend säkularisierenden Umgebung einstellt."[60] Zu konstatieren

---

[55] So schon *Unruh*: Die Kirchen und der Sonntagsschutz, S. 111. Ebenso u.a. *Waldhoff*: Die Zukunft des Staatskirchenrechts, S. 98 ff.

[56] Zum Folgenden siehe auch *Unruh*: Religionsverfassungsrecht, Rn. 48.

[57] Zum Begriff der Säkularisierung siehe ausführlich *Marramao*, S. 19 ff. sowie die Überblicke u.a. bei *Heun*: Säkularisierung, Sp. 2077 ff.; *di Fabio*, S. 106 m.w.N.

[58] Vgl. u.a. *Graf*: Die Wiederkehr der Götter, passim

[59] *W. Huber*: Kirche und Verfassungsordnung, S. 7 ff.; *Sacksofsky*, S. 8 f.; *Heinig*: Ordnung der Freiheit, S. 4 m.w.N. Skeptisch *Czermak*: Religions- und Weltanschauungsrecht, Rn. 498. Zur religionssoziologischen Bestandsaufnahme siehe auch *Waldhoff*: Neue Religionskonflikte und staatliche Neutralität, D 13 ff.

[60] *Habermas*: Glauben und Wissen, S. 12 ff.; *ders.*: Vorpolitische Grundlagen des demokratischen Rechtsstaates?, S. 116 ff. Gegen

ist darüber hinaus eine intra- und interorganisatorische Pluralisierung der Religion.[61] Die religiöse Landschaft ist nicht mehr ausschließlich von den großen christlichen Kirchen geprägt. Während die Binnendifferenzierung der christlichen Religion in verschiedene Konfessionen noch nicht das Ausmaß einer gravierenden Zersplitterung angenommen hat, wird das verstärkte Auftreten anderer Religionen und (vermeintlich) religiös inspirierter Bewegungen vermehrt zu einem Gegenstand religionsverfassungsrechtlicher Überlegungen. Dies gilt insbesondere für den Islam.[62] Mit dem Fehlen einer tatsächlich repräsentativen Zentralorganisation sowie seiner z. T. abweichenden Haltung zu religiöser Toleranz, Menschenrechten und der Trennung von Staat und Religion stellt der Islam das geltende Religionsverfassungsrecht auf eine Belastungsprobe. Mögen Säkularisierung, Individualisierung und Pluralisierung auch de facto zu einem „Verlust an staatskirchenrechtlichen Selbstverständlichkeiten"[63] geführt haben, so geben sie doch keinen Anlass, das geltende Religionsverfassungsrecht des Grundgesetzes grundsätzlich in Frage zu stellen. Im Gegenteil: Das Religionsverfassungsrecht des Grundgesetzes „bietet ein Integrationspotential, wie es nur wenige andere Rechtsordnungen zur Verfügung stellen."[64]

---

die Säkularisierungsthese *Graf*: Einleitung, S. 7f f.; *Joas*: Glaube als Option, S. 34 ff., und *ders.*: Sakralisierung und Entsakralisierung, S. 262 f.

[61] Dazu *Gabriel*, S. 19 f.

[62] Kurzanalyse bei *Waldhoff*: Neue Religionskonflikte und staatliche Neutralität, D 35 ff.

[63] *Heinig*: Ordnung der Freiheit, S. 5.

[64] *Walter*: Religiöse Freiheit als Gefahr?, S. 1074. *Sacksofsky*, S. 9, und *Heinig*: Ordnung der Freiheit, S. 5 ff., sehen das Religionsverfassungsrecht zumindest unter „Rechtfertigungsdruck".

V. (Re-) Sakralisierung, Distanzierung und Freiheit

Gleichwohl werden gelegentlich tektonische Verschiebungen im Grundverständnis des Religionsverfassungsrechts im Allgemeinen und einzelner religionsverfassungsrechtlicher Normen im Besonderen angemahnt. Dies gilt auch für die grundlegende Unterscheidung von Geistlichem und Weltlichem, d.h. von Staat und Religion, die sich vor allem am Grundsatz der religiös-weltanschaulichen Neutralität des Staates festmachen lässt.[65] So zeigen sich in der aktuellen Staatsrechtslehre Tendenzen einerseits zu einer (Re-) Sakralisierung der Verfassung und andererseits zu einer nahezu vollständigen Distanzierung von Staat und Religion.

2. (Re-) Sakralisierung der Verfassung?

In der jüngeren staatsrechtlichen Literatur sind Stimmen vernehmbar, die einer Parteinahme des Staates für eine bestimmte Religion das Wort reden.[66] Sie wurden und werden z.T. aus der Sphäre der Kirchen flankiert und sekundiert.[67] Diese Auffassungen werden z.T. als „Hierar-

---

[65] Dies gilt, sofern das Neutralitätsgebot überhaupt noch anerkannt wird. *Möllers*: Religiöse Freiheit als Gefahr?, S. 57 und passim, hält dieses Gebot aus demokratietheoretischen Erwägungen für obsolet; die Gewährleistung der Grundrechte und das Rechtsstaatsprinzip genügten zur Sicherstellung ausreichender religiöser Freiheit im demokratischen Prozess. Dazu und dagegen *Heinig*: Verschärfung oder Abschied von der Neutralität?, S. 142 ff.

[66] Dazu zählen *P. Kirchhof*, S. 105 f.; *Uhle*: Staat-Kirche-Kultur, passim; *ders.*: Freiheitlicher Verfassungsstaat und kulturelle Identität, passim; *Hillgruber*: Staat und Religion, S. 49 ff.; *ders.*: Der öffentlich-rechtliche Körperschaftsstatus, S. 218 ff.; *Ladeur/Augsberg*: Toleranz-Religion-Recht, passim; *dies.*: Der Mythos vom neutralen Staat, S. 12 ff.; differenziert *di Fabio*: Staat und Kirche, S. 129 ff.

[67] So etwa durch den *Rat der EKD*: Christentum und politische Kultur, S. 28 ff. Hier wird aus der christlichen Prägung der wesent-

chisierungsmodelle" bezeichnet, weil sie eine (religions-)verfassungsrechtlich bedeutsame Abstufung der Religionsgemeinschaften vornehmen und einer bestimmten Religion bzw. bestimmten Religionsgemeinschaften eine Vorrangstellung einräumen.[68] In diesem Kontext wird auch von einem „Kulturvorbehalt" zugunsten des Christentums gesprochen.[69] Schließlich werden die entsprechenden Theoreme aufgrund der neuerlichen Verknüpfung von Staat und Kirche(n) auch als „gewisse Sakralisierung des Staates und seiner Verfassung" beschrieben.[70] Alle genannten Bezeichnungen sind in gleicher Weise adäquat, da die bezeichneten Stimmen unisono das Hohelied des religiös konnotierten und fundierten Dispenses vom Neutralitätsgrundsatz singen.

So wird etwa in Anlehnung an Art. 12 und 14 der Verfassungsurkunde für den Preußischen Staat vom 31. Janu-

---

lichen Grundprinzipien des demokratischen Verfassungsstaates das Postulat einer Privilegierung des organisierten Christentums abgeleitet; vgl. ebd., S. 28: „Durch das Neutralitätsprinzip …wird der Staat nicht daran gehindert, das vor allem in den Kirchen organisierte Christentum besonders zu würdigen, nachdem er doch dessen prägende Kraft durchaus bejaht." Dagegen überzeugend *Heinig*: Protestantismus und Demokratie, S. 260 ff.

[68] Den Begriff des Hierarchisierungsmodells verwenden etwa *Heinig*: Ordnung der Freiheit, S. 9 ff; *ders.*: Verschärfung der oder Abschied von der Neutralität?, S. 140 ff., und – ihm folgend – *Munsonius*: Kirche und Staat, S. 94; *ders.*: Quo vadis „Staatskirchenrecht"; S. 138.

[69] *Waldhoff*: Neue Religionskonflikte und staatliche Neutralität, D 48 ff. Die Frage, ob diese Auffassungen dem u. a. von *Marramao*, S. 67 ff., diagnostizierten Phänomen der „Rückkehr der politischen Theologie" im Kielwasser der einschlägigen Thesen von Carl Schmitt zuzuordnen sind, bedürfte einer gesonderten Untersuchung, dürfte i. E. aber zu bejahen sein.

[70] *H. Dreier*: Säkularisierung und Sakralität, S. 8.

ar 1850[71] vorgebracht, dass zwischen „vollständiger Identifikation" und „ebenso radikaler ‚Nichtidentifikation' …Zwischenlösungen denk- und durchführbar [seien], die nach der unterschiedlichen Gemeinwohlförderlichkeit der verschiedenen Religionen und Konfessionen differenzieren."[72] Der Anknüpfungspunkt für die Differenzierung liege in den religionskulturellen Voraussetzungen der Verfassung. „Gemeinwohlförderlich" seien nur solche Religionsgemeinschaften, die einen Beitrag zur Festigung der Verfassungsvoraussetzungen und -geltungsbedingungen des Grundgesetzes leisten.[73] Dies könne nur für die christlichen Religionsgemeinschaften, insbesondere für die beiden großen christlichen Kirchen gelten, denn das geltende deutsche Verfassungsrecht sei „zu einem nicht unbeachtlichen Teil …geronnene christ-

---

[71] Art. 12 und 14 der Verfassungsurkunde für den Preußischen Staat vom 31. Januar 1850 lauten: „*Art. 12.* Die Freiheit des religiösen Bekenntnisses, der Vereinigung zu Religionsgesellschaften (Art. 30 und 31) und der gemeinsamen häuslichen und öffentlichen Religionsübung wird gewährleistet. Der Genuss der bürgerlichen und staatsbürgerlichen Rechte ist unabhängig von dem religiösen Bekenntnisse. Den bürgerlichen und staatsbürgerlichen Pflichten darf durch die Ausübung der Religionsfreiheit kein Abbruch geschehen.
Art. 14. Die christliche Religion wird bei denjenigen Einrichtungen des Staats, welche mit der Religionsübung im Zusammenhange stehen, unbeschadet der im Art. 12 gewährleisteten Religionsfreiheit zum Grunde gelegt."
[72] *Hillgruber*: Staat und Religion, S. 42 f. Vgl. *ders.*: Kommentar, S. 123: „Die Selbstverpflichtung auf die Religionsfreiheit schließt offensichtlich mehr oder weniger weit reichende staatliche Identifikation oder Kooperation mit ausgesuchten kirchlichen Kooperationspartnern nicht ohne weiteres aus."
[73] Vgl. *P. Kirchhof*, S. 116 ff. Ebenso u. a. *Ladeur/Augsberg*: Toleranz-Religion-Recht, S. 85.

liche Kultur".⁷⁴ Insofern bedürfe der Staat „fortwährend des Christentums als einer vorsäkularen Quelle und eines unverzichtbaren Garanten seiner rechtskulturellen Identität."⁷⁵ Die christlichen Kirchen werden zu „moralische(n) Instanze(n)", die dem freiheitlich säkularisierten Staat „ein ethisches Fundament" verschaffen und sichern.⁷⁶ In diesem Kontext wird offen von der „Unentbehrlichkeit einer solchen Zivilreligion" gesprochen.⁷⁷ Daraus folge die Zulässigkeit bzw. sogar die Notwendigkeit, die christlichen Kirchen in institutioneller Hinsicht und im Hinblick auf die Schutzpflichtendimension der Religionsfreiheit gegenüber anderen Religionsgemeinschaften zu bevorzugen, während die Abwehrdimension dieses Grundrechts für alle ungeschmälert gültig bleibe.⁷⁸

---

⁷⁴ *Waldhoff*: Die Zukunft des Staatskirchenrechts, S. 65, der aber ebd., sofort einräumt, dass diese christliche Kultur „freilich dem religiösen Diskurs enthoben und in einen rechtlichen Zusammenhang gestellt ist." *Isensee*, S. 146, bezeichnet das deutsche Staatskirchenrecht als „Derivat des Christentums". Eine ausführliche Analyse der religiösen Voraussetzungen des demokratischen Verfassungsstaates aus politikwissenschaftlicher Sicht liefert *Stein*, passim.
⁷⁵ *Hillgruber*: Staat und Religion, S. 91. Ebenso *Ladeur/Augsberg*: Der Mythos vom neutralen Staat, S. 17.
⁷⁶ *Hillgruber*: Der öffentlich-rechtliche Körperschaftsstatus, S. 222.
⁷⁷ *Hillgruber*: Staat und Religion, S. 55. Zum Konzept der/einer Zivilreligion und den damit verbundenen Gefahren siehe u.a. *Böckenförde*: Der säkularisierte Staat, S. 27 ff.
⁷⁸ Vgl. *Hillgruber*: Staat und Religion, S. 68: „Die Religionsfreiheit zwingt den Staat keineswegs dazu, zu allen religiösen Bekenntnissen und Weltanschauungen gleiche Distanz zu halten. Sie verbietet ihm lediglich, Glaubenszwang auszuüben, d.h. das individuelle religiöse Gewissen zu vergewaltigen und selbst zu missionieren. Das betrifft indes nur die Abwehrseite des Grundrechts, nicht ihre Schutz- und Förderdimension. Wollte man auch hier den Staat zu Neutralität im Sinne strikter Gleichbehandlung verpflichten, so

V. (Re-) Sakralisierung, Distanzierung und Freiheit

In dieser Anknüpfung an die „produktiven Leistungen" der christlichen Religionsgemeinschaften liege nur eine „positive Neukonturierung des Neutralitätskonzepts" und „keine Diskriminierung, sondern eine schlichte Feststellung, daß diese Leistungen primär von den historisch majoritären Religionen erbracht wurden. Ihre stärkere Beachtung legitimiert sich damit nicht nur durch einen quantitativen, sondern auch einen qualitativ-funktionalen Aspekt."[79] Im Ergebnis bleibt der Neutralitätsgrundsatz dispensiert, und dieser Dispens ist dem Postulat der cura religionis eines Melanchthon, Zwingli oder Calvin zumindest näher als der am Ende doch konsequenten Unterscheidung von Geistlichem und Weltlichem bei Luther.

Aus heutiger (religions-) verfassungsrechtlicher Sicht können gegen diese (Re-) Sakralisierung der Verfassung zumindest vier Einwände erhoben werden.[80] Der erste Einwand betrifft den Rekurs auf die religionskulturelle Grundierung des Grundgesetzes. Im Hierarchisierungsmodell wird die notwendige Trennung zwischen Verfassungsvoraussetzungen und Verfassungsdogmatik aufge-

---

müsste der Staat nicht nur selbst bekenntnislos bleiben, sondern dürfte …allen religiösen Bekenntnissen und Weltanschauungen nur das gleiche Interesse oder die gleiche Interesselosigkeit entgegenbringen."

[79] *Ladeur/Augsberg*: Der Mythos vom neutralen Staat, S. 17.

[80] Die Zurückweisung der Idee von der (Re-) Sakralisierung der Verfassung kommt zuweilen auch aus christlich-evangelischen Kreisen; vgl. *Wolfgang Huber*: Kirche und Verfassungsordnung, S. 15: „Die Verfassung privilegiert nicht in einer ausschließlichen Weise die christlichen Kirchen, sondern behandelt ihrer grundsätzlichen Absicht nach alle religiösen Überzeugungen und alle Religionsgesellschaften gleich." Dies schließt sachlich begründete und verhältnismäßige Differenzierungen nicht aus.

hoben. Vielmehr werden die (vermeintlich) religiös bzw. christlich konnotierten Verfassungsvoraussetzungen in das Verfassungsrecht transportiert.[81] Damit wird einer unzulässigen „Dogmatisierung von Verfassungsvoraussetzungen und Verfassungserwartungen" Vorschub geleistet.[82]

Mit dem zweiten Einwand kann das Argument aus Art. 12 und Art. 14 der Preußischen Verfassungsurkunde vom 31. Januar 1850 gegen die (Re-) Sakralisierung des Grundgesetzes selbst gewendet werden. Hier genügt der Hinweis darauf, dass das Grundgesetz eine vergleichbare Norm nicht kennt.[83] Auch die vielfach in Bezug genommene nominatio Dei in der Präambel des Grundgesetzes kann in ihrer maßgeblichen Auslegung als „Demutsformel" nicht für „eine transzendente Überhöhung der Verfassung" herhalten.[84]

---

[81] *Waldhoff*: Neue Religionskonflikte und staatliche Neutralität, D 49.

[82] *Waldhoff*: Neue Religionskonflikte und staatliche Neutralität, D 49 Anm. 196, unter Rekurs auf *Möllers*: Staat als Argument, S. 256 ff., und *ders.*: Religiöse Freiheit als Gefahr?, S. 49 ff.

[83] Zum christlich fundierten Sonn- und Feiertagsschutz gem. Art. 140 GG i.V.m. Art. 139 WRV als verfassungsunmittelbare Abweichung vom religionsverfassungsrechtlichen Neutralitätsgebot siehe *Unruh*: Religionsverfassungsrecht, Rn. 546. Dazu auch BVerfGE 125, 39 (81 f.).

[84] *H. Dreier*, in: ders., Grundgesetz. Kommentar, Präambel Rn. 35 m. w. N. Die Präambel des Grundgesetzes wird – neben der Menschenwürdegarantie aus Art. 1 Abs. 1 GG – u. a. von *Hillgruber*: Kommentar, S. 128, als Element der christlichen Imprägnierung des Grundgesetzes benannt. Zur „Sakralisierung" der Person im und durch den Begriff der Menschenwürde *Joas*: Die Sakralität der Person, passim, und *ders.*: Sakralisierung und Entsakralisierung, S. 282.

V. (Re-) Sakralisierung, Distanzierung und Freiheit

Drittens kann dem christlichen „Kulturvorbehalt" entgegengehalten werden, dass der Schutz der Religionsfreiheit in seiner Abwehr- und (!) in seiner Schutzdimension nicht instrumentell auf das Gemeinwohl ausgerichtet ist, sondern um der Religion selbst willen erfolgt. Die Verfassunggeber des Grundgesetzes haben (an-) erkannt, dass Religion ein persönlichkeitsbildendes und ganzheitlich -prägendes Phänomen ist, das staatlich weder vorgegeben noch instrumentalisiert werden soll.[85] Vielmehr gilt: „Es gehört zu den großen Errungenschaften des deutschen Verhältnisses von Staat und Kirche, daß die Religion ihren Schutz nicht deshalb erhält, weil und soweit sie ihre Zuträglichkeit und Nützlichkeit erweist, sondern weil sie als selbständige Sinndimension ihr Eigenrecht beansprucht."[86]

Mit dem vierten und ideengeschichtlichen Einwand wird darauf hingewiesen, dass eine nachhaltige (Re-) Sakralisierung der Verfassung „das Ende des aufklärerischen Projektes, Fragen politischer Einheitsbildung von den Wahrheitsansprüchen einer bestimmten Religion zu entkoppeln" bedeuten würde.[87] Zu ergänzen ist hier nur, dass dieses Projekt von der reformatorischen Unterscheidung von Geistlichem und Weltlichem wertvolle Impulse erfahren hat.

---

[85] Zum religionsverfassungsrechtlichen Begriff der Religion siehe *Unruh*: Religionsverfassungsrecht, Rn. 91 ff.
[86] *Bahr*, S. 89. Zur Selbstzweckhaftigkeit der Religion siehe auch *Heinig*: Öffentlich-rechtliche Religionsgesellschaften, S. 43 ff., und *ders.*: Ordnung der Freiheit, S. 20: „Kirchen sind mehr und anderes als Bundeswerteagenturen ...Die Verfassung rechnet mit der Eigenheit, dem Eigensinn religiöser Akteure und schützt sie hierin..."
[87] *H. Dreier*: Säkularisierung und Sakralität, S. 117.

3. Demokratietheoretische Relativierung der Neutralität?

Nicht in Argumentation und Zielrichtung, wohl aber in der Kritik treffen sich die beschriebenen (Re-) Sakralisierungs- bzw. Hierarchisierungsmodelle mit der demokratietheoretischen Relativierung des Neutralitätsgrundsatzes bei Christoph Möllers. Ausgangspunkt der Überlegungen ist die These, dass demokratische Verfassungsstaaten per se nicht neutral sein können: „Vom Sonntagsschutz bis zur Sektenwarnung, von der Finanzierung christlicher Baukunst bis zum Unterricht verschiedener, aber nicht aller möglichen theologischen Disziplinen an öffentlichen Universitäten scheint es wenig plausibel, die Entscheidungen des demokratischen Gesetzgebers als neutrales Phänomen zu bezeichnen."[88] Daher könne und müsse der Grundsatz religiös-weltanschaulicher Neutralität in seiner herkömmlichen Lesart verabschiedet werden. Vertretbar sei allenfalls ein „rein prozeduraler Neutralitätsbegriff".[89] Der Schutz vor religiös-weltanschaulicher Diskriminierung werde im maßgeblichen demokratischen Prozess über die Grundrechte und das Rechtsstaatsprinzip gewährleistet.[90]

Gegen die These von der Obsoleszenz des Grundsatzes der religiös-weltanschaulichen Neutralität ist zu Recht eingewandt worden, dass sie den normativen Ge-

---

[88] *Möllers*: Grenzen der Ausdifferenzierung, S. 117; ähnlich *ders.*: Religiöse Freiheit als Gefahr?, S. 57.
[89] *Möllers*: Grenzen der Ausdifferenzierung, S. 118.
[90] *Möllers*: Religiöse Freiheit als Gefahr?, S. 58. Zum rousseauistisch geprägten Vertrauen in den demokratischen Prozess siehe auch *ders.*: Grenzen der Ausdifferenzierung, S. 125: „Die ,Nicht-Identifikation' von Religion und Politik ist im Begriff der Demokratie enthalten…"

halt der religionsverfassungsrechtlichen Normen des Grundgesetzes verfehlt.[91] Extrapolation und Geltung des Neutralitätsgrundsatzes ergeben sich (nur!) aus den konkreten Verfassungsnormen, sei es aus Art. 4 Abs. 1 und 2 GG[92], sei es aus Art. 140 GG i. V. m. Art. 137 Abs. 1 GG[93] oder sei es aus dem gesamten Ensemble religionsverfassungsrechtlicher Freiheits- und Gleichheitsbestimmungen.[94] Derart verfassungsrechtlich und verfassungsdogmatisch fundiert erweist sich der Neutralitätsgrundsatz eben nicht (nur) als staats- und demokratietheoretische Prämisse, sondern als sinnvolle, bewahrungswürdige und somit „wichtige Reflexionsfigur für die Ausbuchstabierung dessen, was gleiche Freiheit in der konkreten Verfassungsordnung des Grundgesetzes meint."[95] Die Fokussierung der konkreten Verfassungsordnung öffnet auch den Blick dafür, dass in der verfassungsrechtlichen Verankerung etwa des Sonntagsschutzes kein Verstoß gegen den Neutralitätsgrundsatz liegt. Die Geltung des Neutralitätsmaßstabs ergibt sich nicht *vor*verfassungsrechtlich aus seinem vermeintlichen Status als staats- bzw. demokratietheoretisches Prinzip, sondern kann nur aus einer konkreten verfassungs*rechtlichen* Quelle flie-

---

[91] Der Einwand wird erhoben und erläutert von *Heinig*: Verschärfung der oder Abschied von der Neutralität?, S. 143 f.
[92] Vgl. *Unruh*: Religionsverfassungsrecht, Rn. 90.
[93] So wohl *Heinig*: Verschärfung der oder Abschied von der Neutralität?, S. 143 f.
[94] Vgl. BVerfGE 91, 1 (17); 108, 282 (299); *Waldhoff*: Die Zukunft des Staatskirchenrechts, S. 77; *Stern*: Staatsrecht, Bd. V/2, S. 1217.
[95] *Heinig*: Verschärfung der oder Abschied von der Neutralität?, S. 143.

ßen.⁹⁶ Damit werden Differenzierungen auf der Verfassungsebene möglich.⁹⁷

4. *Distanzierung von Staat und Religion?*

Das der (Re-) Sakralisierungsthese diametral entgegengesetzte Modell verfolgt eine strikte und nicht nur ein freundliche Trennung von Staat und Religion unter dem Grundgesetz.⁹⁸ Es begegnet in einer starken und einer schwachen Variante.

In der starken Variante besagt die Distanzierungsthese, dass das Religionsverfassungsrecht des Grundgesetzes „ein *kooperatives Trennungssystem mit umfassendem Neutralitätsgebot*" sei.⁹⁹ Neutralität wird als „Nichteinmischung, Unparteilichkeit und Gleichbehandlung" definiert, und auch die *„unverkennbare Religionsfreundlichkeit des GG eignet sich ...nicht zur Relativierung des Neutralitätsgebotes."*¹⁰⁰ Der Neutralitätsgrundsatz wird damit verabsolutiert, weil alle Religionsgemeinschaften in jeder Hinsicht und stets gleich zu behandeln seien. Diese Auffassung ist zu Recht als „Ideal strikter Ergeb-

---

⁹⁶ Vgl. *Waldhoff*: Was bedeutet religiös-weltanschauliche Neutralität des Staates?, S. 18: „Die Verfassung darf sich ‚Neutralitätsverstöße' erlauben, da es keinen ihr vorgelagerten verfassungs*recht*lich relevanten Neutralitätsbegriff geben kann." (Hervorhebung im Original).
⁹⁷ Zum Sonntagsschutz als zulässige Differenzierung auf Verfassungsebene siehe *Unruh*: Religionsverfassungsrecht, Rn. 546 m.w.N.
⁹⁸ Zu diesen Kategorien s.o. III., 1.
⁹⁹ *Czermak*: Religions- und Weltanschauungsrecht, Rn. 63 (Hervorhebungen im Original). Siehe auch *ders.*: Zur Rede von der religiös-weltanschaulichen Neutralität des Staates, S. 949 ff.
¹⁰⁰ *Czermak*: Religions- und Weltanschauungsrecht, Rn. 160 bzw. Rn. 165 (Hervorhebungen im Original).

V. (Re-) Sakralisierung, Distanzierung und Freiheit

nisgleichheit" bezeichnet worden.[101] Dagegen spricht schon der Umstand, dass ein freiheitliches Religionsverfassungsrecht gleiche Chancen auf Verwirklichung der Religionsfreiheit nur im Wege der Differenzierung gewährleisten kann, denn es sind de facto nicht alle Religionsgemeinschaften im Geltungsbereich des Grundgesetzes gleich.[102] Zudem kommt dieses Distanzierungsmodell der ursprünglichen laicité des französischen Religionsverfassungsrechts mit seiner Verbannung des Religiösen in den Bereich des Privaten sehr nahe.[103] Dieses rein säkularistische Verständnis des Neutralitätsgrundsatzes hat i.Ü. auch der religiös unmusikalische Jürgen Habermas zurückgewiesen: „Säkularisierte Bürger dürfen, soweit sie in ihrer Rolle als Staatsbürger auftreten, weder religiösen Weltbildern grundsätzlich ein Wahrheitspotential absprechen, noch den gläubigen Mit-

---

[101] *Heinig*: Ordnung der Freiheit, S. 11
[102] Dieses Argument wird genannt bei *Heinig*: Ordnung der Freiheit, S. 11, und mustergültig ausbuchstabiert bei *Heinig*: Öffentlich-rechtliche Religionsgesellschaften, S. 197 ff. Zu zulässigen Differenzierungen siehe *Unruh*: Religionsverfassungsrecht, Rn. 106. Nur vor diesem relativierenden Hintergrund behält die These von *Habermas*: Religion in der Öffentlichkeit, S. 129, das Prinzip der Trennung von Staat und Religion verlange „von den staatlichen Institutionen strenge Unparteilichkeit", seine Relevanz.
[103] Zu dieser Nähe siehe *Böckenförde*: Der säkularisierte Staat, S. 15; die strikte distanzierende Neutralität abwehrend ebd., S. 34 f. Zum Religionsverfassungsrecht in Frankreich siehe *Heun*: Die Religionsfreiheit in Frankreich, S. 273 ff. Die laizistische Deutung des Trennungsgrundsatzes wird auch von *Habermas*: Religion in der Öffentlichkeit, S. 129, verworfen. Ein eigenständiges Laizismusmodell haben *Maclure/Taylor*, S. 17 ff., entworfen. Darauf kann hier nur hingewiesen werden.

bürgern das Recht bestreiten, in religiöser Sprache Beiträge zu öffentlichen Diskussionen zu machen."[104]

In der schwachen Variante wird das Distanzierungspostulat zum „Modell strenger Begründungsneutralität".[105] Die religionsverfassungsrechtliche Verpflichtung des Staates auf religiös-weltanschauliche Neutralität wird – auf der Grundlage der liberalen politischen Philosophie etwa von John Rawls – strikt auf die Begründungen staatlichen Handelns beschränkt; die Wirkungen dieses Handelns müssen nicht neutral sein: „Zu Recht geronnene Politik bedarf einer allgemeinen Rechtfertigung und Begründung, die ihren Geltungsanspruch unabhängig von Überzeugungen eines bestimmten Glaubens oder einer bestimmten Weltanschauung erhebt: *das* macht ihre Neutralität aus."[106] An dieser Auffassung ist richtig, dass im demokratischen Verfassungsstaat (nicht

[104] *Habermas*: Vorpolitische Grundlagen, S. 118.
[105] Bezeichnung von *Heinig*: Verschärfung oder Abschied von der Neutralität?, S. 138. Grundlegend zum Modell der Begründungsneutralität *Huster*: Die ethische Neutralität des Staates, passim; *ders.*: Der Grundsatz der religiös-weltanschaulichen Neutralität des Staates, S. 6 ff.; *ders.*: Die Bedeutung des Neutralitätsgebotes, S. 107 ff.
[106] *H. Dreier*: Säkularisierung und Sakralität, S. 115 (Hervorhebung im Original). Vgl. nochmals ebd., S. 26 f.: „Das Recht eines freiheitlichen Verfassungsstaates hat weder distinkte religiöse oder weltanschauliche Wertvorstellungen durchzusetzen noch kann es sich zur Begründung seiner Geltung auf theologische oder religiöse Argumente berufen. Es muß vielmehr auf Gründen und Erwägungen beruhen, die allgemein akzeptiert werden können, ohne die weltanschaulichen oder religiösen Prämissen einer insofern notwendig partikularen Gruppenüberzeugung teilen zu müssen." Siehe auch ebd., S. 33: „Aus dem Gebot weltanschaulich-religiöser Neutralität folgt keineswegs die inhaltliche Wertungsaskese rechtlicher Normen, wohl aber die Möglichkeit und Notwendigkeit ihrer säkularen Begründung."

nur) des Grundgesetzes politische Argumente ihre Validität nicht (mehr) aus ihrer religiösen Fundierung gewinnen können. Normativ betrachtet speist sich diese Validität allein aus der vernunftbasierten und von religiösen Überzeugungen unabhängigen Überzeugungskraft der jeweiligen Argumente.[107] Gleichwohl begegnet das Gebot der Begründungsneutralität Bedenken. Denn es *erzwingt* zwar keine negativ-distanzierende Haltung gegenüber der Religion und den Religionsgemeinschaften; hier liegt der gegenüber dem Distanzierungsmodell schwächere Charakter der Begründungsneutralität. Sie *ermöglicht* aber eine solche negativ-distanzierende Haltung, die ihrerseits zu einer Frage der religionspolitischen Klugheit wird. Die Antwort kann sich auch an der Gemeinwohlrelevanz der jeweiligen Religion orientieren.[108]

---

[107] So auch *Habermas*: Religion in der Öffentlichkeit, S. 125: Zulässig ist allein die Berufung auf die „natürliche" Vernunft, „also allein auf öffentliche, ihrem Anspruch nach allen Personen gleichermaßen zugängliche Argumente. Die Annahme einer gemeinsamen Menschenvernunft ist die epistemische Grundlage für die Rechtfertigung einer säkularen Staatsgewalt, die nicht länger von religiösen Legitimationen abhängt. Und das wiederum ermöglicht auf institutioneller Ebene die Trennung von Staat und Kirche." Vgl. *ders.*: Ein neues Interesse der Philosophie an Religion, S. 112: Es muss aber „sichergestellt sein, dass die Beschlüsse des Gesetzgebers, der Exekutive und der Gerichte nicht nur in einer allgemein zugänglichen Sprache *formuliert*, sondern auch aus allgemein akzeptierbaren Gründen *gerechtfertigt* werden können. Das schließt religiöse Gründe für die Beschlussfassung über alle staatlich sanktionierten, also rechtlich zwingenden Normen aus." (Hervorhebungen im Original)
[108] Vgl. *Huster*: Der Grundsatz der religiös-weltanschaulichen Neutralität des Staates, S. 14 ff.; *ders.*: Die Bedeutung des Neutralitätsgebotes, S. 116 ff.

Gegen dieses Modell strenger Begründungsneutralität ist in der staatsrechtlichen Literatur eine Reihe von Argumenten vorgebracht worden.[109] Im Hinblick auf die mögliche Relevanz der (vermeintlichen) Gemeinwohlförderlichkeit kann auf die Ausführungen zur (Re-) Sakralisierungsthese und das dortige Argument von der Verkennung des Eigensinns der Religion verwiesen werden.[110] Im Übrigen sind drei Argumente von besonderem Gewicht; zwei davon sind durchschlagend.

Nicht überzeugend ist der zunächst plausibel erscheinende Einwand, dass nicht erklärt werden kann, warum sich die Begründungsneutralität gerade und ausschließlich auf religiös imprägniertes Vorbringen beziehen und beschränken sollte. „Auch andere Begründungsstrategien – etwa marktliberale, technologiefreundliche oder fortschrittspessimistische – [seien] schließlich ideologieanfällig."[111] Das begründungslos-selektive Verdikt gegen religiöse Argumente und die ungeklärte Frage nach der Instanz für die Entscheidung über die (Un-) Zulässigkeit bestimmter Argumente bzw. Argumentformen sprächen gegen das Postulat der reinen Begründungsneutralität. Das Verdikt gegen religiös fundierte Begründungen sei nicht singulär, denn auch andere etwa totalitarismusaffine Grundüberzeugungen können im Kontext der wehrhaften Demokratie in ihrer Begründungsrelevanz beschränkt werden.[112] Der Neutralitätsbegriff mag aus

---

[109] Maßgeblich *Heinig*: Verschärfung oder Abschied von der Neutralität?, S. 139 f.
[110] S.o. 2.
[111] *Heinig*: Verschärfung oder Abschied von der Neutralität?, S. 139.
[112] Zu Begriff und Bedeutung der wehrhaften Demokratie im Kontext des Grundgesetzes siehe *Schliesky*, S. 847 ff.

V. (Re-) Sakralisierung, Distanzierung und Freiheit 227

historischen, auf die Friedensregelungen von 1555 und 1648 zurückführbaren Gründen gerade auf die Religion zu beziehen sein. Als taugliche Entscheidungsinstanz kommt nicht zuletzt das BVerfG in Betracht, wenn die Frage im Raum steht, ob eine religiöse Begründung vorliegt.[113]

Einleuchtender ist der Einwand, dass das Gebot der Begründungsneutralität auf die Exemtion religiöser Überzeugungen und religiös imprägnierter Argumente aus dem Prozess demokratischer Willensbildung hinausläuft. „Religion wird so aus dem öffentlichen Raum verdrängt."[114] Diese notwendige Folge läuft der nachhaltigen Bedeutung der Religion im Diskurs des demokratischen Verfassungsstaates zuwider, die sogleich (s. u. VI.) entfaltet wird.[115]

Schließlich und drittens spricht auch der freundliche Charakter der Trennung mit und unter dem Grundgesetz gegen eine strikte begründungstheoretische Distanzierung des Staates von der Religion.[116]

---

[113] Die Frage nach der religiös-weltanschaulichen Neutralität ist u. a. Gegenstand der Verfahren in BVerfGE 39, 1, und BVerfGE 108, 282, gewesen.
[114] *Heinig*: Verschärfung oder Abschied von der Neutralität?, S. 139.
[115] Gegen einen Ausschluss von Zielen und Forderungen, „die sich aus religiöser Motivation herleiten", aus dem politischen Prozess auch *Böckenförde*: Der säkularisierte Staat, S. 14.
[116] *Heinig*: Verschärfung oder Abschied von der Neutralität?, S. 139 f. Zur „freundlichen" Trennung von Staat und Religion unter dem Grundgesetz s. o. III., 1.

5. Die Freiheitsorientierung des Religionsverfassungsrechts

Neben den erörterten Einwänden können grundsätzliche religionsverfassungsrechtliche Erwägungen gegen die (Re-) Sakralisierung der Verfassung und das Distanzierungsmodell in Stellung gebracht werden. Mit seiner Freiheitsorientierung hält sich das Religionsverfassungsrecht des Grundgesetzes in Äquidistanz zu diesen beiden Modellen: es beschreibt den Mittelweg einer übergreifenden offenen Neutralität gegenüber der Religion.[117] Das Etikett der Freiheitsorientierung ist adäquat, weil das Religionsverfassungsrecht des Grundgesetzes eine Freiheitskonzeption normativ stellt, die Religion und Religionsgemeinschaften in ihrem Eigensinn und in ihrer Eigenwertigkeit schützt. Die Belege für diese Betrachtungsweise sind vielfältig[118]; auf zwei von ihnen ist besonders hinzuweisen.

Der erste Beleg ist verfassungshistorischer bzw. -genetischer und teleologischer Natur. Der Grundgesetzgeber hat mit der Platzierung des Grundrechts auf Religionsfreiheit an der Spitze des Katalogs der speziellen Freiheitsrechte bereits eine Reaktion auf die Pendelbewegung zwischen Instrumentalisierung und Marginalisierung von Religion und Religionsgemeinschaften im Nationalsozialismus gezeigt.[119] Dies gilt auch für die Übernahme der Weimarer Kirchenartikel, die sowohl bei ihrer Ent-

---

[117] Zum Begriff der übergreifenden offenen Neutralität siehe nochmals *Böckenförde*: Der säkularisierte Staat, S. 15 f., und passim.
[118] Vgl. *Heinig*: Ordnung der Freiheit, S. 12 ff. m. w. N.
[119] Zum Verhältnis von Staat und Religion im Nationalsozialismus siehe den Überblick bei *Unruh*: Religionsverfassungsrecht, Rn. 40 ff. m. w. N.

V. (Re-) Sakralisierung, Distanzierung und Freiheit

stehung 1918/19 als auch bei ihrer Transformation in das Grundgesetz zwar als Kompromiss, nicht aber als „dilatorischer Formelkompromiss" bezeichnet werden können.[120] War schon bei der Formulierung der Weimarer Reichsverfassung der Schutz der gleichen Freiheit von Religion und Religionsgemeinschaften intendiert, so musste sich diese Intention bei Abfassung des Grundgesetzes im Lichte der unmittelbar vorhergehenden Erfahrungen um so stärker bemerkbar machen. Die Abkehr und Abwehr von Instrumentalisierung, Gleichschaltung und Vernichtung der Religion oder – positiv gewendet – der gleiche Freiheitsschutz von Religion und Religionsgemeinschaften gerade in ihrer Selbstzweckhaftigkeit wurde zum Leitbild des grundgesetzlichen Religionsverfassungsrechts.[121]

Diese verfassungshistorischen, -genetischen und -teleologischen Erwägungen lassen sich – so der zweite Beleg – verfassungsdogmatisch untermauern. Den doppelten Anknüpfungspunkt liefert das Grundrecht der Religionsfreiheit aus Art. 4 Abs. 1 und 2 GG. Zum einen gewährleistet dieses Grundrecht nicht nur die private, sondern auch die öffentliche und öffentlichkeitswirksame Religionsausübung. Zum anderen ist an die beiden dogmatischen Dimensionen des Grundrechts auf Religions-

---

[120] Das Etikett „dilatorischer Formelkompromiss" stammt von *Carl Schmitt*, S. 32 f. Zur Entstehungsgeschichte des Art. 140 GG s. o. II., 2.

[121] Den Aspekt der Reaktion auf die nationalsozialistische Strategie der Instrumentalisierung und Marginalisierung hat schon *Smend*, S. 8 ff., betont. Ob seine berühmte These vom Bedeutungswandel der Weimarer Kirchenartikel im Grundgesetz (ebd., S. 4: „…wenn zwei Grundgesetze dasselbe sagen, so ist es nicht dasselbe.") trägt, ist hingegen zumindest fragwürdig.

freiheit zu erinnern.[122] Schon aus der abwehrrechtlichen Dimension der Religionsfreiheit, insbesondere aus dem Gebot der religiös-weltanschaulichen Neutralität des Staates, folgt weder das Gebot einer Hierarchisierung der Religion und Religionsgemeinschaften noch das Gebot einer strikten Distanzierung. Nach der zutreffenden Rechtsprechung des BVerfG ist das Neutralitätsgebot vielmehr als „eine offene und übergreifende, die Glaubensfreiheit für alle Bekenntnisse gleichermaßen fördernde Haltung zu verstehen. Art. 4 Abs. 1 und 2 GG gebietet auch in positivem Sinn, den Raum für die aktive Betätigung der Glaubensfreiheit und die Verwirklichung der autonomen Persönlichkeit auf weltanschaulich-religiösem Gebiet zu sichern."[123] Damit ist die Schutzpflichtendimension der Religionsfreiheit umschrieben. In der allgemeinen Grundrechtsdogmatik bildet die Schutzfunktion die notwendige Ergänzung zur Abwehrfunktion der Grundrechte. Sie ist gerichtet auf die Schaffung und Erhaltung der Bedingungen der Möglichkeit der Grundrechtsausübung. Alle gegenwärtig (noch) diskutierten Grundrechtsfunktionen, die über den Abwehraspekt hinausgehen – insbesondere die sog. „objektiv-rechtlichen" Grundrechtsfunktionen – lassen sich auf den Schutzaspekt und damit auf eine einheitliche dogmatische Struktur zurückführen. Im Grundrechtsbereich existieren daher nur zwei Verpflichtungsmodi: (negative) Eingriffsabwehr und (positiver) Schutz.[124] Dies gilt auch

---

[122] S.o. II., 1.
[123] BVerfGE 108, 282 (300).
[124] Vgl. *Unruh*: Der Verfassungsbegriff des Grundgesetzes, S. 545 ff. Differenzierend *H. Dreier*, in: in: ders., Grundgesetz. Kommentar, Vorb., Rn. 82 ff.

für das Grundrecht auf Religionsfreiheit.[125] Hier geht es darum, Raum für die Ausbildung und das Bekenntnis eines Glaubens sowie die religiöse Betätigung zu schaffen.[126] Der Staat hat sich schützend und fördernd vor *die* (nicht eine bestimmte) Religion zu stellen, sie auch vor rechtswidrigen Eingriffen von Seiten anderer zu bewahren. An diesem Gebot haben sich die einzelnen Bereiche der Rechtsordnung, je nach ihrer besonderen Aufgabenstellung auszurichten.[127]

Sowohl die (Re-) Sakralisierungsthese als auch das Distanzierungsmodell verfehlen auf je eigene Weise die verfassungshistorisch und verfassungsdogmatisch belegbare Freiheitskonzeption des grundgesetzlichen Religionsverfassungsrechts. Einer Hierarchisierung der Religion und Religionsgemeinschaften im Zuge einer (Re-) Sakralisierung der Verfassung steht zunächst das übergeordnete offene Neutralitätsgebot entgegen. Zudem werden Religion und Religionsgemeinschaften im und unter dem Grundgesetz um ihrer selbst willen, d.h. in ihrer Selbstzweckhaftigkeit und nicht aufgrund einer (vermeintlichen) Gemeinwohlrelevanz geschützt. Das Distanzierungsmodell in seinen beiden Varianten entspricht mit seinen impliziten Postulaten der Reduzierung der Religion auf das Private und der schematischen Gleichheit der Religion und Religionsgemeinschaften ebenfalls

---

[125] Auch *Stern*: Staatsrecht, Bd. IV/2, S. 996, spricht von der „Doppelfunktion des Art. 4 Abs. 1 und 2 GG".
[126] Vgl. Ebenso *Morlok*, in: H. Dreier (Hrsg.), Grundgesetz. Kommentar, Art. 4, Rn. 150, unter Bezugnahme auf BVerfGE 41, 29 (49, 52). Siehe auch BVerfGE 108, 282 (300).
[127] Vgl. BVerfGE 39, 1 (42), zum Grundrecht aus Art. 2 Abs. 1 GG. Zum Begriff der Schutzpflicht siehe *Unruh*: Zur Dogmatik der grundrechtlichen Schutzpflichten, S. 20 f.

nicht dem freiheitlichen Religionsverfassungsrecht des Grundgesetzes. Die Gründe für die Unvereinbarkeit beider Modelle mit dem „Kern" des Religionsverfassungsrechts hat Hans Michael Heinig mustergültig zusammengefasst: „…im Distanzierungsmodell werden die Spezifika des konkreten Verfassungsrechts zwischen den normativen Grundannahmen liberaler politischer Philosophie und den normativ ungebundenen Prozessen demokratischer Mehrheitsentscheidungen zerrieben. Und das Hierarchisierungsmodell erliegt der Gefahr, die Unterschiede zwischen Genese und Geltung sowie ‚harten' Verfassungsbestimmungen und ‚weichen' Verfassungserwartungen zu verwischen."[128] Die zugrunde liegende Freiheitskonzeption des grundgesetzlichen Religionsverfassungsrechts gehört im Übrigen und im Blick auf das reformatorische Erbe zum Katalog der Differenzen und nicht der Kontinuitäten.[129] Diese Differenzen konnten erst in und mit der Demokratie-Denkschrift der EKD überwunden werden.[130]

---

[128] *Heinig*: Ordnung der Freiheit, S. 13.
[129] Anders wohl *Leonhardt*, S. 93, der meint, man könne „durchaus auch den Grundsatz der religiös-weltanschaulichen Neutralität des Staates …aus den Überlegungen Luthers im zweiten Teil der Obrigkeitsschrift herleiten." Diese Einschätzung wird aber im unmittelbar nachfolgenden Absatz wieder relativiert.
[130] S.o. I., 1. Dazu auch *Anselm*: Politische Ethik, S. 240, der betont, dass eine Sakralisierung des Staates in der Tradition der evangelischen Staatslehre häufig anzutreffen war, aber nunmehr auch aus der Perspektive der evangelischen politischen Ethik abzuwehren ist.

VI. Religion im Diskurs des demokratischen Verfassungsstaates

1. Zur Frage nach der „Ermahnungsfunktion"

Die Vermessung des Spannungsfeldes zwischen (Re-) Sakralisierung und Distanzierung hat zu der Erkenntnis geführt, dass Staat und Religion weder beziehungslos nebeneinander stehen noch ineinander aufgehen.[131] Das zweite zu behandelnde Annexthema knüpft an die Ermahnungsfunktion an, die im Kontext der reformatorischen Zwei-Reiche-/Zwei-Regimente-Lehre als politik- bzw. staatsgerichtete Aufgabe der Religion und Religionsgemeinschaften identifiziert worden ist. Insbesondere Luther hatte die geistliche Gewalt darauf verpflichtet, die weltliche Obrigkeit zu einer ordnungsgemäßen Amtsführung anzuhalten. Eine verbal-appellative Einwirkung auf das weltliche Regiment ist daher nicht ausgeschlossen, sondern ausdrücklich erwünscht und geboten.[132] Es bleibt also zu fragen, ob und ggf. in welchem Modus und Ausmaß sich Religion und Religionsgemeinschaften vor dem Hintergrund der beschriebenen Trennung von Staat und Religion in den politischen Diskurs im demokratischen Verfassungsstaat (nicht nur) des Grundgesetzes einbringen können und sollen. Diese Frage richtet sich zunächst an die politische bzw. die Verfassungstheorie; die Antworten fallen – wenig überraschend – unterschiedlich aus.[133]

---

[131] In diesem Sinn auch *Heinig*: Staat und Gesellschaft – Religion und Politik, S. 44: „Die Politik wird das Religiöse und die Religion das Politische so schnell nicht los und doch gehen sie nicht ineinander auf."

[132] S.o. S.o. B., I., 2., h), cc.

[133] Sie können hier nur holzschnittartig referiert werden; Über-

2. Standpunkte der politischen Theorie

a) Vollständige Exklusion bzw. Inklusion: John Rawls und Paul J. Weithman

John Rawls weist in seiner Theorie des politischen Liberalismus mit Recht alle Versuche als „unvernünftig" zurück, mit Hilfe der Staatsgewalt eine „umfassende" Lehre durchzusetzen.[134] Zu den inkriminierten umfassenden Lehren gehören auch religiöse und philosophische Konzeptionen.[135] Die Gewährleistung gleicher Religionsfreiheit müsse mit der Verbannung der „Frage nach der wahren Religion von der Tagesordnung" einhergehen.[136] Er geht über dieses Verdikt aber noch hinaus, denn religiös fundierte Argumente werden (schon) im politischen Diskurs des liberalen Verfassungsstaates nicht zugelassen. Nur das strikte und rückstandslose „Vermeiden allgemeiner und umfassender Lehren" entspreche dem Ideal des öffentlichen Vernunftgebrauchs.[137] Der politische Diskurs müsse „ohne Rückgriffe auf allgemeine und umfassende Lehren" auskommen.[138] Auch religiöse oder zumindest religiös affine politische Akteure müssen sich danach ausschließlich auf vernunftbasierte Argumente und allgemeinverständliche Argumentformen beschränken.[139]

---

blick bei *von Scheliha*: Religion und Sachpolitik, S. 252 ff., und *Irlenborn*, S. 336 ff.

[134] *Rawls*: Der Bereich des Politischen, S. 347.
[135] Vgl. *Rawls*: Der Bereich des Politischen, S. 343: „Religiöse und philosophische Konzeptionen neigen dazu, allgemein und vollständig umfassend zu sein."
[136] *Rawls*: Der Gedanke eines übergreifenden Konsenses, S. 314.
[137] *Rawls*: Der Gedanke eines übergreifenden Konsenses, S. 312.
[138] *Rawls*: Der Gedanke eines übergreifenden Konsenses, S. 320.
[139] *Habermas*: Religion in der Öffentlichkeit, S. 129, bezeichnet

Die Gegenposition ist u. a. von Paul J. Weithman bezogen worden.[140] Der demokratische Verfassungsstaat verhalte sich widersprüchlich, wenn er zugleich Religionsfreiheit gewährleiste und von den religiösen Bürgerinnen und Bürgern (schon) im politischen Diskurs eine religiös-argumentative Abstinenz verlange.[141] Für das Einbringen religiös imprägnierter Argumente in den politischen Diskurs im demokratischen Verfassungsstaat gebe es weder einen Übersetzungsvorbehalt noch sonstige Restriktionen.[142]

b) Inklusion mit Vorbehalten: Jürgen Habermas

aa) Die Inklusion religiös imprägnierter Argumente

Eine weitgehend überzeugende vermittelnde Auffassung wird von Jürgen Habermas vorgeschlagen.[143] Auch Habermas steht fest auf dem Boden des Neutralitätsgrundsatzes: „Parlamente und Gerichte, Regierung und Verwaltung verletzen das Gebot der weltanschaulichen Neu-

---

diese Position als „Restriktive Bestimmung des öffentlichen Vernunftgebrauchs".

[140] Den Hinweis auf diesen Autor verdankt Verf. der Lektüre von *von Scheliha*: Religion und Sachpolitik, S. 252 f.

[141] *Weithman*, S. 92. Diese Kritik wird i.Ü. geteilt von *Habermas*: Religion in der Öffentlichkeit, S. 132 f., denn eine artifizielle Aufspaltung in religiöse und säkulare Gründe sei nicht möglich. Der demokratische Verfassungsstaat könne nicht von allen Gläubigen erwarten, „dass sie ihre politischen Stellungnahmen auch unabhängig von ihren religiösen oder weltanschaulichen Überzeugungen begründen sollen."

[142] *Weithman*, S. 121 ff. Mit anderer Begründung i.E. zustimmend *Möllers*: Grenzen der Ausdifferenzierung, S. 118.

[143] Zum Thema „Habermas und die Religion" siehe die Beiträge in dem gleichnamigen, von *Gruber/Viertbauer* herausgegebenen Sammelband.

tralität, wenn sie eine Seite auf Kosten einer anderen privilegieren."[144] Die Exklusion religiös imprägnierter Argumente aus dem politischen Diskurs im demokratischen Verfassungsstaat lehnt er jedoch – in bewusster Abkehr von Rawls[145] – ab. Dafür sind zwei Gründe maßgeblich.

Zum einen würde sich der demokratische Verfassungsstaat mit dieser Exklusion selbst von wichtigen Ressourcen der Sinnstiftung abschneiden.[146] Denn nach Habermas' Überzeugung finden sich in heiligen Schriften und religiösen Überlieferungen „hinreichend differenzierte Ausdrucksmöglichkeiten und Sensibilitäten für verfehltes Leben, für gesellschaftliche Pathologien, für das Misslingen individueller Lebensentwürfe und die Deformation entstellter Lebenszusammenhänge."[147] Ein in diesem Kontext vorgebrachtes Annexargument besagt, dass die Grenze zwischen säkularen und religiösen Argumenten „ohnehin fließend" sei.[148]

Der zweite Grund steht in einem Zusammenhang mit dem vielfach bemühten Diktum von Ernst-Wolfgang Böckenförde, der demokratische Verfassungsstaat beruhe auf Voraussetzungen, die er selbst nicht garantieren könne.[149] Habermas hegt Zweifel, ob „das Potential die-

---

[144] *Habermas*: Religion in der Öffentlichkeit, S. 129.
[145] Die Differenz zwischen den Positionen von Rawls und Habermas wird unterschlagen bei *Möllers*: Grenzen der Ausdifferenzierung, S. 120 mit Anm. 20.
[146] Vgl. *Habermas*: Glauben und Wissen, S. 22.
[147] *Habermas*: Vorpolitische Grundlagen des demokratischen Rechtsstaats, S. 115.
[148] *Habermas*: Glauben und Wissen, S. 22.
[149] *Böckenförde*: Die Entstehung des Staates als Vorgang der Säkularisation, S. 112. Dazu kritisch *Heinig*: Öffentlich-rechtliche Religionsgesellschaften, S. 39 ff., und *Möllers*: Grenzen der Ausdif-

ser großartigen und (hoffentlich) unverlierbaren Aufklärungskultur" ausreicht, „um unter Bedingungen komplexer Gesellschaften die in Krisensituationen erforderlichen Motive zu gesellschaftlich solidarischem Handeln zu erzeugen".[150] Es sei „ungewiß, ob die Ressourcen einer *unverlierbaren* (!), aber nur schwach motivierenden Vernunftmoral, auf die sich auch die verfassungsrechtliche Integration weitgehend säkularisierter Gesellschaften in letzter Instanz stützen muss, ausreichen."[151] Gerade die Religion mit ihrem „Appell an das Gewissen jedes einzelnen Individuums"[152] könne dazu beitragen, diese Lücke zu schließen und als Motivationsquelle für gesellschaftlich solidarisches Handeln und die Legitimität des demokratischen Verfassungsstaates dienen.[153]

---

ferenzierung, S. 133. Skeptisch auch *Anselm*: Politische Ethik, S. 224 f.

[150] *Habermas*: Religion und nachmetaphysisches Denken, S. 131.

[151] *Habermas*: Religion und Politik, S. 299 (Hervorhebung im Original). Zu Habermas' Angst vor einer „entgleisenden Modernisierung" bzw. „entgleisenden Säkularisierung" (vgl. *Habermas*: Glauben und Wissen, S. 12) siehe u. a. *Irlenborn*, S. 338 f.

[152] *Habermas*: Religion und Politik, S. 300.

[153] Vgl. *Habermas*: Religion in der Öffentlichkeit, S. 137: Die Inklusion religiös imprägnierter Argumente liegt im Eigeninteresse des liberalen Staates, denn im Religiösen liegen „wichtige(.) Ressourcen der Sinnstiftung ...Religiöse Überlieferungen besitzen für moralische Intuitionen, insbesondere im Hinblick auf sensible Formen eines humanen Zusammenlebens, eine besondere Artikulationskraft. Dieses Potential macht die religiöse Rede bei entsprechenden politischen Fragen zu einem ernsthaften Kandidaten für mögliche Wahrheitsgehalte, die dann aus dem Vokabular einer bestimmten Religionsgemeinschaft in eine allgemein zugängliche Sprache übersetzt werden können."

bb) Der Übersetzungsvorbehalt

Die Beachtlichkeit religiös imprägnierter Argumente im politischen Diskurs stellt Habermas allerdings unter einen doppelten Vorbehalt, nämlich den Übersetzungs- und den Solange-Vorbehalt.[154] Der Übersetzungsvorbehalt weist seinerseits eine abgestufte Doppelstruktur aus. Nach Maßgabe der ersten Stufe müssen religiöse Beiträge in eine allgemein zugängliche Sprache übersetzt werden, bevor sie Relevanz in politischen Meinungs- und Willensbildungsprozessen entfalten können.[155] Die Übersetzungsleistung ist ein kooperativer Akt, der von „säkularen" und „religiösen" Bürgerinnen und Bürgern gemeinsam gestaltet werden muss. Für „säkulare" Bürgerinnen und Bürger besteht die Verpflichtung, *„in ihrer Rolle als Staatsbürger* öffentlichen Äußerungen, auch wenn sie in religiöser Sprache formuliert sind, nicht a priori einen möglichen, der Übersetzung zugänglichen *kognitiven Gehalt* abzusprechen."[156] Die „religiösen" Bürgerinnen und Bürger „dürfen sich nur unter dem Übersetzungsvorbehalt in ihrer eigenen Sprache äußern."[157] Sie stehen dabei unter der doppelten Bürde, die säkular begründeten Prinzipien und Regeln des demokratischen Verfassungsstaates aus dem Kontext ihres Glaubens begründen und zugleich die „Differenz zwischen falliblen öffentlichen Gründen und infalliblen Glaubenswahrheiten" an-

---

[154] Aufgrund dieser Vorbehalte unterscheidet sich Habermas' Auffassung von der Lösung der vollständigen Inklusion religiöser Gründe bei Weithman.

[155] *Habermas*: Religion und nachmetaphysisches Denken, S. 155.

[156] *Habermas*: Religion und nachmetaphysisches Denken, S. 156 (Hervorhebungen im Original). Ebenso *ders*.: Religion in der Öffentlichkeit, S. 139.

[157] *Habermas*: Religion in der Öffentlichkeit, S. 139.

VI. Religion im Diskurs

erkennen zu müssen.[158] Die „erforderliche Rollendifferenz zwischen Gemeindeglied und Gesellschaftsbürger muss aus der Sicht der Religion selbst überzeugend begründet werden, wenn nicht Loyalitätskonflikte weiter schwelen sollen."[159]

Die Grenzlinie zur zweiten Stufe des Übersetzungsvorbehalts wird durch die „institutionelle Schwelle" gezogen, „die die informelle Öffentlichkeit von Parlamenten, Gerichten, Ministerien und Verwaltungen trennt…"[160] Aufgrund des Neutralitätsgrundsatzes gelten jenseits dieser Schwelle, d. h. in der Sphäre der tatsächlichen politischen Entscheidung, nur säkulare Gründe als taugliche Währung. Religiös fundierte Argumente müssen daher nicht nur in eine allgemein verständliche Sprache übersetzt, sondern auch in die Form säkularer Gründe gegossen werden, wenn sie Eingang in die politische Entscheidungsfindung im demokratischen Verfassungsstaat finden wollen. Auf der institutionellen Schwelle muss – so Habermas – „ein Filter zwischen die wilden Kommunikationsprozesse der Öffentlichkeit einerseits und die formalen Beratungen, die zu kollektiv bindenden Entscheidungen führen, andererseits eingezogen werden. Denn

---

[158] *Habermas*: Religion und nachmetaphysisches Denken, S. 160; *ders.*: Glauben und Wissen, S. 14, verlangt von religiösen Bürgerinnen und Bürgern einen dreifachen „Reflexionsschub": „Das religiöse Bewusstsein muss erstens die kognitiv dissonante Begegnung mit anderen Konfessionen und anderen Religionen verarbeiten. Es muss sich zweitens auf die Autorität von Wissenschaften einstellen …Schließlich muss es sich auf die Prämissen des Verfassungsstaates einlassen, die sich aus einer profanen Moral begründen:"
[159] *Habermas*: Religiöse Toleranz als Schrittmacher kultureller Rechte, S. 269.
[160] *Habermas*: Religion in der Öffentlichkeit, S. 136.

staatlich sanktionierte Entscheidungen müssen in einer allen Bürgern gleichermaßen zugänglichen Sprache formuliert *und gerechtfertigt* werden können."[161]

cc) Der Solange-Vorbehalt

In der abgrenzenden Auseinandersetzung mit dem Laizismus hat Habermas den zweiten Vorbehalt formuliert, der als Solange-Vorbehalt bezeichnet werden kann: „… *solange* Religionsgemeinschaften in der Zivilgesellschaft eine vitale Rolle spielen, entspricht es nicht dem Sinn liberaler Verfassungen, die Stimme religiöser Bürger schon an der Quelle der demokratischen Willensbildung zu zensieren."[162] Mit diesem Vorbehalt wird suggeriert, dass das argumentative und motivationale Potential der Religion, das im und für den demokratischen Verfassungsstaat nutzbar gemacht werden kann, endlich ist. Mit dieser Suggestion ist zugleich gesetzt, dass es einen zwar nicht konkret bestimmbaren, aber denknotwendig anzunehmenden Zeitpunkt gibt, in dem sich dieses Potential erschöpft hat und die Religion auf den Status der vollständigen Irrelevanz für den politischen Diskurs herabsinkt. Neben den philosophischen, theologischen und anthropologischen Gründen, die gegen diese Position

---

[161] *Habermas*: Religion und Politik, S. 290 (Hervorhebungen im Original).

[162] *Habermas*: Religion und nachmetaphysisches Denken, S. 155 (Hervorhebung vom Verf.). Ebenso *ders.*: Ein neues Interesse der Philosophie an der Religion, S. 117: „Solange religiöse Überlieferungen und Organisationen innerhalb der Gesellschaft eine vitale Kraft bleiben, kann sich im Rahmen einer liberalen Verfassung aus der Trennung von Staat und Kirche keine *vollständige* Eliminierung des Einflusses religiöser Gemeinschaften auf die demokratische Politik ergeben." (Hervorhebung im Original); ähnlich ebd., S. 118.

vorgebracht werden könnten, markiert sie zudem im Habermas'schen Denken über Staat und Religion einen Selbstwiderspruch. Denn zum einen hat *Habermas* mit dem schon in die Alltagssprache integrierten Ausdruck der „postsäkularen Gesellschaft" die Diagnose verbunden, dass auch in „weitgehend säkularisierten oder ‚entkirchlichten' Gesellschaften" mit dem Fortbestehen religiöser Gemeinschaften „und mit dem Einfluss religiöser Stimmen sowohl in der internationalen Öffentlichkeit wie auf der weltpolitischen Bühne" zu rechnen ist.[163] Religiös imprägnierte Argumente wird es also auch in Zukunft geben; ein Verfallsdatum kann dem Etikett des Postsäkularen nicht aufgedruckt werden. Daher ist – zum anderen – auch dauerhaft davon auszugehen, dass Religion im und für den demokratischen Verfassungsstaat argumentative und motivationale Beiträge leisten kann.[164] Dies gilt insbesondere für das an der europäischen Aufklärung geschulte Christentum, das gelernt hat, seinen religiös fundierten Absolutheitsanspruch in der Sphäre des Politischen kritisch zurückzunehmen.[165]

---

[163] *Habermas*: Religion und nachmetaphysisches Denken, S. 121. Zuvor schon *ders.*: Glauben und Wissen, S. 13 ff. Der Ausdruck „postsäkular" ist problematisch, weil er kontrafaktisch suggeriert, dass es zwischenzeitlich zu einer vollständigen Säkularisierung (und sei es nur der westlichen Welt) gekommen ist. Allerdings konstatiert selbst *Joas*, S. 69, es könne kein Zweifel daran bestehen, „dass heute beträchtliche Teile Europas und auch einige wenige nicht-europäische Gesellschaften zutiefst säkular sind."

[164] Allerdings hat nicht nur *Möllers*: Grenzen der Ausdifferenzierung, S. 132ff, zu Recht darauf hingewiesen, dass Religion demokratische Verfassungsstaaten sowohl stützen als auch bedrohen kann.

[165] Ebenso u. a. *Anselm*: Politische Ethik, S. 236.

dd) Einwände gegen Einwände

Gegen das Habermas'sche Konzept der Inklusion religiös imprägnierter Argumente mit Vorbehalten sind von *theologischer* Seite Bedenken vorgebracht worden.[166] Vier *verfassungstheoretische* Einwände stammen von Christoph Möllers; sie begegnen ihrerseits Bedenken, die hier nur holzschnittartig skizziert werden können. Der erste Einwand bezieht sich auf den „Filter", der nach Habermas auf der institutionellen Schwelle zur politischen Entscheidungsfindung angesiedelt ist und nur säkulare Gründe bzw. Rechtfertigungen passieren lässt. Dieser auf Exklusion bestimmter Argumente programmierte Filter sei nicht demokratisch legitimiert.[167] Die vermeintlich fehlende demokratische Legitimation stellt sich aber ein, wenn der Neutralitätsfilter verfassungsrechtlich geformt und mit dem Etikett des Neutralitätsgebotes versehen werden kann – und davon ist auszugehen.[168]

Zweitens wird moniert, dass Habermas' Lesart des Neutralitätsgebotes eine „freiheitsbeschränkende Wirkung" habe und „die demokratische Freiheit" relativiere, weil sie zum „Ausschluss bestimmter Beiträge vom demokratischen Diskurs" führe.[169] Hier ist mit dem Stichwort von der wehrhaften Demokratie daran zu erinnern, dass Freiheitsbeschränkungen im politischen Diskurs des demokratischen Verfassungsstaates auch andere als religiöse Argumente (be-)treffen können. Die beschränkende und ggf. exkludierende Wirkung ist also per se

---

[166] So etwa von *von Scheliha*: Religion und Sachpolitik, S. 254f. m.w.N.
[167] *Möllers*: Grenzen der Ausdifferenzierung, S. 121.
[168] S.o. V., 3.
[169] *Möllers*: Grenzen der Ausdifferenzierung, S. 121.

VI. Religion im Diskurs

noch kein durchgreifender Einwand gegen das Modell einer Inklusion mit Vorbehalten.

Mit dem dritten Einwand wird Habermas eine „eigentümliche Konzeption von Religion" attestiert.[170] Religion werde begriffen als moralische Lehre, deren normative Vorgaben einerseits nicht rational begründbar, andererseits aber inhaltlich eindeutig seien. Religion sei aber weder auf Moral reduzierbar noch auf Irrationalität festgelegt.[171] Dieser Einwand ist in weiten Teilen bestechend. Er verkennt aber den Umstand, dass jedenfalls die großen monotheistischen Schriftreligionen, zu denen auch das Christentum gehört, auf dem Axiom der Offenbarungswahrheit beruhen. Dieses Axiom bezeichnet zugleich die Grenze der Rationalisierbarkeit von Religionen; und dies gilt auch für Religionen, die – wie das Christentum – in der und durch die Aufklärung gelernt haben sowie eine Selbstvergewisserung in wissenschaftlicher Theologie suchen.

Der vierte Einwand ist schon bei der Erörterung der Distanzierungsmodelle im Kontext des Neutralitätsgrundsatzes begegnet.[172] Er stellt die „Frage nach der Legitimation derjenigen, die darüber entscheiden, ob ein bestimmter Gesichtspunkt einen ‚guten Grund' oder doch nur ein idiosynkratisches Anliegen darstellt."[173] Als Subjekt des Quis judicabit kann jedoch auch hier jeden-

---

[170] *Möllers*: Grenzen der Ausdifferenzierung, S. 121; zum Folgenden ebd., S. 122.

[171] Der Vorwurf einer Reduktion der Religion auf Moral findet sich schon bei *Reder*, S. 51 ff. Zum Vorwurf eines verkürzten Religionsbegriffs bei Habermas siehe auch *von Scheliha*: Religion und Sachpolitik, S. 254 f.

[172] S. o. V., 4.

[173] *Möllers*: Grenzen der Ausdifferenzierung, S. 122.

falls das BVerfG identifiziert werden, das bereits in mehreren Judikaten im Wege der Verfassungsauslegung eine Auslese neutralitätskompatibler und damit verfassungsdogmatisch tauglicher Gründe vorgenommen hat.[174]

Die von Möllers vorgebrachten Einwände können nicht vollständig überzeugen. Es bleibt dabei, dass Habermas' Konzeption der Inklusion mit Vorbehalten ein – wenn auch nicht vollständig, so doch – weitgehend überzeugendes Modell für das diskursive Verhältnis von Religion und Politik im demokratischen Verfassungsstaat des Grundgesetzes liefert.[175]

3. Die reformatorische „Ermahnungsfunktion" im demokratischen Verfassungsstaat

Die *Legitimität* einer Einmischung der Religion und der Religionsgemeinschaften in den politischen Diskurs im demokratischen Verfassungsstaat lässt sich also mit validen Grundannahmen der zeitgenössischen politischen bzw. Verfassungstheorie belegen. Verfassungsdogmatisch genügt der Hinweis auf die Grundrechte der Religions- und der Meinungsfreiheit (Art. 4 Abs. 1 und 2 GG bzw. Art. 5 GG), um ihre *Legalität* zu erweisen. Es bleibt die Frage nach der internen Fixierung und Wahrnehmung der reformatorisch begründeten Ermahnungsfunktion der evangelische(n) Kirchen im demokratischen Verfassungsstaat. Die EKD-Demokratiedenkschrift gibt eine klare Antwort: „Die Kirche hat gegenüber dem Staat und anderen Institutionen die Aufgabe, in Grundfragen des Gemeinwesens ihre Stimme zu erheben, Orientie-

---

[174] Vgl. nochmals E 93, 1, und BVerfGE 108, 282.
[175] Zustimmung für die Verhältnisbestimmung von Staat und Religion bei Habermas auch bei *Anselm*: Politische Ethik, S. 237.

VI. Religion im Diskurs

rung zu geben und den politischen Prozeß kritisch zu begleiten."[176] Diese „Ermahnungsfunktion" ist ein Teil des Öffentlichkeitsauftrages der evangelischen Kirche(n).[177] Das Arsenal der Instrumente und Modi der Erfüllung dieses Auftrages reichen von den öffentlichen Stellungnahmen der EKD-Synode oder des Rates der EKD[178] bis zur evangelischen Publizistik und den evangelischen Akademien als Orte des Diskurses zwischen Kirche und Öffentlichkeit.[179] Die glaubensbasierte und theologisch fundierte Einmischung der evangelischen Kirche(n) in den politischen Diskurs wird in der Sphäre der Politik durchaus wahrgenommen und – je nach politischer Couleur – auch kritisiert.[180] Die kontroverse Wahrnehmung der politischen Voten der evangelischen Kirche(n) ist ein Anzeichen der nach wie vor vitalen Bedeutung des Protestantismus für den demokratischen Verfassungsstaat des Grundgesetzes.[181]

---

[176] *EKD-Denkschrift*, S. 47.
[177] Vgl. *Klostermann*, Rn. 1: Der Begriff Öffentlichkeitsauftrag bezeichnet „die Stellung der Kirchen im demokratischen Gemeinwesen der Bundesrepublik Deutschland".
[178] Auf landeskirchlicher Ebene erfolgen politische Stellungnahmen durch die jeweiligen Landessynoden und ggf. durch die jeweilige geistliche Leitung.
[179] Vgl. *Klostermann*, Rn. 15 ff. (Publizistik), und Rn. 31 ff. (evangelische Akademien).
[180] So etwa die Äußerung des amtierenden Finanzministers *Wolfgang Schäuble*, S. 17 f.: „Manchmal aber entsteht der Eindruck, es gehe in der evangelischen Kirche primär um Politik, als seien politische Überzeugungen ein festeres Band als der gemeinsame Glaube."
[181] Dies räumt auch der bekennende Protestant *Schäuble*, S .7 (und passim), ein: „Ein starker und selbstbewusster Protestantismus ist für die deutsche Demokratie von großer Bedeutung."

Im Übrigen hält sich die Wahrnehmung der reformatorischen „Ermahnungsfunktion" im Rahmen des von Habermas beschriebenen Übersetzungsvorbehalts.[182] Gerade der evangelischen Kirche muss die mit diesem Vorbehalt verbundene Übersetzungsleistung von religiösen in säkular verständliche Gründe und Rechtfertigungsmodi nicht von außen aufgegeben werden. Denn die reformatorische Unterscheidung von Geistlichem und Weltlichem hat – jedenfalls bei Luther – dazu geführt, dass im weltlich-politischen Bereich die Vernunft den Maßstab des Denkens und Handelns liefert.[183] Verfassungstheorie und Verfassungsdogmatik des demokratischen Verfassungsstaates sind also mit der reformatorisch begründeten „Ermahnungsfunktion" der evangelischen Kirche(n) kompatibel.

---

[182] So ausdrücklich auch *Heinig*: Protestantismus und Demokratie, S. 231.
[183] S.o. B., I., 2., e). Ebenso *von Scheliha*: Religion und Sachpolitik, S. 254 f.: Die „Pointe von Luthers Unterscheidung zwischen dem geistlichen und weltlichen Regiment Gottes [ist] darin zu sehen, dass ihr die Differenz von Glauben und profaner Institution nicht von außen aufgenötigt werden muss, sondern dass es eben gerade diese Unterscheidung selbst ist, von der man normativ immer schon ausgeht."

VII. Fazit

Der Überblick über die aktuelle Fortwirkung der Reformation hat gezeigt, dass mit der reformatorischen Unterscheidung von Geistlichem und Weltlichem einige Bausteine für das Religionsverfassungsrecht des Grundgesetzes geformt worden sind. Dies gilt etwa für den Schutz des religiösen forum internum durch Art. 4 Abs. 1 und 2 GG. Von der vollständigen Gewährleistung des Grundrechts auf Religionsfreiheit waren die Reformatoren jedoch noch weit entfernt. Ferner verhindert die Beschreibung beider Regimente als Regierweisen Gottes die konsequente (freundliche) Trennung von Staat und Religion. Staat und Verfassung bleiben nach dieser Lesart von einer religiösen Legitimation abhängig. Schließlich steht das Selbstverwaltungsrecht der Religionsgemeinschaften aus Art. 140 GG i. V. m. Art. 137 Abs. 3 WRV der reformatorischen Vorstellung von der Verantwortung der politischen Führung für die interne Kirchenorganisation entgegen. Sämtliche Differenzen zwischen dem Religionsverfassungsrecht des Grundgesetzes und der Unterscheidung von Geistlichem und Weltlichen im Zeitalter der Reformation werden jedoch durch die Demokratie-Denkschrift der EKD aus dem Jahre 1985 eingeebnet. Mit dieser Denkschrift werden die Konsequenzen aus den reformatorischen Erkenntnissen zur Staats- und Verfassungstheorie für die Moderne gezogen – und damit ist der aufgeklärte Protestantismus im demokratischen Verfassungsstaat angekommen.

Die reformatorische Unterscheidung von Geistlichem und Weltlichem kann insofern auch zur Beurteilung aktueller Strömungen in der staatsrechtlichen und verfassungstheoretischen Literatur herangezogen werden. Dies gilt etwa für die Abwehr von Versuchen einer (Re-) Sakralisierung der Verfassung. Zwar enthält auch die politische Theorie der Reformatoren mit der These, dass auch das weltliche Regiment auf Gottes Willen beruht, ein Element der Sakralisierung von Staat und Verfassung.[184] Gleichwohl ist zu betonen, dass das Ziel der Reformation darin bestand, die „Entsakralisierung des Weltlichen" und damit die nachhaltige Trennung von Staat und Religion zu erreichen.[185]

Ob die evangelische(n) Kirche(n) und die anderen Religionsgemeinschaften im Kontext dieser freundlichen Trennung und im Sinne des Böckenförde-Diktums als Agenturen zur Legitimitätsbeschaffung für den demokratischen Verfassungsstaat dienen können und sollen, ist fragwürdig. Unabhängig davon kommt ihnen im politischen Diskurs eine wichtige Rolle zu, wenn und soweit sie in der Lage sind, ihre Beiträge in säkular verwendbare Argumentformen zu gießen. Hier trifft sich die von Luther skizzierte „Ermahnungsfunktion" der Kirche mit dem Eigeninteresse des demokratischen Verfassungsstaates, alle relevanten Sinnressourcen in seine Meinungsbildungs- und Entscheidungsprozesse einzubeziehen.

---

[184] Vgl. *Anselm*: Politische Ethik, S. 202: „Von einer Säkularisierung des Staates im neuzeitlichen Sinn kann bei den Reformatoren gerade nicht die Rede sein, auch wenn sich manche Äußerung zur Rolle der Vernunft in der Politik im Sinne einer Verweltlichung des Politischen lesen lassen. Denn die Obrigkeit selbst bleibt trotz dieser Einschränkungen doch Anordnung Gottes."
[185] Zitat bei *Anselm*: Politische Ethik, S. 200.

E. Abschließende Bemerkungen

Der geistliche Funke, der von Wittenberg ausgehend das Feuer der Reformation entfachte, hat nicht nur die christliche Religion in einen anderen Aggregatzustand überführt, sondern er hat die Welt insgesamt verändert. Denn Religion ergreift stets den ganzen Menschen und betrifft daher nicht nur sein Verhältnis zu Gott, sondern auch die weltlichen Bezüge. Insofern hat auch die Reformation ihre eigene, glaubensbasierte Vorstellung zum Verhältnis von Staat und Religion ausgebildet. Mit der „gemeinreformatorischen"[1] Unterscheidung von Geistlichem und Weltlichem wurde ein Paradigma eingeführt, das einerseits die bisherige Verhältnisbestimmung – von der Konstantinischen Wende bis zur Bekräftigung der Bulle Unam Sanctam im Jahre 1516 – hinter sich lässt, und andererseits vorausweist auf die moderne Trennung von Staat und Religion im demokratischen Verfassungsstaat. Insbesondere die lutherische Lehre von den beiden Reichen und Regimenten mit der Ausdifferenzierung von geistlicher und weltlicher Gewalt hat diese Vorwirkung entfaltet. Auch wenn beide Reiche und Regimente als Emanationen und Manifestationen des göttlichen Willens gelten, so werden Ausgestaltung und Handhabung der weltlichen Gewalt der Vernunft unterstellt. Die Ab-

---

[1] Ausdruck bei *Lau*: Die lutherische Lehre von den beiden Reichen, S. 371.

lösung dieser letzten Reste einer religiösen Legitimation von Staat und Staatsorganisation blieb der politischen Philosophie der Aufklärung vorbehalten.

Die theokratischen Ansätze bei den Schweizer Reformatoren, die Grundlegung und Apologie des landesherrlichen Kirchenregiments vor allem bei Melanchthon und die aus heutiger Sicht befremdliche Auffassung zur „Ketzerverfolgung" belegen demgegenüber eindrucksvoll, dass zwischen der Reformation und dem Verfassungsdenken der Moderne ein tiefer Graben zu überwinden war. Die Reformation hat den Weg zur Religionsfreiheit eröffnet, aber noch nicht selbst beschritten; sie hat die Trennung von Staat und Religion bedacht, aber noch nicht verwirklicht.

Bedeutsam und vordergründig auch ein wenig überraschend ist die Erkenntnis, dass die politische Realität der deutschen Territorien im Wesentlichen nicht von den Gedanken des (jungen) Luther geprägt war. Das landesherrliche Kirchenregiment, in und mit dem die cura religionis zur originären Staatsaufgabe erklärt wurde, geht auf Melanchthon zurück. Seine Legitimation hat es durch sukzessiv angepasste Argumentationsfiguren evangelischer (Kirchen-) Juristen erfahren. Dadurch wurde vom 16. bis zum frühen 20. Jahrhundert eine reformatorisch begründete Trennung von Staat und Religion aufgehalten. Erst mit der von der Kirche weder vorhergesehenen noch intendierten und vollständigen organisatorischen Entkoppelung vom Staat im Jahre 1918 konnten die verfassungstheoretischen Konsequenzen aus der reformatorischen Unterscheidung von Geistlichem und Weltlichem gezogen und in der Weimarer Reichsverfassung von 1919 verankert werden.

Das Religionsverfassungsrecht des Grundgesetzes, das die 30 Jahre zuvor in Weimar formulierten Grundgedanken aufnimmt, weist zahlreiche Spuren dieser reformatorischen Unterscheidung, aber auch signifikante Fortentwicklungen auf. Auf dem die Jahrhunderte umspannenden Weg von der Reformation zum Grundgesetz sind – insbesondere im Zeitalter der Aufklärung – das Grundrecht auf Religionsfreiheit und die organisatorische Trennung von Staat und Religion geschärft worden. So können die abschließenden Bemerkungen zum Ausgangspunkt der Untersuchung zurückkehren: „Die Reformation... stellt in der neuzeitlichen Entwicklung hin zu einer Verselbständigung religiöser Individualität gegenüber kirchlich-doktrinärer Autorität und hin zu der Herausbildung einer säkularen Staatsauffassung, genauer der Trennung von weltlicher und geistlicher bzw. kirchlicher Autorität, einen entscheidenden Schritt dar."[2] So ist es!

---

[2] *Forst*, S. 153.

Literaturverzeichnis

Anke, Hans Ulrich: Rechtsquellen und kirchliche Gesetzgebung, in: ders./Heinrich de Wall/Hans Michael Heinig (Hrsg.), Handbuch des evangelischen Kirchenrechts, Tübingen 2016, S. 162 ff.
Anschütz, Gerhard: Die Verfassung des Deutschen Reiches vom 11. August 1919. Ein Kommentar für Wissenschaft und Praxis, 14. Aufl., Berlin 1933, Nachdruck, Aalen 1987.
Anselm, Reiner: Art. „Zweireichelehre, I. Kirchengeschichtlich", in: TRE, Bd. 36, Berlin/New York 2004, S. 776 ff.
ders.: Politische Ethik, in: Wolfgang Huber/Torsten Meireis/Hans-Richard Reuter (Hrsg.), Handbuch der Evangelischen Ethik, München 2015, S. 195 ff.
Arndt, Johannes: Der Dreißigjährige Krieg 1618–1648, Stuttgart 2009.
Augustinus, Aurelius: Vom Gottesstaat (De civitate Dei), deutsch von Wilhelm Thimme, 2 Bände, München 1991.
Bahr, Petra: Vom Sinn öffentlicher Religion, in: Hans Michael Heinig/Christian Walter (Hrsg.), Staatskirchenrecht oder Religionsverfassungsrecht. Ein begriffspolitischer Grundsatzstreit, Tübingen 2007, S. 73 ff.
Barth, Karl: Rechtfertigung und Recht; Theologische Studien 1 (1938), S. 3 ff.
ders.: Eine Schweizer Stimme 1938–1945, Zollikon-Zürich 1945.
ders.: Christengemeinde und Bürgergemeinde, Theologische Studien 20 (1946), S. 3 ff.
Barth, Thomas: Art. „Konsistorium", in: RGG, 4. Aufl., Bd. 4, Tübingen 2001, Sp. 1617.
Bainton, Roland H.: Michael Servet 1511–1553 (1953), Gütersloh 1960.

Bayer, Oswald: Natur und Institution. Eine Besinnung auf Luthers Dreiständelehre, ZThK 81 (1984), S. 352 ff.
ders.: Martin Luthers Theologie, Tübingen 1994.
Benn, Ernst-Viktor: Entwicklungsstufen des evangelischen Kirchenrechts im 19. Jahrhundert, ZevKR 15 (1970), S. 2 ff.
Bermbach, Udo: Widerstandsrecht, Souveränität, Kirche und Staat: Frankreich und Spanien im 16. Jahrhundert, in: Iring Fetscher/Herfried Münkler (Hrsg.), Pipers Handbuch der politischen Ideen, Bd. 3: Von den Konfessionskriegen bis zur Aufklärung, München 1985, S. 101 ff.
Beutel, Albrecht: Martin Luther, in: Irene Dingel/Volker Leppin (Hrsg.), Das Reformatorenlexikon, 2. Aufl., Darmstadt 2016, S. 154 ff.
Birnstein, Uwe: Der Reformator. Wie Johannes Calvin Zucht und Freiheit lehrte, Berlin 2009.
Blickle, Peter: Die Reformation im Reich, 3. Aufl., Stuttgart 2000.
Böckenförde, Ernst-Wolfgang: Die Entstehung des Staates als Vorgang der Säkularisation (1969), in: ders., Recht, Staat, Freiheit, 4. Aufl., Frankfurt/M. 2006, S. 92 ff.
ders.: Geschichte der Rechts- und Sozialphilosophie. Antike und Mittelalter, 2. Aufl., Tübingen 2006.
ders.: Der säkularisierte Staat. Sein Charakter, seine Rechtfertigung und seine Probleme im 21. Jahrhundert, München 2007.
Bohatec, Josef: Calvins Lehre von Staat und Kirche mit besonderer Berücksichtigung des Organismusgedankens (1937), Aalen 1961.
Bormann, Lukas: Staatskirchenrecht im Nationalsozialismus, in: Thomas Holzner/Hannes Ludyga (Hrsg.), Entwicklungstendenzen des Staatskirchen- und Religionsverfassungsrechts. Ausgewählte begrifflich-systematische, historische, gegenwartsbezogene und biografische Bezüge, Paderborn u. a. 2013, S. 243 ff.
Bornkamm, Heinrich: Luthers Lehre von den zwei Reichen im Zusammenhang seiner Theologie (1960), in: Heinz-Horst Schrey (Hrsg.), Reich Gottes und Welt. Die Lehre Luthers von den zwei Reichen, Darmstadt 1969, S. 165 ff.

Bräuer, Siegfried/Vogler, Günter: Thomas Müntzer: Neu Ordnung machen in der Welt, Gütersloh 2016.
Brecht, Martin: Martin Luther, 3 Bde., Stuttgart 1983–87.
Brennecke, Hanns Christof: Art. „Gelasius I.", in: RGG, 4. Aufl., Bd. 3, Tübingen 2000, Sp. 595.
Bullinger, Adelheid: Das Ende des Landesherrlichen Kirchenregiments und die Neugestaltung der evangelischen Kirche, ZevKR 19 (1974), S. 73 ff.
Burckhardt, Johannes: Der Dreißigjährige Krieg, Frankfurt/M. 1992.
Burger, Christoph: Art. „Aegidius von Rom", in: RGG, 4. Aufl., Bd. 1, Tübingen 1998; Sp. 131.
Burnett, Amy Nelson: Andreas Bodenstein von Karlstadt, in: Irene Dingel/Volker Leppin (Hrsg.), Das Reformatorenlexikon, 2. Aufl., Darmstadt 2016, S. 45 ff.
Calvin, Johannes: Defensio orthodoxae fidei des sacra trinitate, contra prodigiosos errores Michaelis Serveti Hispani: Ubi obstenditur haereticos iure gladii coercendos esse, et nominatim de homine hoc tam impio iuste et merito sumptum Genevae fuisse supplicum, in: Joannis Calvini Opera quae supersunt omnia, hrsg. von G. Baum/E. Kunitz/E. Reuss, Bd. 8, Braunschweig 1887 ff., S. 453 ff.
ders.: Die Kirchenordnung von 1561, in: Calvin-Studienausgabe, hrsg. von Eberhard Busch u. a., Bd. 2: Gestalt und Ordnung der Kirche, Neukirchen-Vluyn 1997, S. 238 ff.
ders.: Unterricht in der christlichen Religion. Institutio Christianae Religionis (letzte Ausgabe von 1559), übersetzt und bearbeitet von Otto Weber, 3. Aufl., Neukirchen-Vluyn 2012.
ders.: Briefe, in: Schwarz, Rudolf (Hrsg.), Calvins Lebenswerk in seinen Briefen, Bd. 1–3, 2. Aufl., Neukirchen-Vluyn 1960–62.
Campenhausen, Axel Frhr. von/de Wall Heinrich: Staatskirchenrecht. Eine systematische Darstellung des Religionsverfassungsrechts in Deutschland und Europa, 4. Aufl., München 2006.
Castellio, Sebastian: Die Waffen der Christen. Anmerkungen zu 2. Kor 10, 4, in: ders., Gegen Calvin. Contra libellum Calvini (1554), Essen 2015, S. 313 ff.

ders.: Martinus Bellius an Christoph Herzog von Württemberg (1554), in: ders., Das Manifest der Toleranz. Über Ketzer und ob man sie verfolgen soll (1554), Essen 2013, S. 55 ff.
ders.: Über Ketzer und ob man sie verfolgen soll. De haereticis an sint persequendis, in: ders., Das Manifest der Toleranz. Über Ketzer und ob man sie verfolgen soll (1554), Essen 2013, S. 49 ff.
ders.: Des Georg Kleinberg Meinung, wie viel *Schaden* die Verfolgungen der Welt zufügen, in: ders., Das Manifest der Toleranz. Über Ketzer und ob man sie verfolgen soll (1554), Essen 2013, S. 160 ff.
ders.: Des Basilius Montfort *Widerlegung* dessen, was man zugunsten Verfolgungen zu sagen pflegt (1554), in: ders., Das Manifest der Toleranz. Über Ketzer und ob man sie verfolgen soll (1554), Essen 2013, S. 173 ff.
ders.: Gegen Calvin. Contra libellum Calvini (1554), Essen 2015.
ders.: Die Kunst des Zweifelns und Glaubens, des Nichtwissens und Wissens (1563), Essen 2015.
Campenhausen, Axel Freiherr von/de Wall, Heinrich: Staatskirchenrecht. Eine systematische Darstellung des Religionsverfassungsrechts in Deutschland und Europa, 4. Aufl., München 2006.
Campi, Emidio: Art. „Zwingli", in: RGG, 4. Aufl., Bd. 8, Tübingen 2005, Sp. 1945 ff.
Classen, Claus Dieter: Religionsrecht, 2. Aufl., Tübingen 2015.
Claussen, Johann Hinrich: Reformation. Die 95 wichtigsten Fragen, München 2106.
Cottret, Bernard: Calvin. Eine Biographie (1995), Stuttgart 1998.
Czermak, Gerhard: Die Rede von der religiös-weltanschaulichen Neutralität des Staates, NVwZ 2003, S. 949 ff.
ders.: Religions- und Weltanschauungsrecht. Eine Einführung, Berlin/Heidelberg 2008.
Deflers, Isabell: *Lex* und *ordo*. Eine rechtshistorische Untersuchung zur Rechtsauffassung Melanchthons, Berlin 2005.

Denzinger, Heinrich /Hünermann, Peter (Hrsg.): Kompendium der Glaubensbekenntnisse und kirchlichen Lehrentscheidungen, 3. Aufl. (42. Aufl. des Gesamtwerks), Freiburg 2009.
Dibelius, Otto: Das Jahrhundert der Kirche. Geschichte, Betrachtung, Umschau und Ziele, 5. Aufl., Berlin 1928.
ders.: Nachspiel. Eine Aussprache mit den Freunden und Kritikern des ‚Jahrhunderts der Kirche', Berlin 1928.
Diem, Harald: Luthers Lehre von den zwei Reichen, in: Zur Zwei-Reiche-Lehre Luthers, München 1973.
di Fabio, Udo: Kirche und Staat (2006), in: ders., Gewissen, Glaube, Religion: Wandelt sich die Religionsfreiheit?, Berlin 2008, S. 105 ff.
ders.: Staat und Kirche: Christentum und Rechtskultur als Grundlage des Staatskirchenrechts. EssGespr. 42 (2008), S. 129 ff.
ders.: Die Dialektik der Neuzeit im Geist der Reformation, in: ders./Johannes Schilling (Hrsg.), Weltwirkung der Reformation. Wie der Protestantismus unsere Welt verändert hat, München 2017, S. 146 ff.
Dörfler-Dierken, Angelika: Widerstand, in: Rochus Leonhardt/Arnulf von Scheliha (Hrsg.), Hier stehe ich, ich kann nicht anders. Zu Martin Luthers Staatsverständnis, Baden-Baden 2015, S. 137 ff.
Dreier, Horst: Kanonistik und Konfessionalisierung – Marksteine auf dem Weg zum Staat, JZ 2002, S. 1 ff.
ders.: Säkularisierung und Sakralität. Zum Selbstverständnis des modernen Verfassungsstaates, Tübingen 2013.
ders. (Hrsg.): Grundgesetz. Kommentar, Bd. 1, 3. Aufl., Tübingen 2013.
Duchrow, Ulrich: Christenheit und Weltverantwortung, 2. Aufl., Stuttgart 1995.
Ebeling, Gerhard: Die Notwendigkeit der Lehre von den zwei Reichen (1962), in: ders., Wort und Glaube, 3. Aufl., Tübingen 1967, S. 407 ff.
ders.: Luther. Einführung in sein Denken (1964), 6. Aufl., Tübingen 2017.

Ebers, Godehard Josef: Staat und Kirche im neuen Deutschland, München 1930.
EKD-Denkschrift: Der Staat des Grundgesetzes als Angebot und Aufgabe, Gütersloh 1985.
Ensslin, Wilhelm: Auctoritas und Potestas. Zur Zweigewaltenlehre des Papstes Gelasius I., in: Historisches Jahrbuch 74 (1955), S. 661 ff.
Euchner, Walter: Thomas Hobbes, in: Iring Fetscher/Herfried Münkler (Hrsg.), Pipers Handbuch der politischen Ideen, Bd. 3: Von den Konfessionskriegen bis zur Aufklärung, München 1985, S. 353 ff.
Farner, Alfred: Die Lehre von Kirche und Staat bei Zwingli (1930), Nachdruck, Darmstadt 1973.
Farner, Oskar: Huldrych Zwingli, 4 Bände, Zürich 1943–1960.
Flasch, Kurt: Augustin. Einführung in sein Denken, 2. Aufl., Stuttgart 1994.
Forst, Rainer: Toleranz im Konflikt, Frankfurt/M. 2003.
Friedenthal, Richard: Luther. Sein Leben und seine Zeit (1967), München 1992.
Frölich, Georg: Ob ein weltliche oberkeit recht habe, in des glaubens sachen mit dem schwerdt zu handeln (1530), in: Lazarus Spengler, Schriften, Bd. 3. Schriften der Jahre Mai 1529 bis März 1530, hrsg. von Berndt Hamm, Felix Breitling, Gudrun Litz und Andreas Zecherle, Gütersloh 2010, S. 377 ff.
Fuchs, Ralf-Peter: Ein Medium zum Frieden. Die Normaljahrsregel und die Beendigung des Dreißigjährigen Krieges, München 2010.
Gabriel, Karl: Religionen und ihre Stellung zum Staat – eine soziologische Bestandsaufnahme, EssGespr. 39 (2005), S. 11 ff.
Gäbler, Ulrich: Huldrych Zwingli. Eine Einführung in sein Leben und Werk, 3. Aufl., Zürich 2004.
Gänssler, Hans Joachim: Evangelium und weltliches Schwert, Wiesbaden 1983.
Goertz, Hans-Jürgen: Thomas Müntzer. Revolutionär am Ende der Zeiten. Eine Biographie, München 2015.

Goertz, Harald: Allgemeines Priestertum und ordiniertes Amt bei Luther, Marburg 1997.
Goez, Werner: Kirchenreform und Investiturstreit 910–1122, Stuttgart 2008.
Gößner, Andreas: Luther und Sachsen, in: Albrecht Beutel (Hrsg.), Luther Handbuch, 3. Aufl., Tübingen 2017, S. 211 ff.
Golzio, Karl-Heinz: Art. „Theokratie", in: RGG, 4. Aufl., Bd. 8, Tübingen 2005, Sp. 254 f.
Gotthard, Axel: Der Augsburger Religionsfrieden, Münster 2004.
Graf, Friedrich Wilhelm: Die Wiederkehr der Götter, München 2004.
ders.: Einleitung, in: ders./Meier, Heinrich (Hrsg.), Politik und Religion. Zur Diagnose der Gegenwart, München 2013, S. 7 ff.
Grane, Leif: Die Confessio Augustana, 6. Aufl., Göttingen 2005.
Grethlein, Christian: Evangelisches Kirchenrecht. Eine Einführung, Leipzig 2015.
Gruber, Franz/Viertbauer, Klaus (Hrsg.): Habermas und die Religion, Darmstadt 2017.
Günter, Wolfgang: Martin Luthers Vorstellung von der Reichsverfassung, Münster 1976.
Guggisberg, Hans R. (Hrsg.): Religiöse Toleranz. Dokumente zur Geschichte einer Forderung, Stuttgart/Bad Cannstatt 1984.
ders.: Sebastian Castellio 1515–1563. Humanist und Verteidiger der religiösen Toleranz im konfessionellen Zeitalter, Göttingen 1997.
Gusy, Christoph: Die Weimarer Reichsverfassung, Tübingen 1997.
Habermas, Jürgen: Glauben und Wissen, Frankfurt/M. 2001.
ders.: Vorpolitische Grundlagen des demokratischen Rechtsstaates? (2004), in: ders., Zwischen Naturalismus und Religion. Philosophische Aufsätze, Frankfurt/M. 2005, S. 106 ff.

ders.: Religiöse Toleranz als Schrittmacher kultureller Rechte (2004), in: ders., Zwischen Naturalismus und Religion. Philosophische Aufsätze, Frankfurt/M. 2005, S. 258 ff.
ders.: Religion in der Öffentlichkeit. Kognitive Voraussetzungen für den „öffentlichen Vernunftgebrauch" religiöser und säkularer Bürger, in: ders., Zwischen Naturalismus und Religion. Philosophische Aufsätze, Frankfurt/M. 2005, S. 119 ff.
ders.: Ein neues Interesse der Philosophie an Religion. Ein Interview mit Eduardo Mendieta (2010), in: ders., Nachmetaphysisches Denken II. Aufsätze und Repliken, Frankfurt/M. 2012, S. 96 ff.
ders.: Religion und nachmetaphysisches Denken. Eine Replik (2010), in: ders., Nachmetaphysisches Denken II. Aufsätze und Repliken, Frankfurt/M. 2012, S. 120 ff.
ders.: Politik und Religion, in: Friedrich Wilhelm Graf/Heinrich Meier (Hrsg.), Politik und Religion. Zur Diagnose der Gegenwart, München 2013, S. 287 ff.
Hamm, Berndt: Zwinglis Reformation der Freiheit, Neukirchen-Vluyn 1988.
Härle, Wilfried: Art. „Zeireichelehre, II. Systematisch-theologisch", in: TRE, Bd. 36, Berlin/New York 2004, S. 784 ff.
ders.: „Niemand soll in eigener Sache Richter sein" – Luthers Sicht der Obrigkeit und der demokratische Rechtsstaat, in: Ulrich Heckel/Jürgen Kampmann/Volker Leppin/Christoph Schwöbel (Hrsg.), Luther heute. Ausstrahlungen der Wittenberger Reformation, Tübingen 2017, S. 294 ff.
Hartmann, Wilfried: Art. „Investiturstreit", in: RGG, 4. Aufl., Bd. 4, Tübingen 2001, Sp. 212 ff.
ders.: Der Investiturstreit, München 2007.
Heckel, Johannes: Das Episkopalsystem des Joachim Stephani und sein Schicksal, (1924), in: ders., Das blinde, undeutliche Wort „Kirche", Köln/Graz 1964, S. 387 ff.
ders.: Cura religionis – Ius in sacra – Ius circa sacra (1938), 2. Aufl., Darmstadt 1962.
ders.: Melanchthon und das heutige deutsche Staatskirchenrecht (1950), in: ders., Das blinde undeutliche Wort „Kirche", Köln/Graz 1964, S. 307 ff.

ders.: Im Irrgarten der Zwei-Reiche-Lehre, München 1957.
ders.: Widerstand gegen die Obrigkeit? Pflicht und Recht zum Widerstand bei Martin Luther (1962), in: Gunther Wolf (Hrsg.), Luther und die Obrigkeit, Darmstadt 1972, S. 1 ff.
ders.: Lex Charitatis. Eine juristische Untersuchung über das Recht in der Theologie Martin Luthers, 2. Aufl., Köln/Wien 1973.
Heckel, Martin: Parität (1963), in: ders., Gesammelte Schriften, Bd. I, Tübingen 1989, S. 106 ff.
ders.: Staat und Kirche nach den Lehren der evangelischen Juristen Deutschlands in der ersten Hälfte des 17. Jahrhunderts, München 1968.
ders.: Die religionsrechtliche Parität (1974), in: ders., Gesammelte Schriften, Bd. I, Tübingen 1989, S. 227 ff.
ders.: Itio in partes. zur Religionsverfassung des Heiligen Römischen Reiches Deutscher Nation (1978), in: ders., Gesammelte Schriften, Bd. II, Tübingen 1989, S. 636 ff.
ders.: Zur Entwicklung des deutschen Staatskirchenrechts von der Reformation bis zur Schwelle der Weimarer Verfassung (1966/67), in: ders., Gesammelte Schriften, Bd. I, hrsg. von Klaus Schlaich, Tübingen 1989, S. 366 ff.
ders.: Die Menschenrechte im Spiegel der reformatorischen Theologie (1987), in: ders., Gesammelte Schriften, Bd. II, Tübingen 1989, S. 1122 ff.
ders.: Art. „Augsburger Religionsfrieden", in: RGG, 4. Aufl., Bd. 1, Tübingen 1998, Sp. 957 f.
ders.: Kontinuität und Wandlung des deutschen Staatskirchenrechts unter den Herausforderungen der Moderne, ZevKR 44 (1999), S. 340 ff.
ders.: Das Auseinandertreten von Staat und Kirche in Deutschland seit der Mitte des 19. Jahrhunderts, ZevKR 45 (2000), S. 173 ff.
ders.: Deutschland im konfessionellen Zeitalter, 2. Aufl., Göttingen 2001.
ders.: Der Augsburger Religionsfriede, JZ 2005, S. 961 ff.

ders.: Vom Religionskonflikt zur Ausgleichsordnung. Der Sonderweg des deutschen Staatskirchenrechts vom Augsburger Religionsfrieden 1555 bis zur Gegenwart, München 2007.
ders.: Martin Luthers Reformation und das Recht, Tübingen 2016.
Heer, Friedrich: Die Dritte Kraft. Der europäische Humanismus zwischen den Fronten des konfessionellen Zeitalters, Frankfurt 1959.
Heine, Heinrich: Zur Geschichte der Religion und Philosophie in Deutschland (1834), in: ders., Werke, Bd. 4: Schriften über Deutschland, hrsg. von Helmut Schanze, Frankfurt/M. 1968, S. 44 ff.
Heinig, Hans Michael: Öffentlich-rechtliche Religionsgemeinschaften. Studien zur Rechtsstellung der nach Art. 137 Abs. 5 WRV korporierten Religionsgesellschaften in Deutschland und der Europäischen Union, Berlin 2003.
ders.: Ordnung der Freiheit – das Staatskirchenrecht vor neuen Herausforderungen (2008), in: ders., Die Verfassung der Religion. Beiträge zum Religionsverfassungsrecht, Tübingen 2014, S. 3 ff.
ders.: Verschärfung oder Abschied von der Neutralität? Zwei verfehlte Alternativen in der Debatte um den herkömmlichen Grundsatz religiös-weltanschaulicher Neutralität (2009), in: ders., Die Verfassung der Religion. Beiträge zum Religionsverfassungsrecht, Tübingen 2014, S. 133 ff.
ders.: Gerechtigkeit im demokratisch legitimierten Recht. Eine verfassungstheoretische Perspektive auf Karl Barths „Christengemeinde und Bürgergemeinde" (2012), in: ders., Die Verfassung der Religion. Beiträge zum Religionsverfassungsrecht, Tübingen 2014, S. 88 ff.
ders.: Staat und Gesellschaft – Religion und Politik. Zur Leistungsfähigkeit zweier Leitunterscheidungen für die Wissenschaft vom Religionsverfassungsrecht, in: ders./Christian Walter (Hrsg.), Religionsverfassungsrechtliche Spanungsfelder, Tübingen 2015, S. 35 ff.
ders.: Protestantismus und Demokratie, ZevKR 60 (2015), S. 227 ff.

Herms, Eilert: Art. „Zwei-Reiche-Lehre/Zwei-Regimenten-Lehre", in: RGG, 4. Aufl., Bd. 8, Tübingen 2005, Sp. 1936 ff.
ders.: Leben in der Welt, in: Albrecht Beutel (Hrsg.), Luther Handbuch, 3. Aufl., Tübingen 2017, S. 471 ff.
Heun, Werner: Die Religionsfreiheit in Frankreich, ZevKR 49 (2004), S. 273 ff.
ders.: Art. „Säkularisierung (J)", in: ders./Martin Honecker/Martin Morlok/Joachim Wieland (Hrsg.), EvStL. Neuausgabe, Stuttgart 2006, Sp. 2077 ff.
Hillgruber, Christian: Staat und Religion. Überlegungen zur Säkularität, zur Neutralität und zum religiös-weltanschaulichen Fundament des modernen Staates, Paderborn 2007.
ders.: Der öffentlich-rechtliche Körperschaftsstatus nach Art. 137 Abs. 5 WRV, in: Hans Michael Heinig/Christian Walter (Hrsg.), Staatskirchenrecht oder Religionsverfassungsrecht. Ein begriffspolitischer Grundsatzstreit, Tübingen 2007, S. 213 ff.
ders.: Kommentar, in: Horst Dreier, Säkularisierung und Sakralität. Zum Selbstverständnis des modernen Verfassungsstaates, Tübingen 2013, S. 119 ff.
Hobbes, Thomas: Vom Bürger (1647), in: ders., Vom Menschen. Vom Bürger, hrsg. von Günter Gawlik, Hamburg 1959, S. 59 ff.
Höffe, Otfried: Geschichte des politischen Denkens. Zwölf Porträts und acht Miniaturen, München 2016.
Holl, Karl: Luther und das landesherrliche Kirchenregiment (1911), in: ders., Gesammelte Aufsätze zur Kirchengeschichte, Bd. 1: Luther, 6. Aufl., Tübingen 1932, S. 326 ff.
Honecker, Martin: Grundriss der Sozialethik, Berlin/New York 1995.
ders.: Theologie unter der obrigkeitlichen Cura Religionis Christianae (2001), in: ders., Recht in der Kirche des Evangeliums, Tübingen 2008, S. 62 ff.
ders.: Evangelisches Kirchenrecht. Eine Einführung in die theologischen Grundlagen, Göttingen 2009.
Huber, Wolfgang: Gerechtigkeit und Recht. Grundlinien christlicher Rechtsethik, 3. Aufl., Darmstadt 2006.

ders.: Kirche und Verfassungsordnung, EssGespr. 42 (2008), S. 7 ff.
Huschke, Rolf Bernhard: Melanchthons Lehre vom Ordo politicus. Ein Beitrag zum Verhältnis von Glauben und politischem Handeln bei Melanchthon, Gütersloh 1968.
Huster, Stefan: Die ethische Neutralität des Staates. Eine liberale Interpretation der Verfassung, Tübingen 2002.
ders.: Der Grundsatz der religiös-weltanschaulichen Neutralität des Staates – Gehalt und Grenzen, Berlin 2004.
ders.: Die Bedeutung des Neutralitätsgebotes für die verfassungstheoretische und verfassungsrechtliche Einordnung des Religionsrechts, in: Hans Michael Heinig/Christian Walter (Hrsg.), Staatskirchenrecht oder Religionsverfassungsrecht. Ein begriffspolitischer Grundsatzstreit, Tübingen 2007, S. 107 ff.
Irlenborn, Bernd: Religion und öffentliche Vernunft: Zur Bedeutung des christlichen Glaubens bei Jürgen Habermas, Freiburger Zeitschrift für Philosophie und Theologie 55 (1008), S. 334 ff.
Isensee, Josef: Diskussionsbeitrag, in: EssGespr. 34 (2000), S. 146 ff.
Janse, Wim: Sakramente, in: Herman J. Selderhuis (Hrsg.), Calvin Handbuch, Tübingen 2008, S. 338 ff.
Jeand'Heur, Bernd/Korioth, Stefan: Grundzüge des Staatskirchenrechts, Stuttgart u. a. 2000.
Joas, Hans: Die Sakralität der Person. Eine neue Genealogie der Menschenrechte, Frankfurt/M. 2011.
ders.: Glaube als Option. Zukunftsmöglichkeiten des Christentums, 2. Aufl., Freiburg/Basel/Wien 2013.
ders.: Sakralisierung und Entsakralisierung. Politische Herrschaft und religiöse Interpretation, in: Friedrich Wilhelm Graf/Meier, Heinrich (Hrsg.), Politik und Religion. Zur Diagnose der Gegenwart, München 2013, S. 259 ff.
Joergensen, Theodor: Die Zweireichelehre oder Zweiregimentenlehre in evangelisch-lutherischer Sicht als Anfrage an das Kirchenrecht, ZevKR 47 (2002), S. 133 ff.

Junghans, Helmar: Elemente der Zweireichelehre und der Zweiregimentenlehre Martin Luthers. in: Michael Beyer/ Jonas Flöter/Markus Hein (Hrsg.), Christlicher Glaube und weltliche Herrschaft. Zum Gedenken an Günter Wartenberg, Leipzig 2008, S. 23 ff.
Kästner, Karl-Hermann: Hypertrophie des Grundrechts auf Religionsfreiheit?, JZ 1998, S. 974 ff.
Kaufmann, Thomas: Art. „Westfälischer Friede", in: RGG, 4. Aufl., Bd. 8, Tübingen 2005, Sp. 1494 ff.
ders.: Geschichte der Reformation, Leipzig 2009.
ders.: An den christlichen Adel deutscher Nation von des christlichen Standes Besserung, Tübingen 2104.
ders.: Erlöste und Verdammte. Eine Geschichte der Reformation, München 2016.
ders.: Luther und Zwingli, in: Albrecht Beutel (Hrsg.), Luther Handbuch, 3. Aufl., Tübingen 2017, S. 184 ff.
ders.: Die Reformation – ein historischer Überblick, in: Udo di Fabio/Johannes Schilling (Hrsg.), Weltwirkung der Reformation. Wie der Protestantismus unsere Welt verändert hat, München 2017, S. 13 ff.
Kinder, Ernst: Luthers Ableitung der geistlichen und weltlichen „Oberkeit" aus dem 4. Gebot, in: Sigfried Grundmann (Hrsg.), Für Kirche und Recht. Festschrift für Johannes Heckel zum 70. Geburtstag, Köln/Graz 1959, S. 270 ff.
Kingdon, Robert M.: Kirche und Obrigkeit, in: Herman J. Selderhuis (Hrsg.), Calvin Handbuch, Tübingen 2008, S. 349 ff.
Kirchhof, Paul: Die Freiheit der Religionen und ihr unterschiedlicher Beitrag zu einem freien Gemeinwesen, EssGespr. 39 (2005), S. 105 ff.
Kisch, Guido: Melanchthons Rechts- und Soziallehre, Berlin 1967.
Klein, Richard: Das politische Denken des Christentums, in: Iring Fetscher/Herfried Münkler (Hrsg.), Pipers Handbuch der politischen Ideen, Bd. 1: Frühe Hochkulturen und europäische Antike, München 1988, S. 595 ff.

Klostermann, Götz: Der kirchliche Öffentlichkeitsauftrag, in: Hans Ulrich Anke/Heinrich de Wall/Hans Michael Heinig (Hrsg.), Handbuch des evangelischen Kirchenrechts, Tübingen 2016, S. 775 ff.

Klueting, Harm: Das Konfessionelle Zeitalter. Europa zwischen Mittelalter und Moderne. Kirchengeschichte und Allgemeine Geschichte, Darmstadt 2007.

Köhler, Joachim: Luther! Biographie eines Befreiten, Leipzig 2016.

Köhler, Karl: Luther und die Juristen, Gotha 1873.

Könemann, Sandra: Das Staatskirchenrecht in der wissenschaftlichen Diskussion der Weimarer Zeit, Frankfurt/M. 2011.

Köpf, Ulrich: Martin Luther. Der Reformator und sein Werk, Stuttgart 2015.

Kohnle, Armin: Luthers „Staatsverständnis" in seinem historischen Kontext, in: Rochus Leonhardt/Arnulf von Scheliha (Hrsg.), Hier stehe ich, ich kann nicht anders. Zu Martin Luthers Staatsverständnis, Baden-Baden 2015, S. 51 ff.

ders.: Weltliche Ordnung, in: Albrecht Beutel (Hrsg.), Luther Handbuch, 3. Aufl., Tübingen 2017, S. 93 ff.

ders.: Luther und die Bauern, in: Albrecht Beutel (Hrsg.), Luther Handbuch, 3. Aufl., Tübingen 2017, S. 230 ff.

ders.: Luther und das Reich, *ders.*: Luther und Müntzer, in: Albrecht Beutel (Hrsg.), Luther Handbuch, 3. Aufl., Tübingen 2017, S. 169 ff.

Korsch, Dietrich: Die religiöse Leitidee, in: Albrecht Beutel (Hrsg.), Luther Handbuch, 3. Aufl., Tübingen 2017, S. 115 ff.

Kressner, Helmut: Schweizer Ursprünge des anglikanischen Christentums, Gütersloh 1953.

Kroeger, Matthias: Art. „Zweireichelehre, III. Praktisch-theologisch", in: TRE, Bd. 36, Berlin/New York 2004, S. 790 ff.

Krüger, Elmar: Der Traktat „De ecclesiastica potestate" des Aegidius Romanus. Eine spätmittelalterliche Herrschaftskonzeption des päpstlichen Universalismus, Köln/Weimar/Wien 2007.

Kühne, Jörg-Detlef: Die Reichsverfassung der Paulskirche. Vorbild und Verwirklichung im späten deutschen Rechtsleben, 2. Aufl., Neuwied 1998.
Kuropka, Nicole: Melanchthon, Tübingen 2010.
Ladeur, Karl-Heinz/Augsberg, Ino: Toleranz-Religion-Recht. Die Herausforderung des „neutralen" Staates durch neue Formen der Religiosität in der postmodernen Gesellschaft, Tübingen 2007.
dies.: Der Mythos vom neutralen Staat, JZ 2007, S. 12 ff.
Landau, Peter: Das Kirchenrecht des Allgemeinen Landrechts für die Preußischen Staaten im 19. Jahrhundert (1970), in: ders., Grundlagen und Geschichte des evangelischen Kirchenrechts und des Staatskirchenrechts, Tübingen 2010, S. 175 ff.
Lau, Franz: „Äußerliche Ordnung" und „weltlich Ding" in Luthers Theologie, Göttingen 1933.
ders.: Luthers Lehre von den beiden Reichen, Berlin 1952.
ders.: Die lutherische Lehre von den beiden Reichen, in: Gunther Wolf (Hrsg.), Luther und die Obrigkeit, Darmstadt 1972, S. 370 ff.
Leclerc, Joseph: Geschichte der Religionsfreiheit im Zeitalter der Reformation (1955), Bd. 1, Stuttgart 1965.
Lehmann, Roland M.: Naturrecht, in: Rochus Leonhardt/Arnulf von Scheliha (Hrsg.), Hier stehe ich, ich kann nicht anders. Zu Martin Luthers Staatsverständnis, Baden-Baden 2015, S. 169 ff.
ders.: Luthers Naturrechtsverständnis, ZevKR 60 (2015), S. 369 ff.
Leonhardt, Rochus: Aufgaben und Grenzen weltlicher Staatlichkeit nach Luther, in: ders./Arnulf von Scheliha (Hrsg.), Hier stehe ich, ich kann nicht anders. Zu Martin Luthers Staatsverständnis, Baden-Baden 2015, S. 75 ff.
ders./Scheliha, Arnulf von: Einleitung, in: dies. (Hrsg.), Hier stehe ich, ich kann nicht anders. Zu Martin Luthers Staatsverständnis, Baden-Baden 2015, S. 9 ff.
Leppin, Volker: Art. „Schwärmer", in: TRE, Bd. 30, Berlin/New York 1999, S. 628 ff.

ders.: Art. „Zwingli", in: TRE, Bd. 36, Berlin/New York 2004, S. 793 ff.
ders.: Martin Luther, Darmstadt 2006.
ders.: Humanismus, in: Albrecht Beutel (Hrsg.), Luther Handbuch, 3. Aufl., Tübingen 2017, S. 90 ff.
ders.: Die Reformation, Darmstadt 2017.
Ley, Roger: Kirchenzucht bei Zwingli, Zürich 1948.
Link, Christoph: Art. „Episkopalismus/Episkopalsystem", in: RGG, 4. Aufl., Bd. 2, Tübingen 1999, Sp. 1375 ff.
ders.: Staat und Kirche in der neueren deutschen Geschichte. Fünf Abhandlungen, Frankfurt/M. 2000.
ders.: Art. „Itio in partes", in: RGG, 4. Aufl., Bd. 4, Tübingen 2001, Sp. 333.
ders.: Art. „Kollegialismus", in: RGG, 4. Aufl., Bd. 4, Tübingen 2001, Sp. 1482 ff.
ders.: Art. „Territorialismus/Territorialsystem", in: RGG, 4. Aufl., Bd. 8, Tübingen 2005, Sp. 165 f.
ders.: <u>Kirchliche Rechtsgeschichte. Kirche, Staat und Recht in der europäischen Geschichte von den Anfängen bis ins 21. Jahrhundert, 3. Aufl., München 2017.</u>
Lohse, Bernhard: Zwei-Reiche und Königsherrschaft, in: Gottfried Forck (Hrsg.), Die Königsherrschaft Jesu Christi bei Luther, 2. Aufl., Berlin 1988, S. 155 ff.
ders.: Luthers Theologie in ihrer Entwicklung und in ihrem systematischen Zusammenhang, Göttingen 1995.
Luther, Martin: An den christlichen Adel deutscher Nation: Von der Reform der Christenheit (1520), DDStA, Bd. 3, S. 1 ff.
ders.: Vom Papsttum zu Rom: Gegen den hochgerühmten Römling in Leipzig (1520), DDStA, Bd. 2, S. 69 ff.
ders.: Von den guten Werken (1520), DDStA, Bd. 1, S. 101 ff.
ders.: Hauspostille (1521), WA, Bd. 52, S. 1 ff.
ders.: Von der weltlichen Obrigkeit, wie weit man ihr Gehorsam schuldig sei (1523), DDStA, Bd. 3, S. 217 ff.
ders.: Von Handels- und Zinsgeschäften (1524), DDStA, Bd. 3, S. 407 ff.

ders.: Ein Brief an die Fürsten zu Sachsen von dem aufrührerischen Geist (1524), LD, Bd. 7, S. 152 ff.
ders.: Vom Greuel der Stillmesse (1525), WA 18, S. 8 ff.
ders.: Fastenpostille (1525), WA 17/2, S. 1 ff.
ders.: Ob Soldaten in ihrem Beruf Gott gefallen können (1526), in: DDStA, Bd. 3, S. 557 ff.
ders.: Ein Sendbrief von dem harten Büchlein wider die Bauern (1525), LD, Bd. 7, S. 208 ff.
ders.: Der Prophet Sacharja ausgelegt (1527), WA 23, S. 477 ff.
ders.: Unterricht der Visitatoren an die Pfarhern ym Kurfurstenthum zu Sachsen. Vorrede (1528), WA, Bd. 26, S. 195 ff.
ders.: Der kleine Katechismus (1529), DDStA, Bd. 1, S. 571 ff.
ders.: Der Große Katechismus (1529), LD, Bd. 3, S. 1 ff.
ders.: Vom Kriege wider die Türken (1529), LD, Bd. 7, S. 94 ff.
ders.: Eine Heerpredigt wider den Türken (1530), LD, Bd. 7, S. 119 ff.
ders: Predigt, dass man Kinder zur Schule schicken soll (1530), DDStA, Bd. 3, S. 715 ff.
ders.: Der 82. Psalm ausgelegt (1530), WA, Bd. 31/1, S. 183 ff.
ders.: Auslegung des 101. Psalms (1534–35), WA, Bd. 51, S. 197 ff.
ders.: Ob christliche Fürsten schuldig sind, der Widerteuffer unchristlichen Sect mit leiblicher Straffe, und mit dem Schwert zu wehren (1536), WA, Bd. 50, S. 6 ff.
Lutz, Heinrich: Christianitas afflicta. Europa, das Reich und die päpstliche Politik im Niedergang der Hegemonie Karls V. (1552–1556), Göttingen 1964.
MacCulloch, Diarmaid: Die Reformation 1490–1700 (2003), München 2008.
Maclure, Jocelyn/Taylor, Charles: Laizität und Gewissensfreiheit (2010), Frankfurt/M. 2011.
Maier, Hans: Augustinus, in: ders./Horst Denzer (Hrsg.), Klassiker des politischen Denkens, Erster Band, 2. Aufl., München 2004, S. 65 ff.
Manns, Peter: Luthers Zwei-Reiche und Drei-Stände-Lehre, in: Iserloh/Müller (Hrsg.), Luther und die politische Welt, Stuttgart 1984, S. 3 ff.

Mantey, Volker: Zwei Schwerter – Zwei Reiche. Martin Luthers Zwei-Reiche-Lehre vor ihrem spätmittelalterlichen Hintergrund, Tübingen 2005.
Marramao, Giacomo: Die Säkularisierung der westlichen Welt, Frankfurt/M., Leipzig 1996.
Maurer, Wilhelm: Der junge Melanchthon zwischen Humanismus und Reformation (2 Bde., 1967/69), Göttingen 1996.
ders.: Luthers Lehre von den drei Hierarchien und ihr mittelalterlicher Hintergrund, München 1970.
McGrath, Alister E.: Johann Calvin. Eine Biographie (1990), Zürich 1991.
Meier, Heinrich: Was ist Politische Theorie? – What is Politcal Theory?, München 2006.
Melanchthon, Philipp: Loci Communes 1521, 2. Aufl., Gütersloh 1997.
ders.: Traktat über die Gewalt und den Primat (Oberhoheit) des Papstes – verfasst von den in Schmalkalden versammelten Theologen (1537), in: Unser Glaube. Die Bekenntnisschriften der evangelisch-lutherischen Kirche, 5. Aufl., Gütersloh 1986, S. 501 ff.
ders.: Apologie des Augsburger Bekenntnisses (1531), in: Unser Glaube. Die Bekenntnisschriften der evangelisch-lutherischen Kirche, 5. Aufl., Gütersloh 1986, S. 121 ff.
ders.: Über das Amt des Fürsten, Gottes Befehl auszuführen und kirchliche Missbräuche abzustellen (1539), in: Melanchthon deutsch, Bd. II Theologie und Kirchenpolitik, hrsg. Von Michael Beyer, Stefan Rhein und Günther Wartenberg, 2. Aufl., Leipzig 2011; S. 209 ff.
ders.: Fragstücke von kaiserlicher und päpstlicher Gewalt (1559), in: Philipp Melanchthons Werke in einer auf den allgemeinen Gebrauch berechneten Auswahl, Hrsg. Von Friedrich August Koethe, 3. Teil, Leipzig 1829, S. 230 ff.
ders: Loci Communes 1535, CR, Bd. XXI, S. 553 ff.
ders.: Loci Theologici Germanicae. Tertia Forum Aetas, CR, Bd. XXII, Braunschweig 1855, S. 493 ff.
Miethke, Jürgen: Politiktheorie im Mittelalter. Von Thomas von Aquin bis Wilhelm von Ockham, Tübingen 2008.

Mikat, Paul: Art. „Zwei-Schwerter-Lehre", in: Adalbert Erler/ Ekkehard Kaufmann/Dieter Werkmüller (Hrsg.), Handwörterbuch zur deutschen Rechtsgeschichte, 1. Aufl., Berlin 1998, Bd. V, Sp. 1848 ff.

Moeller, Bernd: Deutschland im Zeitalter der Reformation, 4. Aufl., Göttingen 1999.

ders.: Geschichte des Christentums in Grundzügen, 8. Aufl., Göttingen 2004.

Möllers, Christoph: Religiöse Freiheit als Gefahr?, VVDStRL 68 (2009), S. 47 ff.

ders.: Staat als Argument, 2. Aufl., Tübingen 2011.

ders.: Grenzen der Ausdifferenzierung. Zur Verfassungstheorie der Religion in der Demokratie, ZevKR 59 (2014), S. 115 ff.

Moreschini, Claudio: Art. „Tertullian", in: RGG, 4. Aufl., Bd. 8, Tübingen 2005, Sp. 172 ff.

Morlok, Martin/Roßner, Sebastian: Art. „Kirche und Staat (J)", in: Werner Heun/Martin Honecker/Martin Morlok/Joachim Wieland (Hrsg.), Evangelisches Staatslexikon, Neuausgabe, Stuttgart 2006, Sp. 1144 ff.

Müller, Karl: Luthers Äußerungen über das Recht des bewaffneten Widerstands gegen den Kaiser, München 1915.

Münkler, Herfried/Straßenberger, Grit: Politische Theorie und Ideengeschichte. Eine Einführung, München 2016.

Munsonius, Hendrik: Von der Glaubenseinheit zur Glaubensfreiheit: Zur Entwicklung der Religionsfreiheit in Deutschland (2013), in: ders., Öffentliche Religion im säkularen Staat, Tübingen 2016, S. 11 ff.

ders.: Menschenwürde – ein evangelischer Beitrag (2013), in: ders., Öffentliche Religion im säkularen Staat, Tübingen 2016, S. 55 ff.

ders.: Quo vadis „Staatskirchenrecht"? (2013), in: ders., Öffentliche Religion im säkularen Staat, Tübingen 2016, S. 121 ff.

ders.: Kirche und Staat: Grundlagen und aktuelle Entwicklungen (2014), in: ders., Öffentliche Religion im säkularen Staat, Tübingen 2016, S. 73 ff.

ders.: Evangelisches Kirchenrecht. Grundlagen und Grundzüge, Tübingen 2015.

Naphy, William G.: Calvin and the Consolidation of the Genevan Reformation (1994), Louisville/London 2003.

Neuser, Wilhelm H.: Calvin, Berlin 1971.

ders.: Prädestination, in: Herman J. Selderhuis (Hrsg.), Calvin Handbuch, Tübingen 2008, S. 307 ff.

Nicolaisen, Carsten: Art. „Barmen", in: RGG, 4. Aufl., Bd. 1, Tübingen 1998, Sp. 1111 ff.

Nipperdey, Thomas: Deutsche Geschichte 1800–1866. Bürgerwelt und starker Staat, 4. Aufl., München 1987.

Nowak, Kurt: Evangelische Kirche und Weimarer Republik. Zum politischen Weg des deutschen Protestantismus zwischen 1918 und 1932, 2. Aufl., Göttingen 1988.

Nürnberger, Richard: Kirche und weltliche Obrigkeit bei Melanchthon, Würzburg 1937.

Opitz, Peter: Einleitung zu den Ordonnances ecclésiastiques, in: Calvin-Studienausgabe, hrsg. von Eberhard Busch u. a., Bd. 2: Gestalt und Ordnung der Kirche, Neukirchen-Vluyn 1997, S. 227 ff.

ders.: Leben und Werk Johannes Calvins, Göttingen 2009.

ders.: Ulrich Zwingli. Prophet, Ketzer, Pionier des Protestantismus, Zürich 2015.

ders.: Huldrych Zwingli, in: Irene Dingel/Volker Leppin (Hrsg.), Das Reformatorenlexikon, 2. Aufl., Darmstadt 2016, S. 277 ff.

Ottmann, Henning: Geschichte des politischen Denkens, Bd. 2/2: Das Mittelalter, Stuttgart 2004.

Otto, Martin: Staatskirchenrecht in der DDR, in: Thomas Holzner/Hannes Ludyga (Hrsg.), Entwicklungstendenzen des Staatskirchen- und Religionsverfassungsrechts. Ausgewählte begrifflich-systematische, historische, gegenwartsbezogene und biografische Bezüge, Paderborn u. a. 2013, S. 269 ff.

ders.: Neuere Geschichte des evangelischen Kirchenrechts, in: Hans Ulrich Anke/Heinrich de Wall/Hans Michael Heinig (Hrsg.), Handbuch des evangelischen Kirchenrechts, Tübingen 2016, S. 128 ff.

Parker, T. H. L.: Johannes Calvin. Ein großer Reformator (2006), Holzgerlingen 2009.
Plath, Uwe: Der Fall Servet und die Kontroverse um die Freiheit des Glaubens und Gewissens. Castellio, Calvin und Basel 1552–1556 (1974), hrsg. von Wolfgang F. Stammler, Essen 2014.
ders.: Einführung , in: Sebastian Castellio, Contra libellum Calvini (1554), Essen 2015, S. 9 ff.
Paulus, Nikolaus: Protestantismus und Toleranz im 16. Jahrhundert, Berlin u. a. 1911.
Peinliche Gerichtsordnung Kaiser Karls V. (Constitutio Criminalis Carolina) von 1532, abrufbar unter https://login.gmg.biz
Peters, Christian: Luther und seine protestantischen Gegner, in: Albrecht Beutel (Hrsg.), Luther Handbuch, 3. Aufl., Tübingen 2017, S. 150 ff.
ders.: Luther und Müntzer, in: Albrecht Beutel (Hrsg.), Luther Handbuch, 3. Aufl., Tübingen 2017, S. 169 ff.
ders.: Luther und Melanchthon, in: Albrecht Beutel (Hrsg.), Luther Handbuch, 3. Aufl., Tübingen 2017, S. 193 ff.
Pirson, Dietrich: Theokratie (1987), in: ders., Gesammelte Beiträge zum Kirchenrecht und Staatskirchenrecht, 1. Halbband, Tübingen 2008, S. 63 ff.
Pollack, Detlef: Protestantismus und Moderne, in: Udo di Fabio/Johannes Schilling (Hrsg.), Weltwirkung der Reformation. Wie der Protestantismus unsere Welt verändert hat, München 2017, S. 81 ff.
Radlkofer, Max: Leben und Schriften des Georg Frölich, Stadtschreibers zu Augsburg von 1547–1548, in: Zeitschrift des Historischen Vereins für Schwaben und Neuburg (abrufbar unter periodika.digitale-sammlungen.de), Bd. 27 (1900), S. 46 ff.
Rat der EKD: Christentum und politische Kultur: Über das Verhältnis des demokratischen Rechtsstaates zum Christentum, hrsg. vom Kirchenamt der EKD, Hannover 1997.
Rawls, John: Der Gedanke eines übergreifenden Konsenses (1987), in: ders., Die Idee des politischen Liberalismus. Auf-

sätze 1978–1989, hrsg. von Wilfried Hinsch, Frankfurt/M. 1992, S. 293 ff.
ders.: Der Bereich des Politischen und der Gedanke eines übergreifenden Konsenses (1989), in: ders., Die Idee des politischen Liberalismus. Aufsätze 1978–1989, hrsg. von Wilfried Hinsch, Frankfurt/M. 1992, S. 333 ff.
Reder, Michael: Wie weit können Glaube und Vernunft unterschieden werden?, in: ders./Josef Schmidt (Hrsg.), Ein Bewusstsein von dem, was fehlt – Eine Diskussion mit Jürgen Habermas, Frankfurt/M. 2008, S. 51 ff.
Reinhardt, Volker: Die Tyrannei der Tugend. Calvin und die Reformation in Genf, München 2009.
ders.: Machiavelli und Luther über den Staat. Gegensätze und Berührungspunkte, in: Rochus Leonhardt/Arnulf von Scheliha (Hrsg.), Hier stehe ich, ich kann nicht anders. Zu Martin Luthers Staatsverständnis, Baden-Baden 2015, S. 117 ff.
Rieker, Karl: Die rechtliche Stellung der evangelischen Kirche, Leipzig 1893.
Ris, Georg: Der „kirchliche Konstitutionalismus". Hauptlinien der Verfassungsbildung in der evangelisch-lutherischen Kirche Deutschlands im 19. Jahrhundert, Tübingen 1988.
Rohloff, Reiner: Johannes Calvin. Leben, Werk, Wirkung, Göttingen 2011.
Roth, Michael: Art. „Zwei-Reiche-Lehre", in: Werner Heun/Martin Honecker/Martin Morlok/Joachim Wieland (Hrsg,), Evangelisches Staatslexikon, Neuausgabe, Stuttgart 2006, Sp. 2789 ff.
Sacksofsky, Ute: Religiöse Freiheit als Gefahr?, VVDStRL 68 (2009), S. 7 ff.
Schäuble, Wolfgang: Protestantismus und Politik, München 2017.
Scheible, Heinz: Melanchthon. Eine Biographie, München 1997.
ders.: Philipp Melanchthon, in: Irene Dingel/Volker Leppin (Hrsg.), Das Reformatorenlexikon, 2. Aufl., Darmstadt 2016, S. 163 ff.

Scheliha, Arnulf von: „Menschenwürde" – Konkurrent oder Realisator der Christlichen Freiheit? Theologiegeschichtliche Perspektiven, in: Jörg Dierken/Arnulf von Scheliha (Hrsg.), Freiheit und Menschenwürde. Studien zum Beitrag des Protestantismus, Tübingen 2005, S. 241 ff,.
ders.: Protestantische Ethik des Politischen, Tübingen 2013.
ders.: Die „Zwei-Reiche-Lehre" im deutschen Protestantismus des 20. Jahrhunderts, in: ZevKR 59 (2014), S. 182 ff.
ders.: Religion und Sachpolitik – Zur gegenwärtigen Bedeutung von Martin Luthers Unterscheidung von geistlichem und weltlichem Regiment Gottes, in: Rochus Leonhardt/Arnulf von Scheliha (Hrsg.), Hier stehe ich, ich kann nicht anders. Zu Martin Luthers Staatsverständnis, Baden-Baden 2015, S. 243 ff.
Schempp, Paul: Ist Luthers Stellung zum Staat heute revisionsbedürftig? (1960), in: Gunther Wolf (Hrsg.), Luther und die Obrigkeit, Darmstadt 1972, S. 138 ff.
Schieffer, Rudolf: Art. „Zweigewaltenlehre, Gelasianische", in: Lexikon des Mittelalters, Bd. IX, Stuttgart/Weimar 1999, Sp. 720.
Schilling, Heinz: Martin Luther. Rebell in einer Zeit des Umbruchs. Eine Biographie, München 2012.
Schlaich, Klaus: Der rationale Territorialismus. Die Kirche unter dem staatsrechtlichen Absolutismus um die Wende vom 17. zum 18. Jahrhundert, ZRG Kanon. Abt. 54 (1968), S. 269 ff.
ders.: Kollegialtheorie. Kirche, Recht und Staat in der Aufklärung, Tübingen 1969.
ders.: Die Kirche als Anstalt und Verein. Zur Kollegialtheorie des 18. Jahrhunderts, in: Rau/Reuter/Schlaich (Hrsg.), Das Recht der Kirche, Bd. 2, Gütersloh 1995, S. 174 ff.
Schliesky, Utz: Die wehrhafte Demokratie des Grundgesetzes, in: Josef Isensee/Paul Kirchhof (Hrsg.), Handbuch des Staatsrechts der Bundesrepublik Deutschland, Bd. XII (Normativität und Schutz der Verfassung), 3. Aufl., Heidelberg 2014, S. 847 ff.

Schmidt, Georg: Geschichte des Alten Reiches. Staat und Nation in der Frühen Neuzeit 1495–1806, München 1999.
ders.: Art. „Westfälischer Frieden", in: Werner Heun/Martin Honecker/Martin Morlok/Joachim Wieland (Hrsg.), EvStL. Neuausgabe, Stuttgart 2006, Sp. 2692 f.
ders.: Der Dreißigjährige Krieg, 8. Aufl., München 2010.
Schmidt, Kurt-Dietrich: Luthers Staatsauffassung (1961), in: Gunther Wolf (Hrsg.), Luther und die Obrigkeit, Darmstadt 1972, S. 181 ff.
Schmidt, Tilmann: Art. „Unam sanctam", in: Lexikon des Mittelalters, D. VIII, Stuttgart/Weimar 1999, Sp. 1214 f.
Schmitt, Carl: Verfassungslehre (1928), 8. Aufl., Berlin 1993.
Schmoeckel, Mathias: Das Recht der Reformation, Tübingen 2014.
Schnabel-Schüle, Helga: Die Reformation 1495–1555. Politik mit Theologie und Religion, Stuttgart 2013.
Schneemelcher, Wilhelm Peter: Art. „Theokratie", in: Werner Heun/Martin Honecker/Martin Morlok/Joachim Wieland (Hrsg.), Evangelisches Staatslexikon. Neuausgabe, Stuttgart 2006, Sp. 2453 ff.
Schneider, Bernd Christian: Ius reformandi. Die Entwicklung eines Staatskirchenrechts von seinen Anfängen bis zum Ende des Alten Reiches, Tübingen 2001.
ders.: Art. „Augsburger Religionsfrieden", in: Werner Heun/ Martin Honecker/Martin Morlok/Joachim Wieland (Hrsg.), EvStL. Neuausgabe, Stuttgart 2006, Sp. 140 ff.
Scholder, Klaus: Die Kirchen und das Dritte Reich, 2 Bde, Berlin 1977/85.
Schorn-Schütte, Luise: Die Drei-Stände-Lehre im reformatorischen Umbruch, HZ, Beiheft 61, 2014, S. 251 ff.
dies.: Die Reformation. Vorgeschichte, Verlauf, Wirkung, 6. Aufl., München 2016.
Schwarz, Reinhard: Luthers Lehre von den drei Ständen und die drei Dimensionen der Ethik, Lutherjahrbuch 45 (1978), S. 15 ff.
Selderhuis, Herman J.: Institutio, in: ders. (Hrsg.), Calvin Handbuch, Tübingen 2008, S. 197 ff.

ders.: Johannes Calvin, in: Irene Dingel/Volker Leppin (Hrsg.), Das Reformatorenlexikon, 2. Aufl., Darmstadt 2016, S. 91 ff.
Sichelschmidt, Karla: Recht aus christlicher Liebe oder obrigkeitlicher Gesetzesbefehl? Juristische Untersuchungen zu den evangelischen Kirchenordnungen des 16. Jahrhunderts, Tübingen 1995.
Smend, Rudolf: Staat und Kirche nach dem Bonner Grundgesetz, ZevKR 1 (1951), S. 4 ff.
Söding, Thomas: Leuchtfeuer der Reformation – Luthers Bibelübersetzung, in: Udo di Fabio/Johannes Schilling (Hrsg.), Weltwirkung der Reformation. Wie der Protestantismus unsere Welt verändert hat, München 2017, S. 73 ff.
Sohm, Rudolf: Kirchenrecht, I. Band (1923), Berlin 1973.
Spengler, Lazarus: Schriften, Bd. 3. Schriften der Jahre Mai 1529 bis März 1530, hrsg. von Berndt Hamm, Felix Breitling, Gudrun Litz und Andreas Zecherle, Gütersloh 2010.
Stammler, Wolfgang F.: Einführung, in: Sebastian Castellio, Über Ketzer und ob man sie verfolgen soll (1554), Essen 2013, S. 9 ff.
ders.: Vorwort, in: Sebastian Castellio, Gegen Calvin. Contra libellum Calvini (1554), Essen 205, S. 7 f.
Steiger, Heinhard: Kein politischer Frieden ohne Religionsfrieden, kein Religionsfrieden ohne Rechtsfrieden. Das Modell des Westfälischen Friedens, in: Hans Richard Reuter (Hrsg.), Frieden – Einsichten für das 21. Jahrhundert, Berlin u.a. 2009, S. 43 ff.
Stein, Tine: Himmlische Quellen und irdisches Recht. Religiöse Voraussetzungen des freiheitlichen Verfassungsstaates, Frankfurt/M. 2007.
Stephens, Peter: Zwingli. Eine Einführung in sein Denken, Zürich 1997.
Stern, Klaus: Das Staatsrecht der Bundesrepublik Deutschland, Bd. IV/2: Die einzelnen Grundrechte, München 2011; Bd. V: Die geschichtlichen Grundlagen des Deutschen Staatsrechts, München 2000.
Stier-Somlo, Fritz: Deutsches Reichs- und Landesstaatsrecht, Bd. 1, Berlin/Leipzig 1924.

ders.: Politik, 6. Aufl., Leipzig 1926.
Strätz, Hans-Wolfgang: Das staatskirchenrechtliche System des preußischen Allgemeinen Landrechts, civitas 11 (1972), S. 156 ff.
Strohm, Christoph: Calvin und die religiöse Toleranz, in: Martin Ernst Hirzel/Martin Sallmann (Hrsg.), 1509 – Johannes Calvin – 2009. Sein Wirken in Kirche und Gesellschaft . Essays zum 500. Geburtstag, Zürich 2008, S. 219 ff.
ders.: Johannes Calvin. Leben und Werk des Reformators, München 2009.
ders.: Die Kirchen im Dritten Reich, München 2011.
Stümke, Volker: Frieden, Recht und Ordnung – Luthers Impulse für ein gegenwärtiges Staatsverständnis, in: Rochus Leonhardt/Arnulf von Scheliha (Hrsg.), Hier stehe ich, ich kann nicht anders. Zu Martin Luthers Staatsverständnis, Baden-Baden 2015, S. 215 ff.
Stutz, Ulrich: Die päpstliche Diplomatie unter Leo XVIII. nach den Denkwürdigkeiten des Kardinals Domenico Ferrats, Berlin 1926.
Thier, Andreas: Art. „Bonifaz VIII.", in: Albrecht Cordes/Heiner Lück/Dieter Werkmüller (Hrsg.), Handwörterbuch zur deutschen Rechtsgeschichte, 2. Aufl., Berlin 2005, Sp. 646 f.
Thompson, W. D. J. Cargill: The Political Thought of Martin Luther, Sussex/New Jersey 1984.
Thumser, Wolfgang: Kirche im Sozialismus. Geschichte, Bedeutung und Funktion einer ekklesiologischen Formel, Tübingen 1996.
Törnvall, Gustaf: Geistliches und weltliches Regiment bei Luther. Studien zu Luthers Weltbild und Gesellschaftsverständnis (1940), München 1947.
Troeltsch, Ernst: Die Soziallehren der christlichen Kirchen und Gruppen (1911), in: ders., Gesammelte Schriften, Bd. 1, Darmstadt 2016.
Ubl, Karl: Die Genese der Bulle *Unam Sanctam*. Anlass, Vorlagen, Intention, in: Martin Kaufhold (Hrsg.), Politische Reflexion in der Welt des späten Mittelalters/Political thought in

the age of scholasticism: essays in honour of Jürgen Miethke, Leiden 2004, S. 129 ff.
Uhle, Arnd: Staat-Kirche-Kultur, Berlin 2004.
ders.: Freiheitlicher Verfassungsstaat und kulturelle Identität, Tübingen 2005.
Ullmann, Walter: Gelasius I. (492–496) – Das Papsttum an der Wende der Spätantike zum Mittelalter, Stuttgart 1981.
Unruh, Peter: Zur Dogmatik der grundrechtlichen Schutzpflichten, Berlin 1996.
ders.: Der Verfassungsbegriff des Grundgesetzes. Eine verfassungstheoretische Rekonstruktion, Tübingen 2001.
ders.: Die Kirchen und der Sonntagsschutz, ZevKR 52 (2007), S. 1 ff.
ders.: Religionsverfassungsrecht, 3. Aufl., Baden-Baden 2015.
ders.: Grundlagen und Grundzüge evangelischer Kirchenverfassung, in: Hans Ulrich Anke/Heinrich de Wall/Hans Michael Heinig (Hrsg.), Handbuch des evangelischen Kirchenrechts, Tübingen 2016, S. 361 ff.
Veen, Mirjam van: Die Freiheit des Denkens. Sebastian Castellio – Wegbereiter der Toleranz 1515–1563. Eine Biographie, Essen 2015.
Waldhoff, Christian: Die Zukunft des Staatskirchenrechts, EssGespr. 42 (2008), S. 55 ff.
ders.: Neue Religionskonflikte und staatliche Neutralität. Erfordern weltanschauliche und religiöse Entwicklungen Antworten des Staates? Gutachten D zum 68. Deutschen Juristentag, München 2010.
ders.: Was bedeutet religiös-weltanschauliche Neutralität des Staates?, in: Martin Honecker (Hrsg.), Gleichheit der Religionen im Grundgesetz?, Paderborn u. a. 2011, S. 17 ff.
Wall, Heinrich de: Art. „Corpus Christianum", in: RGG, 4. Aufl., Bd. 2, Tübingen 1999, Sp. 465 ff.
ders.: Art. „Landesherrliches Kirchenregiment", in: Werner Heun/Martin Honecker/Martin Morlok/Joachim Wieland (Hrsg.), EvStL. Neuausgabe, Stuttgart 2006, Sp. 1380 ff.
ders./*Muckel, Stefan*: Kirchenrecht, 4. Aufl., München 2014.

ders./Germann, Michael: Grundfragen des evangelischen Kirchenrechts, in: Hans Ulrich Anke/Heinrich de Wall/Hans Michael Heinig (Hrsg.), Handbuch des evangelischen Kirchenrechts, Tübingen 2016, S. 5 ff.

Wallmann, Johannes: Kirchengeschichte Deutschlands seit der Reformation, 7. Aufl., Tübingen 2012.

Walter, Christian: Religionsverfassungsrecht in vergleichender und internationaler Perspektive, Tübingen 2006.

ders.: Religiöse Freiheit als Gefahr? Eine Gegenrede, DVBl. 2008, S. 1073 ff.

Wendebourg, Dorothea: Die weltweite Verbreitung des Protestantismus, in: Udo di Fabio/Johannes Schilling (Hrsg.), Weltwirkung der Reformation. Wie der Protestantismus unsere Welt verändert hat, München 2017, S. 119 ff.

Westphal, Siegrid: Der Westfälische Frieden, München 2015.

Weithman, Paul J.: Religion and the Obligations of Citizenship, Cambridge, 2002.

Willoweit, Dietmar: Das landesherrliche Kirchenregiment, in: Kurt G. A. Jeserich/Hans Pohl/Georg-Christoph von Unruh (Hrsg), Deutsche Verwaltungsgeschichte, Bd. 1: Vom Spätmittelater bis zum Ende des Reiches, Stuttgart 1983, S. 361 ff.

ders.: Deutsche Verfassungsgeschichte. Vom Frankenreich bis zur Wiedervereinigung Deutschlands, 6. Aufl., München 2009.

Witte Jr., John: Recht und Protestantismus. Die Rechtslehren der lutherischen Reformation, Gütersloh 2014.

Wolgast, Eike: Thomas Müntzer, in: Irene Dingel/Volker Leppin (Hrsg.), Das Reformatorenlexikon, 2. Aufl., Darmstadt 2016, S. 174 ff.

Zippelius, Reinhold: Staat und Kirche. Eine Geschichte von der Antike bis zur Gegenwart, 2. Aufl., Tübingen 2009.

Zumkeller, Adolar: Art. „Ägidius von Rom", in: TRE, Bd. 1, Berlin/New York 1977, S. 462 ff.

ders.: Art. „Aegidius Romanus", in: Lexikon des Mittelalters, Bd. I, Stuttgart/Weimar 1999, Sp. 178.

Zweig, Stefan: Castellio gegen Calvin oder Ein Gewissen gegen die Gewalt (1936), 16. Aufl., Frankfurt/M. 2012.
Zwingli, Huldrych: Auslegung und Begründung der Thesen oder Artikel, in: ders., Schriften, Bd. II,, hrsg. von Thomas Brunnschweiler/Samuel Lutz u. a., Zürich 1995, S. 1 ff.
ders.: Göttliche und menschliche Gerechtigkeit (1523), in: ders., Schriften, Bd. I,, hrsg. von Thomas Brunnschweiler/Samuel Lutz u. a., Zürich 1995, S. 155 ff.
ders.: Wer Ursache zum Aufruhr gibt (1524), in: ders., Schriften, Bd. I,, hrsg. von Thomas Brunnschweiler/Samuel Lutz u. a., Zürich 1995, S. 331 ff.
ders.: Kommentar über die wahre und falsche Religion (1525), in: ders., Schriften, Bd. III,, hrsg. von Thomas Brunnschweiler/Samuel Lutz u. a., Zürich 1995, S. 31 ff.
ders.: Brief an Ambrosius Blarer vom 4. Mai 1528, in: Huldreich Zwinglis sämtliche Werke, vol. 9, CR Bd. 96, Leipzig 1925, S. 451 ff.
ders.: Rechenschaft über den Glauben (1530), in: ders., Schriften, Bd. IV,, hrsg. von Thomas Brunnschweiler/Samuel Lutz u. a., Zürich 1995, S. 93 ff.
ders.: Erklärung über den Glauben (1530), in: ders., Schriften, Bd. IV,, hrsg. von Thomas Brunnschweiler/Samuel Lutz u. a., Zürich 1995, S. 281 ff.

Register

Abendmahl 104, 128, 149
Abweichler 20, 60ff., 84, 86, 99f., 115ff., 122, 137ff., 150ff., 250
Aegidius Romanus 13ff.
Allgemeines Priestertum 78f., 93, 106
Anstaltsseelsorge 192
Anthropologie 110, 129, 240
Antinomer 52
Apostel 24, 42, 61, 73, 113, 122
Aristoteles 22, 33
Atheismus 194
Aufklärung 157, 164, 178, 183, 200, 219, 237, 241, 243, 250f.
Augsburger Bekenntnis, siehe Confessio Augustana
Augsburger Religionsfrieden 77, 167ff., 182
Augustinus 17ff., 23, 28, 37, 48, 128
Autorität 1, 251

Barmer Theologische Erklärung (BTE) 191f., 196
Barth, Karl 196f.
Bauernkriege 24, 36, 92

Bergpredigt 42, 108
Bekennende Kirche 191
Bibel 3, 26, 75, 95, 106, 117, 141, 143, 149, 152
– Altes Testament 72, 138, 140, 153
– s. a. Luther-Bibel
– Neues Testament 72
Biel, Gabriel 17
Bildersturm 105
Bischöfe 51, 62, 76, 78ff., 92, 102, 171
– Notbischof 76, 81ff., 96, 167, 181, 210
Blarer, Ambrosius 122
Bodin, Jean 183
Böckenförde, Ernst-Wolfgang 50, 174, 236, 248
Böhmen 75
Bolsec, Hieronymus 138
Bulle Unam Sanctam 12f., 17, 51, 88, 249
Bundesverfassungsgericht (BVerfG) 203, 227, 230, 244

Calvin, Johannes 5, 7, 107, 125ff., 217
Castellio, Sebastian 138, 144ff., 162f., 172

Chemnitz, Martin 85
Confessio Augustana 88, 171
Constitutio Criminalis Carolina 140
Corpus christianum 10f., 13, 48f.
Cura religionis 58, 65, 99, 102, 119, 131, 154, 205, 217, 250

DDR 193f.
Dekalog 34, 93, 95
Demokratie 198f., 226, 240, 242
– Demokratietheorie 220ff.
Descartes, René 180
Deutsche Bundesakte 186
Deutsche Christen 191f.
Deutsche Evangelische Kirche (DEK) 191
Dissenter 76
Dreier, Horst 203
Dreißigjähriger Krieg 175, 178

Ebers, Godehard Josef 190
Ehe 28, 41, 121, 158
Eigentum 16, 67
Eisermann, Johannes 85
EKD-Demokratiedenkschrift 197ff., 232, 244f., 247
Episkopaltheorie 182f.
Erasmus von Rotterdam 87
Eschatologie 28

Evangelium 27, 43, 51f., 55, 59, 71, 83, 89, 91, 94, 98f., 101, 107f., 111, 113, 115, 119, 160

Farel, Guillaume 139
Farner, Alfred 125
Föderalismus 173
Forum internum 45, 70, 114, 202, 205, 247
Frieden 16, 19f., 27f., 32f., 48, 50, 57f., 67ff., 90f., 97, 111, 130ff., 142, 155, 161, 168, 199
Frölich, Georg 71ff., 156, 163
Froschauer, Christoph 105

Galilei, Glileo 180
Gerechtigkeit 30, 89, 107, 109, 111, 118, 130, 135
Gesetz 32ff., 39f., 55, 90, 118, 127, 130ff.
– usus theologicus legis 39, 55
– usus politicus legis 40, 55
Gewissen 47, 54, 60f., 116, 216
Glaubensspaltung 166
Gottebenbildlichkeit 13
Gottesdienst 42, 58, 66, 68, 92f., 95, 112, 122, 133, 140
– Gottesdienstordnung 121
Gotteslästerung 65, 69, 94, 97, 100, 131, 140, 143, 146, 205

Grundgesetz 5f., 165, 194ff., 200, 215, 247, 250
– Präambel 218
Grundrechte 200f.
– Schutzpflicht 203, 205, 216, 230

Habermas, Jürgen 1, 235ff.
Häretiker, siehe Abweichler
Harleß, Adolph von 196
Heckel, Johannes 4, 9, 99
Heckel, Martin 56, 71, 180
Heiliges Römisches Reich Deutscher Nation 166
Heinig, Hans Michael 232
Hemming, Nicolaus 85
Herrschaft 19, 23, 44, 93, 101, 113, 166, 173
Heuchelei 47, 154
Hirsch, Emanuel 196
Hobbes, Thomas 33, 110, 183
Huber, Wolfgang 197
Humanismus 87, 127
Hus, Jan 17

Imperium 11f., 48
Investiturstreit 12, 163
Islam 212
Itio in partes 177
Iura circa sacra 181, 186
Iura in sacra 181, 183ff.
Ius emigrandi 171f.
Ius reformandi 169ff.

Johann von Sachsen 25, 68, 83
Josephinismus 181

Kaiser 3, 11, 50, 81, 176
– Atanasius I. 11
– Karl V. 167f
– Philipp IV. 12
Kant, Immanuel 200
Kappler Krieg 107
Karlstadt, Andreas 52
Kepler, Johannes 180
Ketzer, siehe Abweichler
Kirche 2, 12, 16, 19f., 31, 56ff., 80, 96, 98, 108, 113, 119, 123, 127, 129, 134, 157, 163, 166, 184, 250
– Auftrag 154, 198f.
– Kirchenbeamte 101
– Kirchenordnung 101
– Kirchenrecht 157
– Kirchenverfassung 187
– Kirchenzucht 158ff.
– Öffentlichkeitsauftrag 245
– Staatskirche 6
Kirchenkampf 200
Kirchenregiment 76, 85, 100ff., 113, 121, 157ff.
– landesherrliches 77ff., 86, 102, 157ff., 167, 170, 173, 181ff., 193, 206, 250
Kollegialtheorie 183ff.
Konfession 115, 147, 170, 173, 179, 185, 215
– Konfessionalisierung 128
– Konfessionelles Zeitalter 167, 180

Konsistorium 161, 186f.
Konstantinische Wende 10
Konzil 80
– Nicäa 139
– Trient 168
Korrelatentheorie 190
Kulturkampf 181

Laizismus 240
Lateranskonzil, Fünftes 12
Lau, Franz 59
Leges fundamentales 168, 176
Liberalismus 195
Luther, Martin 2ff., 5, 7ff., 86ff., 102ff., 107, 109, 111ff., 126, 129f., 132ff., 150, 154, 158, 162, 166f., 170, 188, 201, 204f., 207, 233, 246, 249f.
– Adelsschrift 63, 77ff., 106
– Drei-Stände-Lehre 43
– Luther-Bibel 25
– Obrigkeitsschrift 24ff., 30, 37ff., 45, 51, 62, 65, 156

Machiavelli, Niccoló 22, 87
Marburger Religionsgespräch 104
Melanchthon, Philipp 5, 7, 86ff., 126, 133ff., 157f., 163, 166f., 170, 172, 181, 183, 185, 188, 210, 217, 250
Menschenwürde 50, 198, 200
Ministerium verbi, siehe Predigtamt
Mittelalter 11, 163

Möllers, Christoph 220ff., 242ff.
Mosheim, Johann Lorenz von 184
Müller, Ludwig 191
Müntzer, Thomas 52, 64

Nächstenliebe 38f., 41, 131, 143f., 153
Nationalsozialismus 190ff., 196
Naturrecht 19, 34, 95, 97, 183
Neuplatonismus 139
Neutralität 173, 189, 193, 202f., 210, 213ff.
– Begründungsneutralität 224ff.
Neuzeit 33, 163
Newton, Isaac 180
Niemöller, Martin 191

Obrigkeit 2, 24, 26, 32, 40ff., 60, 63, 65, 72, 74ff., 85, 90, 92ff., 101, 108ff., 114ff., 132, 142, 148, 233, 248
Ockham, William von 17
Oldendorp, Johann 85
Ortsgemeinde 101

Pantheismus 139, 141
Papst 11ff., 50f., 78f., 88, 101, 113
– Bonifaz VIII. 12f.
– Gelasius I. 11
– Leo X. 12
Parität 173, 180, 184, 189
Parlamentarischer Rat 200

Passauer Vertrag 167
Paulskirchenverfassung 186
Paulus 128
Pfaff, Christoph Matthaäi 184
Philipp von Hessen 91, 101
Platon 22
Praecipuum membrum ecclesiae 93, 101, 121, 157
Prädestinationslehre 128, 138, 149
Predigtamt 3, 35, 43, 58, 109
Preußisches Allgemeines Landrecht 184
Prophetie 123 ff.
Protestantismus 2, 103, 127, 195, 245, 247
Pufendorf, Samuel 183

Rawls, John 224, 234 ff.
Rechtfertigungslehre 9, 39, 47, 60, 86, 149
Rechtsstaat 201, 220
Rechtstheologie 21, 33, 165
Reformation 1, 5, 10, 52, 60 f., 69, 75 ff., 86 f., 105, 122, 139, 158, 165 ff., 247, 249 ff.
– Bischofsreformation 76
– Fürstenreformation 76 f.
– Genfer 138
– Städtereformation 76
– Züricher 106 ff.
Regiment, geistliches 30 f., 89, 109, 129 f.
Regiment, weltliches 32 ff., 90, 110 ff., 130 ff., 233

Reich Gottes, 23, 26 ff., 38, 52, 108 f., 128 f.
Reichsdeputationshauptschluss 181, 185
Reichskonkordat 191
Reichsstände 3, 58, 168
Religion 2, 6, 20, 74, 87, 106 ff., 115, 118 ff., 124, 131, 133 f., 141, 147 ff., 156 f., 161, 163 ff., 204, 208, 219, 225 ff., 233, 240 f., 243, 249
– Pluralisierung 212
– Religionsausübung 184, 202
– Religionsfreiheit 5 f., 72 f., 75, 143, 145, 156, 162 f., 186, 193, 199, 201 ff., 216, 223, 228, 247, 250
– Religionseinheit, territoriale 69, 74, 173, 179, 185
– Religionsverfassungsrecht 5, 157, 163, 165 f., 174, 176 f., 181, 184 ff., 193 f., 200 ff., 210 ff., 247, 250
Religionsgemeinschaften 74, 184 f., 189, 201, 205, 208, 211, 214, 228 f., 233, 248
– Gemeinwohlrelevanz 215 f., 231
– Selbstbestimmungsrecht 6, 186, 189, 209 f., 247
Religionsunterricht 192

Sacerdotium 11 f., 48 f.
Säkularisierung 1, 174, 211 f., 237 ff.

Sakramentsverwaltung 28, 31, 43, 57, 134
Schwärmer 52, 60f., 67
Schwarzenberg, Johann von 25
Seele 14ff., 44f., 91, 98, 114f., 122, 129, 133
Seelsorge 21, 25
Servet, Michael 100, 138ff., 162
Sola fide 44
Sola gratia 44, 47
Sola scriptura 22
Sonntagsschutz 220ff.
Souveränität 183f.
– Volkssouveränität
Sozialismus 196
Sozialstaat 201
Spengler, Lazarus 72, 75
Staat 2f., 5f., 18f., 37, 87, 94, 99, 106ff., 112, 118, 120, 123, 127, 134, 156, 161, 164ff., 197
– (Re-) Sakralisierung 164, 213ff., 248
– Staatsdienst 43
– Staatsgewalt 47, 63, 110, 114, 121, 149, 182, 225
– Staatskirchentum 189f., 206ff.
– Staatsphilosophie 21, 87, 200
– Staatsrecht 3
– Staatstheologie 21, 165, 188
– Staatstheorie 21
– Staatsziel 33

– Staatszweck 90, 97ff., 102, 130ff., 135, 157, 161
Stephani, Joachim 170, 182
Stephani, Matthias, 182
Strafe 32, 38, 64, 69, 90, 114, 143
– Todesstrafe 70, 100, 122, 138f., 141, 144, 147
Synode 101, 187

Taufe 78, 149, 193
Territorialtheorie 183
Tertullian 62
Teufel 28, 74
Theodosius 10f.
Theokratie 70, 108, 112, 120ff., 128, 161f., 250
Theologie, Politische 21
Theologische Fakultäten 192
Thomas von Aquin 49
Thomasius, Christian 183
Toleranz 60f., 71ff., 116, 137, 142, 144ff., 162, 172
Trennung von Staat und Religion 185, 187, 206ff., 210, 233, 247ff.
– Distanzierung 222ff., 243
Trinitätslehre 139, 141
Türkenkrieg 24

Verfassungsstaat, demokratischer 1, 6, 197f., 200, 204, 216, 220, 224, 227, 233ff., 247ff.
Vernunft 19, 33ff., 234, 248f.
Vernunftrecht 183
Visitation 83ff.

– Visitationsordnung
  (von 1538) 77, 83 ff.

Weimarer Reichsverfassung 188 ff., 200, 229, 250
Weimarer Republik 190, 196
Weithman, Paul J. 234 ff.
Westfälischer Frieden 175 ff.
Widerstandsrecht 53 f., 117, 135 ff.
Wiedertäufer 66 ff., 71, 100, 112, 120
Wiener Kongress 185
Witte Jr., John 101
Wolff, Christian 183
Wormser Edikt 168

Wortverkündigung 28, 31, 43, 57, 120 f., 130, 134
Wyclif, John 17

Zivilgesellschaft 240
Zwei-Reiche-/Zwei-Regimenten-Lehre 3 ff., 8 ff., 88, 99 ff., 107, 124, 128 ff., 148, 162, 165, 189, 195, 197, 199, 201, 208, 233, 249
Zwei-Schwerter-Lehre 11 ff., 88 ff., 113, 207
Zweig, Stefan 145 f.
Zwingli, Ulrich 5, 87, 103 ff., 134, 151, 161 f., 217